Géostratégie de la démocratie et gouvernance des industries extractives en Afrique subsaharienne

Collection « Études africaines »

dirigée par Denis Pryen et son équipe

Forte de plus de mille titres publiés à ce jour, la collection « Études africaines » fait peau neuve. Elle présentera toujours les essais généraux qui ont fait son succès, mais se déclinera désormais également par séries thématiques : droit, économie, politique, sociologie, etc.

Dernières parutions,

Fweley DIANGITUKWA, *L'Afrique dans la dynamique de l'intégration régionale,* 2021.

Guy Saturnin TSETSA, *Pratique des saisies mobilières en droit OHADA,* 2021.

Hugues Prudent Espoir TOSSA, *Le droit face aux ondes. Monde en mutation technologique et droit au Bénin*, 2021.

Marc-Laurent HAZOUMÊ, *Bénin : La rupture. Déstructuration de l'esprit de la Conférence nationale ou conjuration de la fatalité ?* 2021

Alexis NDABARUSHIMANA, *Le Burundi face aux besoins fondamentaux de sa population*, 2021.

Marie Agnès FEUKEU TCHOUMBA, *Le pouvoir de sanction de l'Union africaine. Analyse des mécanismes de coercition du système d'intégration régionale africain,* 2021.

Abdel Kader BONGO DOYENDZE, *Le Paléolithique en République du Gabon : Étude des industries préhistoriques du Haut Ogooué*, 2021.

Mamadou Bakaye DEMBELE, *L'échec d'une construction légale du droit des successions au Mali*, 2021.

Yassine KERVELLA-MANSARÉ, *La condition peule hier et aujourd'hui. Étude comparative de communautés : Guinée et Tchad*, 2021.

Saliou NGOM, *Femmes et politique au Sénégal. Les dynamiques imbriquées d'inclusion-exclusion de l'indépendance à nos jours,* 2021.

Séverin Tchetchoua Tchokonte
et Fabrice Noah Noah

Géostratégie de la démocratie et gouvernance des industries extractives en Afrique subsaharienne

Préface d'Alain Fogue Tedom
Postface d'Éric M. Ngango Youmbi

L'Harmattan

5-7, rue de l'Ecole-Polytechnique, 75005 Paris

http://www.editions-harmattan.fr

ISBN : 978-2-343-22097-0
EAN : 9782343220970

À Bernice et Malaika

SOMMAIRE

PRÉFACE

Prise dans l'étau des tutelles plurielles et multiformes, l'Afrique assiste (impassiblement ?) à sa marginalisation[1], à son maintien dans une dépendance anachronique vis-à-vis de ses partenaires extérieurs. Les pannes[2] du processus de démocratisation et le renoncement à la puissance, mieux l'alliance hégémonique entre une partie de l'élite politique africaine et les intérêts étrangers constituent les causes les plus structurantes de cette marginalisation du continent. Lestés du poids de leurs contradictions et incapable de s'arrimer à la compétition de puissance qui structure la marche du monde, l'Afrique et les Africains continuent de subir les contrecoups du jeu de puissance mondial. La démocratisation de l'Afrique implique l'émancipation politique des Africains et le développement de leur esprit de discernement. Dès lors, elle peut apparaitre dangereuse pour la réalisation de certains objectifs géostratégiques des grandes puissances. Aussi, se sont-elles attelées à contenir toute évolution vers un réel ancrage démocratique du continent, ceci avec la participation bienveillante d'une partie de l'élite politique locale acquise à leur cause. Faisant, de ce fait, de la démocratie une importante ressource (de) politique et géostratégique concourant à perpétuer la gouvernance éternelle et à la mise en œuvre des projets de domination des grandes puissances sur le continent.

Cette étude est une contribution à la compréhension des obstacles à l'émergence et/ou à l'émancipation de l'Afrique, elle présente également les pistes de solutions qui pourraient permettre au continent d'exorciser les « ténèbres » qui la maintiennent captive de maux divers qui entravent son

[1]KAMTO (M) (Dir.), 2010, *L'Afrique dans un monde en mutation. Dynamiques internes, marginalisations internationales ?* Paris, Afredit, 353p.
[2] MAGNANI (V) et VIRCOULON (T), « Vers un retour de l'autoritarisme en Afrique ? », *Politique étrangère*, 2-2019, Dossier : La démocratie en Afrique : tours et détours. GLASER (A), « De la démocratie à la démocrature familiale en Afrique », *Pouvoirs*, N°169, 2019/2, Pages 107 à 116.

développement et l'éloignent du « peloton de tête »[3] du jeu de puissance mondial. Elle sort la géostratégie de sa « camisole militaire » pour lui donner une lecture mâtinée de ruse et de séduction[4]. Dans une perspective opérationnelle, elle présente la démocratie comme un instrument de politique africaine aux mains des grandes puissances et une ressource politique permettant à certains responsables politiques africains de s'éterniser au pouvoir.

Le confinement de la démocratie entrave, en effet, la nécessaire mise en œuvre d'une gouvernance des industries extractives, d'une institutionnalisation du contenu local, dont les dividendes pourraient contribuer à garantir une gestion harmonieuse des ressources naturelles, susceptible de satisfaire les aspirations légitimes des populations à un mieux-être collectif. Sur cette lancée, la renaissance africaine par la démocratisation des processus miniers, la consolidation de la démocratie et du contenu local dans le secteur extractif africain pourraient constituer des recettes susceptibles d'aider l'Afrique et les Africains à conjurer les diverses pesanteurs qui continuent à brouiller la nécessaire révolte géopolitique et stratégique du continent. Elles pourraient contribuer à faire du continent « un acteur et un partenaire mondial fort (…), résistant et influent », conformément à l'aspiration 7 du projet de renaissance africaine à l'horizon 2063[5].

Alain Fogue Tedom,

Maitre de conférences à l'Université de Yaoundé 2-Soa

Directeur du Centre africain d'études stratégiques pour la promotion de la paix et du développement (CAPED)

---

[3] VERLUISE (P), 2013, « Géopolitique. La puissance quels sont ses fondamentaux ? », www.diploweb.com, consulté le 02 octobre 2019.

[4] COUTAU-BEGARIE (H), 1999, *Le traité de stratégie*, Paris, Economica, 2e éd., 1005P.

[5] TCHETCHOUA TCHOKONTE (S), « Intelligence économique et projet de renaissance africaine à l'horizon 2063 : de l'asymétrie à la symétrie. dans relations entre l'Afrique et ses partenaires étrangers », *Dossiers de Recherches en Economie et Gestion* : Dossiers 9, N°1, juin 2020.

INTRODUCTION

Le débat sur l'universalité de la démocratie ne s'est jamais posé avec autant d'acuité avant les années 1990. Considérée comme un « produit d'importation », la démocratie est renvoyée à ses contradictions par ceux qui y voient le signe d'une sujétion, progressive, mais certaine, des espaces non occidentaux[6]. Nombre de défenseurs de « l'exception africaine » regardent avec méfiance le caractère contraignant des conditionnalités démocratiques qui cachent mal les tendances monopolistiques, voire autoritaristes, de certains partenaires de l'Afrique. Plusieurs thèses sur l'impossibilité de la greffe démocratique ou la « tropicalisation de la démocratie »[7] font alors florès, pour le plus grand bonheur de ceux qui ont plus subi que voulu la « vague de démocratisation » des années 1990. L'opinion sur l'extranéité de la démocratie est pourtant battue en brèche par la réalité des faits. Il est difficile de lire les discours et usages politiques chez les Akans du Ghana en dehors des logiques démocratiques. Ceux-ci considéraient, en effet, que le pouvoir du dirigeant découlait du peuple qui le lui déléguait[8]. La gestion démocratique du pouvoir est également perceptible dans les

---

[6] BATISTELLA DARIO, « L'Occident exportateur de démocratie », *Politique étrangère*, 2011/4, pp. 813-824.

[7] La thèse de l'impossibilité démocratique en Afrique est soutenue par des prises de position discursives prêtées essentiellement à des personnalités politiques. Un des exemples les plus édifiants, à cet effet, est celui de l'ancien président de la République française qui affirmait : « L'Afrique n'est pas prête pour la démocratie ». Il rejoignait, en cela, Bill Clinton qui lui-même reconnaissait la nécessité de « tropicaliser » la démocratie. Or, la thèse sur l'inaptitude culturelle de l'Afrique à la démocratie est battue en brèche par l'histoire politique précoloniale du continent. Cf. BILÉOU SAKPANE-GBATI, « La démocratie à l'africaine », in Ethique Publique [En ligne], vol. 13, n°2/ 2011, mis en ligne le 30 octobre 2012, consulté le 22 janvier 2020.

[8] QUANTIN (P), « La démocratie en Afrique à la recherche d'un modèle », *Pouvoirs*, 2009/2, n°129, pp. 67.

civilisations africaines où le conseil des notables et la responsabilité du souverain sont institutionnalisés[9].

Il apparait essentiel, au début de cet ouvrage, de relever l'existence d'une pensée dynamique sur la démocratie en Afrique subsaharienne. Elle est le résultat du travail de chercheurs, intéressés par une perspective historique de la démocratie, et de l'effort d'harmonisation des législations et pratiques politiques de l'Union Africaine. George Ayittey identifie au moins trois courants dans la démocratie telle qu'elle est pratiquée sur le continent : le « nativisme » empreint de culturalisme, « l'afro-radicalisme » lié à la critique économique (postmarxiste) de la mondialisation et une tendance « classique »[10]. Si le travail de systématisation des « modèles » de démocratie est loin d'être complet, il témoigne déjà de l'échec du tropisme idéologique qui a privilégié la caricature des pouvoirs africains à une étude rigoureuse de leurs spécificités. L'Union Africaine, pour sa part, a reconnu le caractère urgent de la démocratisation du continent. L'Acte Constitutif de l'organisation marque sa volonté d'œuvrer pour la consolidation des institutions et de la culture démocratiques. En effet, depuis son entrée en vigueur le 03 avril 2001, l'Acte constitutif de l'Union Africaine fait de la routinisation des principes et des pratiques démocratiques la solution à des maux tels l'insécurité, l'instabilité et le sous-développement du continent. L'ancrage démocratique de l'« Acte » met un terme au débat récurrent sur la nécessité ou pas pour l'Afrique d'adopter le mode de gouvernement démocratique. Elle

---

[9] C'est le cas des civilisations dites des « Grassfields » au Cameroun dans lesquelles le chef règne par délégation. Les notables, constitués en collégialité, participent à la gestion concertée du pouvoir dans un modèle qui ne diffère pas de la démocratie classique.

[10]

-QUANTIN (P), *Op.cit.*, p.69,

-AYITTEY (G), in « La démocratie en Afrique précoloniale », *Afrique 2000*, n° 2, juillet 1990, p. 39,

-KOFI ABREFA BUSIA, *Africa in Search of Democracy*, New York, Praeger, 1967;

-MATTHEW TODD BRADLEY, « "the other". precursory African Conceptions of Democracy », *International Studies Review*, vol. 7, n° 3, 2005, p. 407-431.

consacre la victoire de la thèse selon laquelle « *sans instauration des régimes démocratiques sur le continent africain, la construction de la paix, la quête de stabilité politique et du développement durable y sont irréalisables* »[11]. Par ailleurs, la Charte africaine de la démocratie, des élections et de la gouvernance, adoptée en 2007, reconnait la participation populaire comme un droit inaliénable (art 4, 2). Elle rend également opposables la transparence et l'obligation de rendre des comptes (art 12, 1), tout en condamnant les changements anticonstitutionnels de gouvernement (art 23, 5).

La réalité démocratique en Afrique est donc nécessairement plus complexe qu'elle n'y parait. Elle s'inscrit pleinement dans les logiques de la géostratégie faites d'affrontements, de ruse et de remise en cause permanente. Les postures discursives des grandes puissances, sur la vie de la démocratie en Afrique, ne peuvent être comprises en dehors de leur signification géostratégique. Elles sont le reflet de la permanence de l'intérêt national et de la volonté des partenaires du continent de se servir de la démocratie comme « valeur d'ajustement ». Ainsi, le « discours de la Baule » de François Mitterrand ou la position de Bill Clinton sur la tropicalisation de la démocratie ne sont opposés que d'apparence. Ils participent d'un mouvement identique qui consiste à dépouiller la démocratie de tous ses attributs pour n'en garder que la caractéristique procédurale (élections régulières, parlementarisme, etc.). L'émergence de démocraties « électorales », mieux, d'un « autoritarisme électoral »[12], avec la bénédiction de la France et des États-Unis, procède de calculs stratégiques complexes. L'opposition de la Chine et de la Russie à « l'ingérence démocratique » des pays occidentaux vise à s'assurer des parts de marchés dans un contexte essentiellement clientéliste. L'Afrique se retrouve ainsi au carrefour d'une confrontation géopolitique majeure entre candidats à la puissance ultime.

---

[11] FOGUE TEDOM (A), *Enjeux géostratégiques et conflits politiques en Afrique noire*, Paris, l'Harmattan, Collection Défense, Relation Internationale, (2008), pages 34-347.
[12] QUANTIN (P), *Op.cit.*, p.74.

Il nous semble important de préciser le sens que nous donnons à la géostratégie dans cet ouvrage. Plusieurs spécialistes ont essayé d'établir les limites tant sémantiques que méthodologiques de la géostratégie. Bien que le débat sur « ce qu'est la géostratégie », ou sur ce qu'elle n'est pas, n'est pas totalement tranché, certains éléments descriptifs nous paraissent essentiels à l'explication de l'objet et de la méthode de la géostratégie. Le terme « géostratégie » fut utilisé dès 1846 par le général Giacomo Durando, héros du *Risorgimento,* qui devint ensuite ministre piémontais de la Guerre et des Affaires étrangères, dans son livre-manifeste *De la nationalité italienne, essai politico-militaire*. Pour Durando, la nationalité s'explique autant par des facteurs géographiques, linguistiques, culturels que légaux. Si le lien du sol constitue le socle principal de la nationalité, il produit des « liens de sociabilité » qui renforcent l'appartenance au sol. Le caractère géostratégique d'un pays dépend alors pleinement de sa situation géographique[13].

Yves Lacoste estime, pour sa part, que la géostratégie désigne « les antagonismes entre des États ou des forces politiques se considérant comme absolument adverses »[14]. Franck Debié et *al.* insistent sur la notion de *"glacis"* : pour la géostratégie, l'espace ne se réduit pas au cadre passif des combats, il est susceptible de retarder la progression de l'ennemi, donc de garantir un préavis pour percer à jour ses intentions et élaborer une riposte[15]. André Vigarié pense que la conduite d'opérations « aux plus vastes dimensions, et avec la plus grande variété de moyens d'action » rend opérante l'explication géostratégique[16]. L'idée de la géostratégie en tant que conduite des opérations se rapportant à une échelle plus grande est également présente chez Martin Motte. Celui-ci suggère que « la géostratégie est l'étude, la préparation ou

---

[13] DURANDO, *De la nationalité italienne,* cité par BOTTI (F), "Il concetto di geostrategia e la sua applicazione alla nazionalità italiana nelle teorie del general Giacomo Durando", *Informazioni della difesa* n° 3/94, mai-juin 1994, p. 53.

[14] LACOSTE (Y), « Géopolitique et géostratégie », *Stratégique* 50, p.29.

[15]DEBIE (F), RAPHAËLLE ULRICH et Verdier (H), « A quoi sert la géostratégie ? », *Stratégique* 50.

[16] VIGARIE (A), *Géostratégie des océans,* Paradigme, 1990, p. 9.

l'exécution d'opérations militaires à l'échelle macro-géographique, c'est-à-dire à une dimension spatiale suffisante pour exclure la constitution d'un théâtre unique »[17]. L'objectif de la géostratégie est la coordination stratégique et logistique des différents théâtres, envisagée dans sa relation aux divers milieux physiques comme aux configurations spatiales[18]. Le tableau suivant décrit la différence d'échelle qui fait la spécificité de la géostratégie.

Tableau 1 : La différence d'échelle entre la géostratégie et les autres méthodes de la guerre

	Échelle	**Paradigme**
Tactique	Topographie	Feux, liaison des armes
Stratégie	Géographie	Manœuvre des armées
Géostratégie	Macro-géographie	Coordination des théâtres

Source : Martin Motte, « Une définition de la géostratégie », *Stratégique*, n°58 [en ligne], 1995/2. Disponible sur www.institut-stratégie.fr. Consulté le 30 juin 2020.

Deux faits majeurs se dégagent des définitions présentées. D'abord la dimension exclusivement militaire donnée à la géostratégie. L'idée de l'adversité, « du glacis », ou même de la variété d'échelles stratégiques, décrit l'obsession

[17] MOTTE (M), « Une définition de la géostratégie », *Stratégique*, n°58, [en ligne], 1995/2. Disponible sur www.institut-stratégie.fr. Consulté le 30 juin 2020.
[18] *Idem.*

polémologique de la plupart des spécialistes. Il s'agit, pour eux, de présenter la géostratégie, à la fois, comme la pratique de la guerre à une échelle macro-géographique et comme une réflexion scientifique sur les nouvelles dimensions spatiales de la guerre. Ensuite, la géostratégie est définie de façon essentiellement pragmatique et imagée. La coordination des théâtres renvoie à l'action du stratège dont la mission est d'assurer une certaine cohérence à la guerre, le « glacis » présente les possibilités stratégiques qu'offre l'élargissement des théâtres d'opérations, etc. Cette conception pratique de la géostratégie rend difficile sa construction comme une science sociale. Elle apparait plus tel un savoir pratique, et nécessairement contextuel, à la disposition du décideur.

La géostratégie reste, tout de même, le concept qui décrit mieux la thèse défendue dans cet ouvrage qui n'est pas, loin de là, un précis de stratégie. S'il n'y est pas question de l'analyse de divers conflits militaires, afin d'apporter un savoir pratique au stratège ou au stratégiste, l'esprit et la logique de la guerre, en tant que choc de volontés politiques, n'y est pas absent. Le caractère nécessairement incompatible de l'intérêt national donne aux relations internationales « classiques » une dimension conflictuelle certaine. Tout se passe comme si chaque jour de paix constituait, en réalité, une trêve au cours de laquelle la logique de la guerre se cache sous les oripeaux des rivalités commerciales, des manœuvres visant le contrôle d'espaces stratégiques, etc. « L'antagonisme absolu » évoqué par Lacoste s'exprime ainsi dans les manœuvres de *containment* par l'embargo, « la coordination des théâtres » dont parle Martin Motte s'inscrit pleinement dans l'action des compagnies transnationales, l'idée du « glacis géostratégique » décrit autant l'affrontement militaire, par pays interposés, entre l'Est et l'Ouest durant la Guerre froide que les stratégies de contrôle de territoires considérés du point de vue de leur utilité géostratégique[19].

---

[19] Un glacis géostratégique ou continental est l'espace territorial qu'une puissance organise et contrôle plus ou moins directement pour protéger sa capitale, ses centres vitaux, ou certains lieux symboliques. CHARNAY(J-P), «

Il ne s'agit pas de voir la géostratégie partout ou de considérer que toute rivalité internationale est géostratégique. Présenter ainsi la géostratégie réduirait la pertinence de ce savoir dont la finalité est, somme toute, d'apporter une lecture différente de la guerre en tant que fait social. Ce qu'il est important de souligner, c'est que la géostratégie est utile à la compréhension de l'ensemble des actions coordonnées, progressives et globalisées d'acteurs internationaux dont l'objectif est d'aboutir au contrôle d'un espace considéré comme essentiel à la préservation de leurs intérêts. On parle alors d'espace ou de « nœud géostratégique »[20]. En plus de décrire le statut d'une partie du monde en proie à d'importantes rivalités et à une instabilité permanente, la géostratégie se présente comme un savoir à la disposition du chercheur. Elle s'entend ainsi comme l'analyse de la structuration, de la mise en œuvre et de l'évaluation d'une démarche globalisée visant à soumettre l'adversaire par l'usage de la force militaire, de la ruse ou de l'instrumentalisation du droit. Violence et intelligence sont par conséquent indissociables[21]. Pour Frédéric II de Prusse, « *on se sert alternativement dans la guerre de la peau du Lion et de celle du Renard. La ruse réussit là où la force échoue. Il est donc absolument nécessaire de se servir de l'une et de l'autre, puisque souvent la force est repoussée par la force ; au lieu que plusieurs fois la force est obligée de céder à la ruse* »[22].

Le rapport que nous établissons entre la géostratégie et la démocratie vise alors à décrire les actions coordonnées d'acteurs dont l'objectif est de stabiliser leurs intérêts par l'essoufflement de la démocratie (considérée comme un facteur nocif) ou par le renforcement de celle-ci. « La géostratégie de la démocratie en Afrique subsaharienne » s'entend alors comme

---

La Russie et ses glacis continentaux », *Géostratégiques*, n°9, octobre 2005, p.93.

[20] KATTALIN OYHAMBUR (G), « Le retour d'une géopolitique des ressources ? », in *Espace politique*[en ligne], n°12, 2010, volume 3, p.29.

[21] HOLEINDRE (J-V), *La ruse et la force : une autre histoire de la stratégie*, Paris, Perrin, 2017, P. 13

[22] FRÉDERIC II de Prusse, *Instruction militaire du roi de Prusse pour ses généraux*, 1761, P.70.

une description des moyens mis en œuvre pour conquérir un espace, objet de rivalités ; la démocratie constituant l'inconnue de l'équation géostratégique.

La « décompression autoritaire »[23], observée depuis le début des années 1990, est le résultat du compromis entre l'ouverture des régimes politiques et le maintien des logiques autoritaires héritées des indépendances. Il s'agissait moins de répondre aux demandes formulées par « la rue »[24] que de faire des concessions sur tout sauf l'essentiel. La plupart des régimes politiques au pouvoir ont réussi à masquer leur caractère totalitaire sous les oripeaux d'une démocratie de façade. Les « démocraties à adjectif »[25] qui essaiment l'Afrique illustrent ainsi l'échec du mouvement de (re)démocratisation. L'essoufflement des pratiques démocratiques, sur le continent, a eu un impact sur la capacité des États à construire des institutions fortes. Il a provoqué le délitement progressif de l'état de droit, de la justice sociale et a favorisé l'institutionnalisation du gouvernement perpétuel, particulièrement dans les pays riches en ressources minières et énergétiques[26]. L'échec du développement est, sans doute, une des conséquences majeures du recul de la démocratie dans de nombreux pays africains[27]. L'instauration d'une « économie des

[23] BAYART, (J.F), « La problématique de la démocratie en Afrique noire. "La Baule, et puis après ?" », *Politique Africaine*, n°43, Paris, Karthala, 1991, p.12.

[24] Les mouvements populaires ont joué un rôle important dans les réformes de l'ordre politique en Afrique, au début des années 1990. Cela démontre bien que les manifestations attribuées, fort opportunément, au « vent de l'Est » était, avant tout, le signe d'une volonté de changement exprimée par le peuple. BABACAR GUEYE, « La démocratie en Afrique : succès et résistances », *Pouvoirs*, n°129, 2009/2, pp.5-26.

[25] On en a recensé près de 550 variétés en 1997 : démocraties autoritaires, démocraties néo-patrimoniales, démocraties guidées, démocraties illibérales ou encore proto-démocratie. COLLIER (D) et LEVITSKY (S), « Democracy with Adjectives: Conceptual innovation in Comparative research », *World Politics*, vol. 49, n° 3, 1997, p. 430 sq. et QUANTIN (P), *Op. cit.*, 65.

[26] NOAH NOAH (F), « Industries extractives et gouvernement perpétuel en Afrique Centrale », In *Dialectique des Intelligences*, n°2, Décembre 2016, pp.77-84.

[27] S'il n'existe pas un rapport nécessaire entre la démocratie et le développement, l'impact de l'absence de gestion démocratique sur le niveau

passe-droits », motivée par l'absence de contrepouvoirs et l'irresponsabilité des dirigeants, a profondément affecté la capacité des pays africains d'aboutir à des niveaux de développement et de puissance proportionnels à leur potentiel.

Le présent ouvrage analyse les logiques de puissance et de gouvernance qui gravitent autour de la démocratie et des industries extractives en Afrique subsaharienne.

L'alliance hégémonique entre élites africaines subsahariennes et les grandes puissances (occidentales et émergentes) sont l'expression d'un jeu à somme nulle mutuellement bénéfique pour ces « partenaires de circonstances ». D'abord l'inscription de l'action des puissances émergentes dans les logiques géostratégiques. Si leur opposition à l'ingérence démocratique de l'occident en Afrique subsaharienne est considérée, par l'élite politique au pouvoir, comme de la sympathie, c'est bien parce qu'elle réussit à nier les propres ambitions géostratégiques des puissances émergentes. L'intérêt de celles-ci pour la reconfiguration du jeu de puissance influence, grandement, leurs postures discursives sur la démocratie. La défense des régimes politiques africains, au nom d'une certaine idée de la souveraineté, s'assimile donc, très souvent, à la défense d'une zone d'influence potentielle. Ensuite, le soutien de la France et des États-Unis à des régimes autocratiques, nonobstant leur discours sur l'urgence de la démocratisation de l'Afrique, relève d'une contre-offensive face à la percée des puissances émergentes. Il s'agit d'ouvrir une brèche dans le dispositif stratégique de leurs adversaires en supprimant la « contrainte démocratique » considérée comme un obstacle à la coopération.

« Géostratégie et démocratie » s'intéresse également aux possibilités qu'offre la gestion des ressources naturelles à

---

de développement des pays africains est avéré. Le népotisme et le clientélisme politique qui caractérisent l'autoritarisme contribue à réduire les chances de développement des États. Lire à ce propos : ANYANG' NYONG'O, « Instabilité politique et perspectives de démocratie en Afrique », *Politique Etrangère,* n°3, 1988, p.589 et FANON (F), *les damnés de la terre*, F. Maspero, Paris, 1961.

l'émergence de modèles de développement autonomes. S'il est admis que la gestion des ressources naturelles a contribué à l'institutionnalisation d'une gestion aux antipodes de la défense de l'intérêt national, il reste que lesdites ressources constituent un facteur de puissance indéniable. L'Afrique subsaharienne dispose en ses ressources d'un avantage comparatif susceptible de lui assurer développement et émancipation stratégique. C'est le constat auquel on aboutit après l'analyse de quelques situations nationales. Les « démocraties minières » apparaissent ainsi comme des modèles en plein essor, sur le continent, et dont le dynamisme constitue un cas d'école. Celles-ci marquent par l'usage stratégique de leurs ressources en vue de l'optimisation de leur potentiel. La mise en œuvre du contenu local permet d'observer le rapport entre le renforcement des institutions démocratiques et l'usage stratégique des ressources naturelles.

La démocratisation de l'Afrique subsaharienne apparait comme un impératif que lui impose son développement. Loin d'établir une relation nécessaire entre démocratie et développement, cet ouvrage démontre que l'ouverture du jeu minier est un choix stratégique à moindre coût pour les producteurs africains ; ceci pour plusieurs raisons. D'abord, la gestion consensuelle du secteur extractif permet de réduire les risques de survenance de conflits. Considérant le rôle de l'exploitation des ressources dans les conflits en Afrique[28], la recherche d'un certain équilibre entre les intérêts de chacune des parties prenantes apparait comme un choix judicieux. Ce constat nous permet d'aboutir à la seconde raison de la nécessité d'une ouverture du jeu qui est d'aboutir à un modèle de gouvernance plus efficace. L'observation de l'histoire minière du continent permet de faire un constat : celui de

---

28

-IAN GARY et TERRY LYNN KARL, *Le fond du baril. Boom pétrolier et pauvreté en Afrique,* Catholic Relief Services, juin 2003 ;
-FOGUE TEDOM (A), *Enjeux géostratégiques et conflits politiques en Afrique Noire*, l'Harmattan, 2008 ;
-APOLI KAMENI (B), *Minerais stratégiques. Enjeux africains*, Le Monde/PUF, 2013.

l'échec du modèle autarcique et extraverti de gestion. La plupart des pays producteurs de ressources minières d'Afrique souffrent d'une profonde crise économique, qui est, à la fois, une crise contextuelle et une crise des modèles de développement. Enfin, la démocratisation de l'Afrique réduirait l'arbitraire qui caractérise le jeu minier. S'il est admis que la structure actuelle du secteur extractif africain est largement à l'avantage des partenaires du continent, il reste qu'un environnement économique prédictible serait d'un bénéfice certain. L'existence de l'état de droit, de mécanismes de régulation transparents, d'une concurrence loyale est, nécessairement plus intéressante pour les investisseurs. C'est ce qui explique que les conditions permissives en Afrique n'ont pas réussi, jusqu'ici, à faire pencher le sens des investissements étrangers directs dans le secteur extractif.

Le développement de « démocraties minières », en Afrique subsaharienne, est une étape essentielle à la reconfiguration des territoires géopolitiques. Le continent, considéré comme des réserves stratégiques « hors-les-murs », n'a jamais été en mesure d'être maitre de son destin. À l'Ajustement structurel, ayant participé à « tuer » l'État s'est ajouté le triomphe de l'extractivisme et de l'économie des prêts gagés sur les ressources. L'Afrique subsaharienne apparait comme une zone exploitée, épuisée et incapable de s'arrimer à la puissance. C'est ce qui explique que l'adoption d'une gouvernance plus inclusive et authentique semble constituer la voie vers le développement du continent. La mise en œuvre du contenu local, dont la Vision minière africaine est un instrument clé, ouvre nécessairement l'Afrique à plus d'opportunités. Elle remet l'Afrique au centre du jeu en faisant de lui un pôle de décision et d'élaboration de discours sur le développement ; ce que lui déniaient les PAS et la dictature des marchés financiers. Le contenu local est ainsi plus qu'une réforme de la gestion minière : c'est un appel à la puissance. L'évocation de l'exploitation des ressources, dans le cadre de cet ouvrage, relève d'une lecture purement géopolitique du commerce entre les nations. Il s'agit de fonder la renaissance de l'Afrique sur la modification de son rapport à l'espace. Les ressources africaines cessent d'être de simples produits économiques pour devenir de véritables instruments de puissance. L'usage de la démocratie, dans des manœuvres géostratégiques (Première Partie), assure un meilleur ancrage de l'économie minière dans les réalités locales. Le contenu local fait de la démocratisation de l'Afrique un impératif stratégique dans la mesure où de celle-ci dépend, dorénavant, l'émancipation des producteurs (Deuxième Partie).

PREMIÈRE PARTIE :

MANŒUVRES ANTI-DEMOCRATIQUES EN AFRIQUE SUBSAHARIENNE : ENTRE RÉSISTANCE DES FORCES CONSERVATRICES ET LOGIQUES DE PUISSANCE

La démocratie par « à-coup », « à la carte » pratiquée par la plupart des régimes africains subsahariens, a partie liée avec le statut qu'ils occupent dans le projet de puissance des acteurs géopolitiques majeurs. La volonté des grandes puissances de sécuriser leurs approvisionnements en ressources naturelles a créé une « communauté d'intérêts »[29] entre elles et des régimes politiques peu disposés à œuvrer pour le développement de leur pays. Cette crispation du jeu politique constitue une importante opportunité géostratégique pour les grandes puissances qui, à la mesure de la défense de leurs intérêts, font de la démocratie une opportunité géostratégique concourant à la mise en œuvre de leurs divers projets de puissance sur le continent. Dans le souci d'accroitre leur influence et/ou de préserver leurs intérêts stratégiques, les grandes puissances, occidentales et émergentes, adoptent une attitude à géométrie variable face au recul ou aux nombreuses « pannes »[30] de la démocratie en Afrique subsaharienne. Aussi, assiste-t-on à une véritable « alliance hégémonique »[31] contre la démocratie et l'État de droit dans cette partie du continent. Les « opérations de déception »[32] ou de manœuvre[33] des forces conservatrices s'observent à travers

[29] *Ibid.*

[30] ADAMA GAYE, *Chine-Afrique : Le dragon et l'autruche- Essai d'analyse de l'évolution contrastée des relations sino-africaines : sainte ou impie alliance du XXIe siècle* ? Paris, L'Harmattan, juillet 2006, 294 p.

[31] TCHETCHOUA TCHOKONTE (S), « La déconstitutionnalisation du principe de limitation de mandats présidentiels en Afrique subsaharienne : alliance hégémonique contre la démocratie », in *Dialectique des intelligences*, N° 002, second semestre 2016, P.P. 3-15.

[32] Souvent assimilées à la ruse et aux stratagèmes, les opérations de déception sont une pratique de guerre à la fois ancienne et méconnue, tant au niveau stratégique que tactique ou opératif. Leurs principaux procédés sont la dissimulation, la simulation et l'intoxication, qui toutes contribuent à tromper l'ennemi et à lui faire croire à une illusion qui doit causer sa perte. HEMEZ (R), « Opérations de déception : repenser la ruse au XXIe siècle », *Focus stratégique*, N°81, Ifri, juin 2018.

[33] La manœuvre stratégique se caractérise par un certain nombre d'actions : parade, esquive, feinte, attaque, surprise, menace et poursuite. Elle vise à orienter les troupes contre l'ennemi, soit pour s'en défendre, pour l'attaquer, l'éviter, l'obliger à se déplacer ou pour accomplir plusieurs de ces opérations à la fois. Dans la guerre classique, deux types de manœuvres dominent le combat : la manœuvre de rupture, accomplie lors du choc frontal, et la manœuvre de débordement, dont la forme idéale est l'encerclement complet

les entreprises anti-démocratiques menées aussi bien sur les théâtres d'Afrique Centrale et de l'Est (Chapitre 1), que sur les théâtres d'Afrique Australe et de l'ouest (Chapitre 2).

---

de l'adversaire. L'alliance hégémonique ou la collusion des forces anti-démocratiques en Afrique subsaharienne relève de la manœuvre de débordement, dans laquelle des forces conservatrices, locales et internationales procèdent à travers divers stratagèmes, à l'étouffement de la démocratie.

CHAPITRE 1 :

LES OPÉRATIONS DES FORCES ANTI-DEMOCRATIQUES SUR LES THÉÂTRES D'AFRIQUE CENTRALE ET DE L'EST

La radicalisation des forces conservatrices attachées à la défense de leurs privilèges et l'impréparation ou l'immaturité politique des partis d'opposition ont conduit à l'échec des transitions démocratiques en Afrique centrale[34]. Les aspirations démocratiques de la fin des années 1980 ont été trahies ou manipulées[35]. Faisant ainsi de l'Afrique centrale l' « épicentre » du recul démocratique en Afrique. Certes, le cœur du continent n'a pas le monopole du simulacre électoral, du bricolage constitutionnel, du clanisme ou de la dérive autoritaire[36], mais les lueurs d'espoir viennent d'ailleurs. En effet, le vent de régression[37] démocratique qui balaie l'Afrique centrale contribue à faire de cette sous-région un des principaux théâtres d'opérations des forces anti-démocratique (Section 1). Ébranlés par les guerres civiles ou interétatiques, les régimes autoritaires installés dans de nombreux pays d'Afrique de l'Est,[38] soutenus par des partenaires internationaux, sont, pour la plupart, réfractaires à la démocratie (Section 2).

---

[34]GUICHAOUA (A), NTAKARUTIMANA (E) et SCOTT STRAUSS, « Aspirations démocratiques et démocraties autoritaires en Afrique centrale », *Revue Tiers Monde,* 2016/4, N°228, pages 9-21.

[35] Ibid.

[36] HUGEUX (V), « Afrique centrale, la démocratie en recul », 01/05/2018, www.lexpress.fr, consulté le 22/03/2020.

[37] Ibid.

[38] FOUERE (M-A) et MAUPEU (H), « Une nouvelle Afrique de l'Est », *Afrique contemporaine,* 2015/1, N°253, pages 13-35.

Section 1 : Les théâtres d'Afrique Centrale

La détention des ressources énergétiques, minières et forestières contribue à faire de l'Afrique centrale le « ventre mou » de la démocratie en Afrique. Épicentre des « involutions »[39] démocratiques et symbole du retour de l'autoritarisme. L'Afrique centrale est le théâtre privilégié d'observation des manœuvres des forces conservatrices. Dans cette partie du continent, la collusion[40] des forces anti-démocratiques s'observe dans la quasi-totalité des pays de la sous-région. Parmi ces derniers, figurent, entre autres, le Cameroun (A), la République Démocratique du Congo (B), la République Centrafricaine (C) et la Guinée Équatoriale (D).

A- Le Cameroun

L'effervescence démocratique qui embrase la scène politique camerounaise au début des années 1990 est inversement proportionnelle à la volonté des responsables politiques à s'arrimer à la modernité politique que charrie la troisième vague[41] de démocratisation. Sous la contrainte des

---

[39] GUEYE (B), « La démocratie en Afrique : succès et résistances », *Pouvoirs,* N° 129, avril 2009, p5-26.

[40] VIRCOULON (T), « La démocratie post-conflit en Afrique centrale : les causes d'un échec », *Politique Etrangère*, 2019/2, pages 37-48.

[41] L'expression « troisième vague de démocratisation » a été proposée par Samuel Huntington pour caractériser et distinguer les tentatives de démocratisation actuelles des précédentes, initiées historiquement à partir du XIXe siècle. En effet, au moment où le coup d'État d'Augusto Pinochet sonnait le glas de la deuxième vague de démocratisation, une troisième vague se préparait. Elle commence paradoxalement avec un autre coup d'État, perpétré en avril 1974 par des jeunes officiers portugais réunis au sein du Mouvement des Forces Armées (MFA). Fatigués d'être embourbés dans des guerres coloniales, les officiers portugais ont profité de la décompression politique qui a suivi la mort de Salazar pour mettre fin à la dictature. Connu sous le nom de « révolution des œillets », ce coup d'État constitue le point de départ d'une transformation démocratique de la société portugaise. Cette expérience sera suivie d'une série d'ouvertures politiques à travers le monde.

mobilisations populaires et des pressions internationales, le régime Biya a initié une « transition contrôlée »[42] qui a contribué à plonger le pays dans une interminable transition que certains qualifient d'« impasse politique »[43]. Les soubresauts qui jalonnent l'histoire politique du Cameroun depuis le retour au multipartisme en 1990 constituent en effet les indicateurs d'une construction erratique de l'ordre démocratique[44]. Les aspirations légitimes des populations à la démocratie et à la transparence dans la gestion des affaires publiques, après des décennies d'autoritarisme[45], vont progressivement se muer en de véritables arlésiennes. Pour se maintenir, le régime Biya a mis en place une dérégulation morale, sociale et économique, fondée sur la redistribution clientéliste et le contrôle des élites politiques[46].

Le Cameroun représente en effet le modèle-type d'État africain situé dans « l'entre-deux », et dont la vie politique est rythmée autant par les « mélodies de l'autoritarisme[47] », héritées du précédent régime, que par la marche à pas forcés

---

MAMOUDOU GAZIBO, *Introduction à la politique africaine*, Presses de l'Université de Montréal, 2010, PP167-189.

[42] Les tenants du pouvoir ont suffisamment de ressources matérielles et coercitives pour garder l'initiative de la transition. Ils sont ainsi à mesure de décider de l'ampleur des réformes à opérer, des concessions à faire aux opposants, des dispositifs juridiques encadrant la transition, et même du *timing* des élections. Voir MAMOUDOU GAZIBO, *Introduction à la politique africaine*, Ibid.

[43] YACOUBA MOLUH, « L'interminable transition au Cameroun: tentative d'autopsie d'une impasse », *Law and Politics in Africa, Asia and Latin America*, Vol. 39, N°2, PP 207-226.

[44] MOUELLE KOMBI (N), *La démocratie dans la réalité camerounaise. Libertés, légitimité et modernité politique sous Paul Biya*, Paris, Dianoia, 2013, 370p.

[45] KOUOH (C-T), *Une fresque du régime Ahidjo (1970-1982)*, Paris, Karthala, 1991, 208P.

[46] EBOKO (F) et AWONDO (P) (Dir.), *Cameroun. L'État stationnaire*, Paris, Karthala, 2018, 200P.

[47] Dans son rapport 2019 sur l'état de la démocratie dans le monde, l'*Economist Intelligence Unit* (EIU), qualifie le régime de Yaoundé d'« autoritaire » et classe le Cameroun à la 40e position, sur 50 pays africains pris en compte. MOUTIOU ADJIBI NOUROU, « Classement 2019 des pays africains les plus démocratiques », 23 janvier 2020, www.agenceecofin.com, consulté le 04 février 2020.

vers une certaine ouverture démocratique. Le bégaiement de la démocratie au Cameroun est en effet tributaire du passé monolithique qui exerce un fort tropisme sur le pilotage de la démocratisation[48]. La phobie de l'ouverture démocratique a conduit l'élite gouvernante, avide de pouvoir et travaillée par l'« *habitus autoritaire* »[49], à user de diverses manœuvres pour contenir la bourrasque démocratique du début des années 1990. Pour ce faire, le système gouvernant camerounais s'est mué en une véritable « *machine unanimiste et inhibitrice des voix dissonantes* »[50]. Inscrite dans la riche tradition des « démocraties à adjectif »[51], la démocratie camerounaise tend à faire cohabiter coercition brutale et mesures cosmétiques d'apaisement à dose infinitésimale[52]. En effet, la levée du verrou relatif à la limitation de mandats présidentiels, le musellement juridique de l'opposition, l'usage du code électoral en vue de fausser le vote et la caporalisation des institutions en

[48] NJOYA, (J.) « Unité nationale et mutations politiques : essai sur une régulation symbolique et conservatrice du système politique camerounais (1982-2000 », Université de Yaoundé II-Soa, thèse de doctorat d'État en Science Politique, 2006-2007, 554P.

[49] L'habitus est un terme ancien qu'on trouve chez Aristote ; actuellement utilisé dans le cadre du courant animé par Pierre Bourdieu, il désigne un système de dispositions durables acquis par l'individu au cours du processus de socialisation. Il n'est pas figé, il subit des mutations. Il permet à l'individu de construire des stratégies anticipatives face aux défis du changement.

[50] NJOYA, (J.) « Unité nationale et mutations politiques : essai sur une régulation symbolique et conservatrice du système politique camerounais (1982-2000 », Op.cit.

[51]Les études sur la démocratie favorisent l'émergence de concepts visant, pour l'essentiel, à préciser le sens de la démocratie à travers l'addition d'adjectifs. Il est ainsi commun d'évoquer la démocratie « présidentielle », « fédérale » ou « parlementaire » pour souligner la nécessaire influence du type de régime politique sur les pratiques démocratiques. Dans un autre sens, le concept de démocratie à adjectifs décrit des processus démocratiques « inachevés », généralement emprisonnés dans des situations locales préjudiciables à l'émergence de « valeurs » démocratiques. Elles sont ainsi des avatars de démocraties (démocratie illibérale tutélaires, à suffrage-limité, etc.). Voir David COLLIER et Steven WITSKY, « Democracy with adjectives : conceptual innovation in comparative research », *Wolrd Politics,* vol. 49, n°3, 1997, pp.430-451.

[52]TCHETCHOUA TCHOKONTE (S), « Phobie démocratique et restauration au Cameroun (1990-2017) », in FOPA KUETE (R) (Dir.), *La peur : discours, formes et représentations*, Paris, l'Harmattan, 2020, P.P.194-213.

charge des élections constituent des manœuvres qui contribuent à défigurer la démocratie camerounaise. Bien plus, le dévoiement des forces de défense et de sécurité, la répression policière ont eu raison de ceux qui croyaient encore à la capacité du régime de Yaoundé de s'arrimer à la démocratie.

La constitutionnalisation du pouvoir éternel du président s'est faite par la loi N°2008-1 du 14 avril 2008 modifiant et complétant certaines dispositions de la loi N°96-6 du 18 janvier 1996 portant révision de la constitution du 2 juin 1972. Cette loi constitue clairement un rétropédalage des institutions et ouvre la voie non seulement à la présidence à vie, mais aussi à une présidence immunisée. Sur le premier point, l'article 6 alinéa 2 nouveau dispose : « *le président de la République est élu pour un mandat de (7) ans. Il est rééligible* »[53]. À travers ces trois derniers mots à l'apparence de simplicité, le constituant camerounais venait de porter un sévère coup à la démocratie. L'indétermination de ce bout de phrase institue en réalité au Cameroun, au profit du président en place, une possibilité de s'établir au pouvoir *ad vitam aeternam*.

Sur le second point, l'article 53 nouveau, alinéa 1 confère l'immunité de juridiction au président de la République et surtout limite sa responsabilité personnelle en cas de haute trahison[54]. L'alinéa 2 rend plus difficile la mise en accusation du président en exigeant une majorité surqualifiée 4/5 dans les deux chambres, et l'alinéa 3 qui est opposé à l'article 27 du statut de Rome sur la CPI crée une immunité absolue du président de la République après sa fonction. Cette disposition n'est pas sans lien avec les émeutes de la faim de février 2008, au cours desquelles les voix se sont levées pour demander la traduction du président Paul Biya devant la CPI[55]. En démocratie, tout citoyen devrait prétendre à la fonction présidentielle. Au Cameroun, l'on assiste, par contre, à une véritable constitutionnalisation du pouvoir éternel du président.

---

[53] TCHETCHOUA TCHOKONTE (S), « La juridicisation de la violence politique au Cameroun : chronique d'une tragédie de la démocratie », *Œil du Sahel*, 18 février 2019.
[54] *Ibid.*
[55] *Ibid.*

Dans une compétition électorale, les arbitres doivent présenter toutes les garanties d'indépendance et d'impartialité, gages de décrispation du jeu politique et de la paix sociale. Un Etat qui refuse la violence politique, les institutions doivent être équilibrées conformément au principe de la séparation des pouvoirs. Seulement, au Cameroun, les institutions en charge du processus électoral (ELECAM et le Conseil Constitutionnel) sont caporalisées par le président de la République. C'est notamment le cas d'ELECAM (organe chargé d'organiser les élections) et du Conseil Constitutionnel (organe chargé d'assurer le contentieux électoral).

Le Conseil Constitutionnel compte en son sein des membres qui sont des sympathisants ou des militants avérés du RDPC. Le Conseil constitutionnel camerounais dans sa constitution ressemble à un « conseil de godillot »[56] soumis à une forte emprise présidentielle. Pour Eric Ngango Youmbi, « *l'ensemble des membres du Conseil constitutionnel (...) vivent et exercent leurs fonctions avec la conscience lestée du fardeau de la reconnaissance, et le cœur chevillé à l'angoisse d'un renouvellement incertain du mandat* »[57].

[56] Le mot « godillot » signifiait à l'origine une chaussure militaire fabriquée par Alexis GODILLOT et fournie à l'armée française selon le vœu de NAPOLEON III. Il a ensuite été employé dans les années 1960 pour désigner les parlementaires qui soutenaient sans faille le général De GAULLE et son gouvernement, pour montrer leur fidélité et leur obéissance absolue ; puis il a été employé pour désigner de façon péjorative toute institution grandement subordonnée au président de la République, ou tout individu qui se comporte en homme-lige ou en major d'homme. Voir, NGANGO YOUMBI (E.M.), « Le conseil constitutionnel camerounais : le grande désillusion », *REVUE DU DROIT PUBLIC* - N° 5-2019, P.P.1379-1419.

[57] *Ibid.*

Fig n°1 : Tableau illustrant l'emprise présidentielle et le poids des considérations stratégiques dans la composition du Conseil constitutionnel[58]

MENBRES DU CC	ORIGINE RÉGIONALE	PROFESSION	AFFILIATION POLITIQUE ANTECEDANTE	FONCTIONS ANTECEDANTES	AUTORITÉ DESIGNANTE	AUTORITÉ DE NOMINATION	AGE
1.Clément ATANGANA (Président)	CENTRE	MAGISTRAT	INCONNU	PRÉSIDENT DE LA CA DE LA CS ET DE LA CGRV	INCONNUE	PR	77
2.Joseph OWONA (Membre) +	SUD	PROFESSEUR D'UNIVERSITÉ	MEMBRE DU CC DU RDPC	CONSEILLER JURIDIQUE A LA PRÉSIDENCE	INCONNUE	PR	81NS
3.Emmanuel BONDE (Membre)	EST	PROFESSEUR DES LYCÉES	MEMBRE DU BP DU RDPC	MINISTRE	INCONNUE	PR	70NS
4.Charles Etienne LEKENE (Membre)	OUEST	PROFESSEUR D'UNIVERSITÉ (DROIT PUBLIC)	MEMBRE DU RDPC	MINISTRE D'ÉTAT	INCONNUE	PR	69
5.Paul NCHOJI NKWI (Membre)	NORD-OUEST	PROFESSEUR D'UNIVERSITÉ (ANTHROPOLOGIE)	MENBRE DU SDF	ADMINISTRATEUR DE LA RECHERCHE (MINESUP)	INCONNUE	PR	78
6. Oumarou SANDA (Membre)	NORD	MAGISTRAT	INCONNUE	AMBASSADEUR MINISTRE	INCONNUE	PR	78
7.Joseph-Marie BIPOUN WOUM (Membre)	CENTRE	PROFESSEUR D'UNIVERSITÉ (DROIT PUBLIC)	MEMBRE DU RDPC	MINISTRE	INCONNUE	PR	81
8.Jean Baptiste BASKOUDA	EXTREME-NORD	ADMINISTRATEUR DU TRAVAIL	MEMBRE DU CC DU RDPC	DA AU CC DE LA PRÉSIDENCE	INCONNUE	PR	61NS
9.Ahmadou TIDJANI (Membre)	ADAMAOUA	ADMINISTRATEUR CIVIL	MEMBRE DU CC DU RDPC	GOUVERNEUR DE RÉGION	INCONNUE	PR	68NS
10.Émile ESSOMBE (Membre)	LITTORAL	MAGISTRAT	INCONNUE	PROCUREUR GÉNÉRALE (CA)	INCONNUE	PR	57NS
11.Florence Ritta ARREY (Membre)	SUD-OUEST	MAGISTRATE	INCONNUE	VICE-PRÉSIDENTE DU TPIR ET JUGE A LA CS	INCONNUE	PR	70

Source : Ngango Youmbi (E), 2019.

[58] *Ibid*. pp. 1407-1408.

Le Conseil constitutionnel autant qu'ELECAM appliquent un Code électoral taillé sur mesure.

La marche du Cameroun vers un processus électoral consensuel et crédible est ancienne et très laborieuse. Dans le contexte politique marqué par une « guerre de tranchées » entre partisans et adversaires du régime au sujet de l'alternance au sommet de l'État, l'adoption d'un code électoral consensuel apparaît comme une des garanties du maintien d'une paix sociale durable. Après le retour plus qu'agité du pluralisme en février 1991[59], la gestion cafouilleuse des divers scrutins a démontré l'urgence de la mise en place d'un processus électoral crédible et indépendant. Adopté en 2012, le code électoral[60] est loin de satisfaire à ces exigences. Il consacre l'empreinte présidentielle sur tout le processus électoral (maitrise du calendrier, maitrise des organes chargés des élections, maitrise des autorités administratives intervenant dans le processus électoral). Au-delà de l'aspect juridique, l'élection du 07 octobre 2018 a révélé la permanence des pratiques de fraudes électorales[61] en faveur du candidat président (intimidation et violence à l'égard des scrutateurs de l'opposition, recours aux pseudo-observateurs de *Transparency International*, scores soviétiques dans certains bureaux de vote et dépassant parfois le nombre d'inscrits, falsification des procès-verbaux, etc.). Pour Jean Bruno TAGNE, *« (...) inscriptions, établissements des listes et cartes, déroulement du scrutin, dépouillement, dénombrement des votes et proclamations des résultats : toutes ces opérations sont sous le contrôle du pouvoir* (…)[62] ».

Le musèlement de l'Opposition constitue une recette supplémentaire utilisée par le régime de Yaoundé pour enrayer toute possibilité d'alternance politique. En effet, l'interdiction quasi-systématique des manifestations publiques de

---

[59]PIGEAUD (F), *Au Cameroun de Paul Biya*, Paris, Karthala, 2011, 278P.

[60] Loi N°2012/001 du 19 avril 2012 portant Code électoral, modifiée et complétée par la Loi N°2012/017 du 21 Décembre 2012.Article116(1).

[61]MINTEU-KADJE (D), PREMAT (C), « Leçons de l'élection présidentielle camerounaise de 2018 : le changement dans la continuité », *Sens public*, 02-07-2019.

[62] TAGNE (J.B), *Accordée avec fraude. De Ahidjo à Biya, comment sortir du cycle des élections contestées*, Yaoundé, Les Editions du Schabel, 2019, 287P.

l'Opposition, sous le prétexte du « *trouble à l'ordre public* »[63] constitue une des ressources les plus usitées[64]. Les réunions et manifestations publiques sont un moyen d'exercer des droits et libertés fondamentaux reconnus aux citoyens par la Constitution. La démocratie et l'État de droit sont en conséquence des leurres sans la participation de tous les acteurs (gouvernement, organisations de la société civile et partis politiques) à l'édification de la démocratie. Le texte consacrant le recours à la manifestation comme une liberté publique, c'est-à-dire comme un droit reconnu et aménagé par les pouvoirs publics, est la loi n° 90/055 du 19 décembre 1990 portant sur le régime des réunions et manifestations publiques. Toutefois, dans le souci de contenir les revendications politiques de l'Opposition et d'éloigner le spectre d'une éventuelle alternance politique, par l'entremise des autorités administratives (préfets et sous-préfets), le Gouvernement a procédé à une interprétation à géométrie variable de cette disposition légale. Son interprétation constitue l'une des principales pommes de discorde entre l'autorité administrative et les acteurs désireux de manifester. Dans son contenu, cette loi définit le régime juridique des manifestations publiques, l'autorité compétente en la matière, les conditions à remplir, les délais à respecter pour obtenir un visa de manifester, les cas d'exception et de restrictions, les possibilités de recours ainsi que les sanctions prévues[65]. Les manifestations publiques doivent être déclarées au préalable et peuvent être interdites par les autorités administratives, si elles estiment que le risque d'atteinte à l'ordre public est suffisamment grave, gravité qui est laissée à l'appréciation souveraine des autorités administratives[66]. Bien

---

[63]MANGA (J-M) et MBASSI (A-R), « De la fin des manifestations à la faim de manifester : revendications publiques, rémanence autoritaire et procès de la démocratie au Cameroun », *Politique africaine*, 2017/2 (n° 146), PP.73 à 97.
[64] TCHETCHOUA TCHOKONTE (S), « La juridicisation de la violence politique au Cameroun : chronique d'une tragédie de la démocratie », Op.cit.
[65] MANGA (J-M) et MBASSI (A-R), « De la fin des manifestations à la faim de manifester : revendications publiques, rémanence autoritaire et procès de la démocratie au Cameroun », Op.cit.
[66] Le 29 mars 2016, au siège du Mouvement pour la renaissance du Cameroun (MRC), un groupe de dirigeants de quatre partis politiques de l'opposition projette de donner une conférence de presse pour s'opposer à une nouvelle

plus, le régime de garde à vue illimité institué par la loi N° 2014/028 du 23 décembre 2014 portant répression des actes de terrorisme constitue une véritable « épée de Damoclès » qui plane sur la tête des leaders de l'opposition déterminés à braver ces diverses interdictions pour faire entendre leur voix. Aux antipodes du Code pénal et du code de procédure pénale, cette loi institue, en son article 11 une garde à vue de 15 (quinze) jours renouvelables sans limitation de renouvellement[67]. Ce qui constitue une atteinte grave à la liberté d'aller et de venir des personnes physiques utilisée comme technique de musellement de la liberté d'expression et d'opinion. L'incertitude dans la compréhension de la notion d'ordre public a favorisé l'arbitraire dans la délivrance des récépissés de déclaration de manifestation. C'est dans ce sens que de nombreux partis politiques d'opposition subissent des suspensions et interdictions de leurs réunions et manifestations[68] (SDF, CPP, UPC, MRC, etc.).

Bien Plus, la violence policière et l'absence d'amende honorable des autorités politiques à l'encontre de leaders des formations politiques de l'Opposition rentrent en opposition frontale avec les exigences d'une société ouverte, pluraliste et démocratique. De nombreuses figures de l'Opposition ont parfois été blessées à l'occasion des manifestations politiques, sans que les responsables de ces bavures ne soient inquiétés, ce qui laisse penser qu'une telle violence serait commanditée et encouragée par le pouvoir de Yaoundé. Ce fut, entre autres, le cas de Edith Kah Walla (CPP) ; Alain Fogue (MRC), Jean Michel Nitcheu (SDF). Par ailleurs, il est difficile de comprendre, au XXIe siècle, que le principal challenger

---

candidature du président Paul Biya en 2018. En effet, qqu'elles soient organisées par des partis d'opposition ou des acteurs associatifs, des réunions et des manifestations publiques font régulièrement l'objet d'interdictions. MANGA (J-M) et MBASSI (A-R), « De la fin des manifestations à la faim de manifester : revendications publiques, rémanence autoritaire et procès de la démocratie au Cameroun », Ibid.

[67] Voir, Nouveaux Droits de l'Homme, « Les libertés publiques au Cameroun : des acquis hypothéqués ! », étude nationale sur l'état des libertés fondamentales au Cameroun, février 2019, www.ndhcam.org, consulté le 01 Juillet 2020.

[68] *Ibid.*

Maurice Kanto d'un président en exercice et son équipe de campagne aient été écroués pour avoir crié au « hold up électoral » sur le fondement des arguties juridiques[69]. L'Opposition démocratique doit, comme en Grande-Bretagne et à Madagascar être institutionnalisée. Elle doit bénéficier d'un statut et son chef d'une certaine immunité. Dans la même lancée, arrêté à l'issue des marches dites « blanches », le vice-président du Mouvement pour la Renaissance du Cameroun (MRC), Mamadou Mota a, à l'issue d'une mutinerie, dont il a été arbitrairement désigné comme étant un des principaux responsables, subi d'importants sévices corporels[70]. Ceci dénote de la dérive autoritaire du régime de Yaoundé dont les décennies de pouvoir et subtile capacité d'adaptation ont eu raison des aspirations légitimes des populations à un mieux-être collectif.

Face à cette dérive autoritaire du régime Biya, Paris se mure dans un silence complice et/ou apporte son soutien à un régime dont l'interminable fin de règne accentue les risques des « nuisances politiques »[71] qui pourraient contribuer à le faire péricliter. La France est en effet accusée de soutenir, par son silence, le régime dictatorial dans un pays en pleine implosion[72]. Pour Fanny Pigeaud : « *En soutenant Biya, la France vise évidemment à préserver ses intérêts : le Cameroun constitue un marché pour ses produits et fournit d'importantes ressources, comme le gaz ou le pétrole. (...) La plupart de ces entreprises sont en situation de monopole et font par conséquent de bonnes affaires* »[73]. Ce soutien de Paris au régime Biya est l'expression de sa détermination à préserver ses

---

[69] NGANGO YOUMBI (E.M.), *op.cit.* pp.1379-1419.

[70] FOUTE (F.) « Mutinerie au Cameroun : Mamadou Mota du MRC et une centaine de prisonniers détenus au secret », 24 Juillet 2019, www.jeuneafrique.com, consulté le 2 Juillet 2020.

[71]MÉDARD, (J.F.), « Crise africaine et démocratisation : les perspectives difficiles de la transition démocratique en Afrique » in KAMTO (M) (Dir.), 2010, *L'Afrique dans un monde en mutation : dynamiques internes, marginalisation internationale* ?, Paris, Afredit, 353P.

[72]MALAGARDIS, (M.) « Cameroun : le silence de la France est interprété comme une complicité avec les dictatures», 29 janvier 2019, www.liberation.fr, consulté le 01 Juillet 2020.

[73]PIGEAUD (F), Au Cameroun de Paul Biya, Paris, Karthala, 2011, 278P.

avantages stratégiques dans un contexte marqué par les offensives économiques et diplomatiques des États-Unis et des puissances émergentes. Au-delà de ses discours bienveillants sur la nécessité pour le Cameroun de respecter les exigences démocratiques, Paris ne peut se permettre de s'aliéner un tel partenaire stratégique. Pour Thomas Deltombe, « *Depuis son arrivée au pouvoir, l'ancienne puissance coloniale n'a jamais « lâché » M. Biya. Elle lui livre des armes et forme ses forces de répression, renfloue son budget et éponge ses dettes, le félicitant à chaque victoire électorale* »[74]. La concurrence à laquelle la France est désormais confrontée au Cameroun l'amène à ajuster son dispositif de puissance, ce qui pour la circonstance, l'a contraint à soutenir le régime Biya. En dépit des discours du président français Emmanuel Macron relatifs à la rupture des relations françafricaines et de la dérive autoritaire du régime Biya, la France apporte un important soutien au régime de Yaoundé.

Le soutien de la France au régime Biya s'observe, entre autres, par les félicitations adressées par le Quai d'Orsay à Paul Biya à l'issue de l'élection présidentielle du 07 octobre 2018, omettant, pour la circonstance, de mentionner l'étendue inédite des contestations des résultats du scrutin[75]. Par ailleurs, le tête-à-tête entre les présidents Macron et Biya lors de la sixième conférence de reconstitution du Fonds mondial contre le VIH, la tuberculose et le paludisme à Lyon en octobre 2019 a constitué une occasion supplémentaire pour le président Macron d'apporter son soutien au président Biya[76]. Emmanuel Macron a qualifié de « signal fort »[77], la remise en liberté de Maurice Kamto et d'une centaine de membres de son parti qui avaient été arrêtés à la suite de manifestations pacifiques organisées

---

[74]DELTOMBE (T), « Interminable fin de règne à Yaoundé », 2011, www.monde-diplomatique.fr, consulté le 01 Juillet 2020.

[75]POMMEROLLE (M-E), « Au Cameroun, la diplomatie française défend les intérêts d'une élite prédatrice », 24 octobre 2018, www.lemonde.fr, consulté le 06 février 2020.

[76] « L'onction de Macron à Biya », 10 octobre 2019, www.mondafrique.com, consulté le 06 février 2020.

[77] « Cameroun : Emmanuel Macron appelle Paul Biya à mettre en œuvre la réconciliation », 11 octobre 2019, www.jeunafrique.com, consulté le 06 février 2020.

pour protester contre les résultats de la présidentielle d'octobre 2018. Seulement, pour l'association Survie qui milite contre la « Francafrique », a critiqué « l'onction de légitimité internationale » qu'apporte l'Élysée à Paul Biya. En effet, Thomas Borrel, porte-parole de cette association, « *La libération de Marice Kamto et d'une centaine de ses soutiens (...) ne suffit pas à rendre fréquentable un régime dont les politiques répressives ont poussé à la guerre, faisant au moins 2000 morts et un demi-million de déplacés internes et de réfugiés* »[78].

À la suite de ses prédécesseurs, le président français Emmanuel Macron a su se servir de l'image d'une France « Patrie des droits de l'Homme »[79], défenseur des libertés individuelles et de la gouvernance comme socle de sa politique africaine. À travers la subtilité de ses prises de position au sujet de la dérive autoritaire du régime Biya, la France a su préserver ses intérêts économiques. Dans un environnement plus que jamais concurrentiel marqué par une reconfiguration du rapport de force, les grandes puissances font, à la mesure de la défense et/ou de la promotion de leurs intérêts, de la démocratie une importante opportunité géostratégique. Après la Chine, la Russie et la France, les États-Unis[80] font de la démocratie une ressource de puissance au service de la mise en œuvre de leur nouvelle politique africaine. Dans un tel environnement, les États-Unis pourraient, à juste titre, craindre de passer beaucoup

---

[78] Ibid.

[79] Cette image que la France veut donner d'elle sur la scène internationale n'est en réalité que le reflet de sa capacité à s'inscrire dans la dialectique des intelligences. En effet, depuis la fin de la deuxième guerre mondiale, cette posture était déjà instrumentalisée par le général De Gaulle, afin de permettre à la France de demeurer une puissance malgré la faiblesse de ses moyens. Il s'agissait notamment, de faire jouer à la France le rôle d'avocat des plus faibles dans les affaires du monde. L'objectif étant d'engranger la sympathie de l'opinion internationale, indispensable dans la lutte inégale qui l'oppose aux grandes puissances. Seulement, les États africains, englués dans leur cécité stratégique, ne perçoivent toujours pas la ruse, la supercherie française, ils continuent à attendre de la France qu'elle défende leurs intérêts sur la scène internationale.

[80] FOGUE TEDOM (A), *Géostratégie américaine en Afrique* (1993-2014), Yaoundé, L'Harmattan, 2015, 200P.

de temps à moraliser alors que des concurrents peu scrupuleux sont en train de gagner des marchés. Cette crainte peut paraître d'autant plus sérieuse que nombre d'élite politique et économiques Africaines se plaisent à engranger des gains substantiels de l'absence de transparence dans leur pays. Et c'est tout naturellement qu'ils encourageraient ceux qui ne s'encombrent pas de grands principes. Dans un tel climat, la Realpolitik veut que les États-Unis, qui ont impérativement besoin des ressources naturelles africaines, jouent le jeu du contexte ; du moins en attendant, faire mieux, car ils ont également intérêt à promouvoir la démocratie en Afrique. C'est dire combien il est difficile pour les grandes puissances de faire les affaires en Afrique dans la transparence[81].

B- La République Démocratique du Congo

Avec ses 5.4 millions de morts entre 1998 et 2008, le conflit congolais est sans contestation le plus meurtrier depuis la fin de la Seconde Guerre mondiale. Au-delà des innombrables causes liées, entre autres, à la grande taille du pays, à la prédation, aux luttes autour de la captation des importantes ressources stratégiques[82] dont regorge le pays, comme dans la plupart des crises politiques africaines, le déficit démocratique semble constituer l'élément structurant du déclenchement et de la pérennisation de la crise politique que traverse la RDC. Si la lutte contre le communisme a servi de prétexte pour installer et soutenir[83] la dictature de Mobutu contre les aspirations libérales

---

[81] FOGUE TEDOM (A), *Enjeux géostratégiques et conflits politiques en Afrique noire*, Op.Cit.

[82] PEAN (P), *Carnages : guerres secrètes des grandes puissances en Afrique*, Paris, L'Harmattan, 2011, P.P. 457- 479.

[83] Arrivé au pouvoir en 1965, par la grâce de la CIA et de la sureté Belge, le président MOBUTU parvient, avec l'aide occidentale, à bâtir l'un des régimes autoritaires les plus durs sur le continent. Un régime qui se montre impitoyable à l'égard de ses adversaires politiques et adopte une politique sécuritaire. A partir des années 1980, les conséquences de cette politique se font jour et dévoilent un pays mal géré et dans un état de déliquescence politique, économique et social avancé.

de Patrice Lumumba[84], les réflexes autoritaires des présidents Laurent Désiré Kabila, Joseph Kabila et Félix Tsisekedi ont contribué à alimenter les tensions et les violences qui jalonnent l'histoire politique de la RDC.

Après l'élimination physique de Lumumba le 17 janvier 1961[85], la politique de neutralisation des politiciens mis en œuvre par Mobutu se poursuit par la mise à l'écart du président Kasavubu. À la tête de l'État, le président Kasavubu voit son influence se réduire face aux pressions d'un Mobutu. L'emprise de ce dernier sur tous les leviers importants du pouvoir est telle que le président Kasavubu se résigne à partager le pouvoir. Cependant, le colonel Mobutu n'entend pas jouer les seconds rôles, le 25 novembre 1965, le chef de la force publique conclut sa fulgurante ascension politique par un second coup d'État. Le président Kasavubu et son Premier ministre Evariste Kimba sont renversés. Ce coup de force est annonciateur de l'autoritarisme et de la répression dans lesquels Mobutu allait plonger le pays pendant plusieurs décennies. Il conduit une sanglante opération de purge[86] des adversaires politiques, caractérisée par la caporalisation de la société congolaise et la confiscation du jeu politique. Il se dote d'un arsenal de conditionnement politique et de répression – le Mouvement Populaire de la Révolution (MPR) – avec pour devise : « un seul chef, un seul peuple, une seule nation », qui devient en 1970 le parti État. Tous ceux qui ont des vues opposées à celles du MPR sont recherchés et torturés. Le régime sombre encore

[84]Quoique marxiste, le premier ministre et leader du Mouvement National Congolais (MNC) a des positions politiques progressistes qui enveniment ses rapports avec les puissances occidentales. Son nationalisme et son appel à une émancipation politique de son peuple dérangent ; il constitue une menace pour les intérêts occidentaux ; son combat pour l'émancipation politique de son peuple rompt avec le suivisme des autres leaders politiques congolais. Voir, FOGUE TEDOM (A), *Enjeux géostratégiques et conflits politiques en Afrique noire,* 2008, Op.cit. P.149.

[85] LUDO DE WITTE, *L'assassinat de Lumumba*, Paris, Karthala, 2000, 416P.

[86] En 1966, près de 200.000 personnes sont pendues, parmi lesquelles Evariste KIMBA, ancien premier ministre, et trois autres anciens ministres de son gouvernement. Les adversaires politiques du nouveau régime sont poursuivis, même hors du pays ; ce fut le cas pour TSHOMBE qui est kidnappé dans un avion lors d'un voyage.

un peu plus dans un despotisme autoritaire. Retranché dans ses certitudes et ne tolérant que des collaborateurs adhérant, sans réserve, à sa conception du pouvoir, le président se coupe progressivement et de manière radicale de la réalité sociale du pays. N'ayant jamais toléré la contradiction interne, le MPR est mal préparé pour affronter le retour du pluralisme qui s'impose à lui au début des années 1990[87].

Face au développement des contestations sociales et politiques qui gagnent le pays, devant la pression exercée par une population réduite à la survie, Mobutu s'appuie maladroitement sur l'armée, notamment sur la DSP (Division Spéciale Présidentielle), forte de 15.000 hommes issus de son ethnie « *Ngbandi* » pour s'opposer au changement réclamé par la rue. Par la suite, le 24 avril 1990, le président Mobutu tente de reprendre le contrôle de la situation politique en annonçant la fin du parti unique, le retour au pluralisme politique et la réouverture du processus démocratique brutalement interrompu en 1965. Mais, la société civile et l'opposition réclament plus de transparence politique et exigent un inventaire des trente ans de règne sans partage du président Mobutu. Ils revendiquent avec détermination la tenue d'une conférence nationale. Le président Mobutu essaie, tant bien que mal, de contenir les velléités démocratiques de l'opposition et de la société civile congolaise avides de changement. Pour Fogue Tedom « *Acculé par la société civile et l'opposition (...) le gouvernement cède finalement et autorise, sans enthousiasme, son organisation. L'ouverture de ce forum politique a lieu le 7 aout 1991* »[88].

La crise politique congolaise est l'expression du conflit d'intérêts, des luttes de positionnement entre le régime de général Mobutu, soutenu par la France, d'une part, et les mouvements rebelles, regroupés au sein de l'Alliance des Forces pour la Libération du Congo/Zaïre AFDL, épaulés par le Rwanda et l'Ouganda et soutenus par les États-Unis, d'autre part (Pierre Péan ; 2011 : 322). Confortés par ces puissants alliés, Kagamé et Museveni peuvent songer à mettre la main sur

---

[87] Voir, FOGUE TEDOM (A), *Enjeux géostratégiques et conflits politiques en Afrique noire,* 2008, Op.cit. P.153.
[88] Ibid. P.167.

le Kivu, en prétextant éradiquer les « camps génocidaires » situés dans cette région du Zaïre. En effet, « *tout est mis en œuvre pour que l'agression rwandaise qui se prépare apparaisse comme une réponse à un appel à l'aide (...). C'est Museveni qui, sur une suggestion des services secrets américains, à l'idée de faire appel à Laurent Désiré Kabila pour jouer le rôle de fantoche* (...) »[89].

Dans les coulisses, Washington, Kampala et Kigali avaient déjà écrit le scénario de la fin du régime MOBUTU, passé progressivement d'une alliance sans faille avec les États-Unis dans les années 1970 à une relation privilégiée avec la France. Ce scénario était aussi celui de l'espoir d'un retour du Zaïre, débarrassé de son dictateur, dans le giron américain. Ainsi, en 1991, l'ambassadrice américaine à Kinshasa, Mélissa Wells s'était adressée à Mobutu pour exiger une avancée rapide des travaux sur la conférence nationale souveraine. Par ailleurs, elle le somma de quitter le pouvoir en s'exprimant en ces termes : « *L'époque où nous avions besoin de vous est terminée (...). Si vous n'acceptez pas d'appliquer notre schéma de changement démocratique, nous allons vous forcer à quitter le pouvoir. Nous en avons les moyens* »[90].

Face à cette offensive américaine, la réponse de la France ne se fit pas attendre. Paris envoya des soldats d'élite au Congo Brazzaville pour, officiellement, se tenir prêt à protéger les ressortissants français présents sur le sol zaïrois, en réponse, les États-Unis dépêchaient eux aussi 2000 marines dans la capitale congolaise. Comme les forces françaises, officiellement, les 2000 marines américains avaient pour mission de protéger les 350 ressortissants américains encore présents au Zaïre. Ayant tiré les leçons des enjeux et des conséquences politiques des précédentes interventions humanitaires françaises en Afrique, par ce déploiement disproportionné de force, les États-Unis voulaient en réalité dissuader les troupes françaises de sauver, comme en 1977 et en 1984, le régime du président MOBUTU.

---

[89]PEAN (P), *Carnages : guerres secrètes des grandes puissances en Afrique*, Paris, L'Harmattan, 2011, P.P. 322-323.

[90] Voir, NGBANDA (H), *crimes organisés en Afrique centrale*, Op.cit. Cité par PEAN (P), *Carnages : les guerres secrètes des grandes puissances en Afrique*, Op.cit. P. 348.

Dans cette configuration, les mercenaires serbes recrutés par le régime de Kinshasa n'ont pas été capables de sauver un Mobutu malade, ni même de protéger son pays de l'invasion.

Afin de trouver une sortie honorable à Mobutu, des négociations sont organisées en Afrique du Sud en février 1997. Les États-Unis sont représentés par Georges Moose, sous-secrétaire d'État chargé des affaires africaines, et par Susan Rice, qui va le remplacer à ce poste quelque temps après. Les deux Américains semblent parler au nom de l'AFDL, ainsi pendant une pause, George Moose confie à Honoré Ngbanda[91] : « *Pourquoi perdez-vous inutilement du temps à des négociations qui ne servent à rien ? (...) Chaque mouvement de vos troupes, chaque acquisition de matériel de guerre par votre gouvernement sont suivis dans le détail, photographiés par nos satellites, et communiqués à nos unités au sol* »[92]. Après la prise de Kinshasa, Laurent Désiré Kabila, depuis Lubumbashi, s'autoproclame président de la République, éliminant ainsi Etienne Tshisekedi, l'opposant de Mobutu. Un comportement qui montre que ses parrains, tant africains qu'occidentaux, qui ont motivé leur lâchage de Mobutu par une volonté affichée de remplacer un régime dictatorial par une démocratie, n'ont que faire d'un passage par les urnes. Le 26 mai, Kabila suspend tous les partis après avoir fait interpeller Tshisekedi. Il trouve un pays ruiné par la gabegie de Mobutu : « *rupture avec les institutions financières internationales consommée en 1991 (fausses) monnaies circulant dans des valises, institutions d'État à l'arrêt, armée impayée* »[93].

Installé au pouvoir le 17 mai 1997 par le Rwanda, l'Ouganda, l'Angola et les États-Unis, Laurent-Désiré Kabila va redevenir le nationaliste zaïrois qu'il avait été dans les années 1960. Dans cette perspective, il oublie les engagements qu'il a

---

[91] Conseiller spécial de Mobutu en matière de sécurité qui conduit la délégation zaïroise en Afrique du Sud.

[92] PEAN (P), *Carnages : les guerres secrètes des grandes puissances en Afrique*, Op.cit. P. 371.

[93] BRAECKMAN (C), « République démocratique du Congo : un État post-conflit qui peine à se stabiliser », in *Nouveaux acteurs nouvelle donne : L'État du Monde 2012*, Paris, La Découverte, PP.222-228.

souscrits en octobre 1996 à Lamera. Il était question de céder une grande partie de l'Est du pays et ne rêve déjà plus que de chasser les étrangers qui pillent ses richesses. Il ne veut plus être à la tête d'un « État sous-tutelle » et veut rétablir le Zaïre, devenu RDC, dans sa souveraineté. Face à cette volte-face du président Kabila, à son refus de respecter les engagements pris avec ses anciens alliés, ces derniers décident de le renverser. Aussi, suscitent-ils des rébellions à travers tout le pays. C'est ainsi qu'« *entre en guerre, contre le pouvoir central de Kabila, le MLC dirigé par Jean-Pierre Bemba et soutenu par l'Ouganda, ainsi que deux mouvements plus modestes encouragés par Kigali et Kampala, le RCD-ML et le RCD-N*»[94]. Les préparatifs d'attentats et de coups d'État contre le président Kabila se multiplient[95]. Par ailleurs, comme naguère avec le président rwandais Habyarimana, en juillet 1999, en utilisant la menace des troupes rwandaises à Mbuji-Mayi, Kabila est contraint de signer les accords de Lusaka qui entérinent la rébellion soutenue par Kigali et Kampala et reconnaissent aux rebelles le statut de forces démocratiques. Placés à égalité avec les forces intérieures et la société civile, ceux-ci engagent un dialogue national, en vue d'une transition démocratique, visant à terme à évincer Kabila. Le pari des promoteurs de l'accord de Lusaka est simple : l'addition des mouvements rebelles et des partis politiques opposés à Kabila doit aboutir à le mettre en minorité. C'est le même scénario qu'à Arusha. Le président Kabila sera finalement assassiné le 16 janvier 2001 dans son palais. Remplacé, avec l'aval de Paris, Washington, Bruxelles et Berlin, dix jours plus tard par son fils Joseph Kabila[96].

---

[94] Ibid.

[95] Au cours du mois d'aout 1999, deux espions britanniques sont arrêtés à l'aéroport de Ndolo, à Kinshasa, ils sont accusés de préparer l'arrivée des rebelles. Au même moment, trois « missionnaires » américains sont appréhendés à Lubumbashi, porteurs de fusils d'assaut avec balles explosives. Dans le sous-sol de leur maison, sont trouvées des jumelles infrarouges de vision nocturne, des armes et des lunettes de tir de précision, le tout portant l'inscription « US ARMY ». Il s'agit en réalité d'un commando chargé d'étudier les moyens d'abattre Kabila lors d'un de ses nombreux passages à Lubumbashi. PÉAN (P), *Carnages : les guerres secrètes des grandes puissances en Afrique,* Op.cit. P.396.

[96] *Ibid.* pp. 408-413.

À l'issue des négociations de paix qui se tiennent en Afrique du Sud, le jeune président Joseph Kabila accepte de partager le pouvoir avec quatre vice-présidents, dont deux sont issus des anciennes rebellions, en échange du départ des troupes étrangères et de la réunification du pays. Son élection en 2006 concourut à légitimer son pouvoir et à réduire les risques de déstabilisation plurielle liés aux revendications diverses en faveur d'une institutionnalisation de la démocratie. Cependant, arguant des considérations financières, mais soucieuse avant tout d'éviter que l'opposition se rassemble autour d'un candidat unique, *« la majorité présidentielle a voté début 2011 une modification de la constitution et de la loi électorale : désormais, l'élection présidentielle se fait à un tour, à la majorité simple ; et les élections locales, très importantes pour enraciner la légitimité du pouvoir à la base ont été une fois de plus reportées »*[97].

Fidèle aux réflexes autoritaires de ses prédécesseurs et bénéficiant du soutien de Moscou, Joseph Kabila a, à travers des manœuvres diverses, bloqué le jeu politique afin de se maintenir au pouvoir[98]. Parmi ces mesures, figure la tentative de levée du verrou relatif à la limitation du mandat présidentiel. Il faut rappeler que le président Joseph Kabila est arrivé au pouvoir après l'assassinat de son père le 16 janvier 2001[99]. Il a été élu à la présidence en 2006 et en 2011. Rappelons que l'article 211 de la Constitution congolaise interdit expressément au pouvoir de révision de modifier la durée (5 ans) et le nombre (2) des mandats présidentiels. Toutefois, le Président Kabila a entretenu délibérément le flou afin de se maintenir au pouvoir. Il faut rappeler que le Gouvernement avait déposé un projet de révision constitutionnelle dont la nature des modifications n'avait pas été précisée. Puis, il a opté pour

[97] BRAECKMAN (C), « République démocratique du Congo : un État post-conflit qui peine à se stabiliser », Op.cit.

[98] TCHETCHOUA TCHOKONTE (S), « La déconstitutionnalisation du principe de la limitation des mandats présidentiels en Afrique subsaharienne : alliance hégémonique contre la démocratie », *Revue Dialectique des Intelligences*, n° 002, second semestre 2016, pp. 3-15.

[99] BRAECKMAN (C), « La mort de Kabila : nouvelle donne dans la guerre en RDC », *Politique africaine* 2/2001 (N° 82), p. 151-159.

l'instrumentalisation du calendrier électoral. Le président de la Commission Electorale Nationale Indépendante (CENI) a déclaré à cet effet que le fichier électoral ne serait pas achevé avant juillet 2017.

La Cour constitutionnelle a rendu une décision controversée qui donne raison à la majorité qui l'a saisie et précise que Joseph Kabila pourra rester au pouvoir après décembre 2016, date officielle de la fin de son mandat, si l'élection présidentielle n'est pas organisée dans les délais constitutionnels. La Cour a débouté l'Opposition qui faisait valoir l'article 75 qui prévoit que l'intérim présidentiel est assuré par le Sénat en cas de vacance du pouvoir ou en cas d'empêchement définitif. Selon la Cour, la non-tenue d'une élection n'entre pas dans ce cadre. Bien plus, la caporalisation du Parlement, de la Commission Electorale Nationale Indépendante (CENI), de la justice[100] constitue des indices de la dérive autoritaire du régime Kabila. En outre, le régime Kabila a institué une importante répression qui visait, au départ, son principal adversaire politique Jean Pierre Mbemba, mais s'est élargie à toute l'Opposition et à la société civile. La saga judiciaire de Jean Pierre Mbemba devant la CPI[101] explique en partie cette détermination du président Kabila et de ses alliés à museler et réprimer toute forme de dissidence. L'assassinat, en

---

[100] BAGONDO (P), « RD Congo : comment Kabila tente de caporaliser la Cour constitutionnelle », 11 Septembre 2017, www.lepoint.fr, consulté le 28 Juin 2020.

[101] Leader du Mouvement de Libération du Congo (MLC) et l'Armée de Libération du Congo (ALC), Jean Pierre MBEMBA a représenté une des menaces les plus importantes à la conservation du pouvoir de l'ex-président congolais Joseph KABILA et la préservation des acquis stratégiques des grandes puissances engluées dans une collusion d'intérêts, mieux dans une alliance hégémonique avec ce dernier. Ainsi, par l'entremise d'une répression politique et d'une saga judiciaire devant la CPI, soutenue par des considérations géostratégiques, l'épuration politique de Jean Pierre MBEMBA est l'expression des multiples pannes du processus de démocratisation en RDC et de la détermination des grandes puissances à écarter tout obstacle susceptible d'entraver leur accès aux nombreuses matières premières stratégiques que regorge le pays. Voir, TCHETCHOUA TCHOKONTE (S), « La diplomatie pénale des grandes puissances en Afrique », *Géostratégiques*, N°53, juillet 2019, www.académiedegéopolitiquedeparis.com, consulté le 28 janvier 2020.

juin 2010, de Floribert Chibaya, le plus connu des défenseurs des droits de l'homme en RDC, ainsi que d'autres meurtres, non élucidés (dont une dizaine de journalistes), confortent les craintes d'un durcissement du régime Kabila.

Face à ces dérives autoritaires, le soutien de Moscou[102] a constitué une « heureuse alternative » qui a permis au régime kabila de « ramer à contre-courant » des exigences démocratiques édictées par la communauté internationale. Dans un contexte où le régime kabila subissait les critiques acerbes et les menaces[103] de la communauté internationale pour ses prises de liberté vis-à-vis de la gouvernance démocratique, des droits de l'Homme et des libertés individuelles, le soutien de Moscou visait à s'assurer un accès privilégié aux matières premières stratégiques si nécessaires à sa compétitivité et à sa survie économique. Soupçonné par ses adversaires politiques de vouloir s'éterniser au pouvoir, Joseph kabila a reçu, le 06 juin 2018, le soutien du vice-ministre russe des Affaires étrangères, Mikhail Bogdanov qui a plaidé pour la non-ingérence dans la crise politique en RDC, en ces termes : « *(...). Tout problème d'Afrique doit avoir une solution africaine. Tout problème congolais doit avoir une solution congolaise* »[104]. Bien plus, un accord de coopération militaire et technique entre les deux pays a été signé. Cet accord prévoit « *la livraison par la Russie d'armements, de matériels de guerre et autres équipements spécifiques, ou encore la formation de spécialistes militaires dans les écoles russes* »[105].

---

[102] GRYNSZPAN (E), « La Russie étend son influence en Afrique », 22 octobre 2018, www.letemps.ch, consulté le 26 Juin 2020.

[103] Depuis juin 2016, dix-sept personnalités au pouvoir (ou alliés à ces dernières) ont été progressivement inscrites sur la liste des sanctions individuelles édictées par l'UE et les États-Unis. Celles-ci se sont d'abord focalisées sur les principaux dignitaires de l'appareil sécuritaire. Cette logique s'est poursuivie : le premier juin, les Américains inscrivaient encore sur leur liste noire le général François Olenga, chef de la « maison militaire » du président Kabila. BOISSELET (V), « RDC : Joseph Kabila face aux sanctions », 03 juillet 2017, www.jeunafrique.com, consulté le 28 Juin 2020.

[104] « Kabila reçoit un émissaire de Poutine », 07 juin 2018, www.vooafrique.com, consulté le 27 Juin 2020.

[105] « La DRC adopte un accord de coopération militaire et technique avec la Russie », 11 juin 2018, www.rfi.fr, consulté le 27 Juin 2020.

L'intervention de la Russie a permis de renforcer la coopération militaire avec la RDC. Elle a pu, ainsi, réactiver une convention bilatérale, signée en 1999 et jamais appliquée, prévoyant des livraisons d'armes, ainsi que des missions de conseil et de formation de spécialistes[106]. Le soutien de la Russie à la RDC se fait sous forme de « package » comprenant, outre la livraison de matériels militaires, l'envoi d'instructeurs civils et militaires, ainsi que l'accès au réseau des autres partenaires de la Russie sur le continent. Le retour de la Russie dans le pays coïncide, fort opportunément, avec le refroidissement des relations entre le régime congolais et ses partenaires traditionnels, du fait de la modification des règles du jeu minier. Le renforcement des routes minières du Congo vers la Russie semble fort plausible malgré le départ de Joseph Kabila du pouvoir le 24 janvier 2019[107].

En dépit de ce soutien multiforme de Moscou et des diverses manœuvres visant à s'assurer une « présidence éternelle », le régime de Joseph Kabila a connu une fin relativement tumultueuse, marquée par de multiples soulèvements d'une population congolaise avide de changement et une importante répression des forces de défense et de sécurité[108]. Ce climat politique délétère a contraint Joseph Kabila à s'arrimer à la Constitution congolaise, ceci en opérant une transition démocratique tant réclamée par les divers acteurs de la scène politique congolaise. En effet, après avoir dépassé d'un an et demi la durée légale de son mandat, Joseph Kabila a décidé de ne pas se représenter à l'élection de décembre 2018 et a désigné un dauphin qui lui offre toutes les garanties d'impunité[109]. L'élection de Félix Tshisekedi, le 30 décembre 2018, avec un pourcentage de 38.57%[110] ne serait en réalité que le résultat

---

[106] NOAH NOAH (F), « La Russie dans le « Grand jeu » en Afrique Centrale : entre continuités et ruptures stratégiques », *Dialectique des Intelligences*, N°6, Premier semestre 2019, P.P. 27-59.

[107] Ibid

[108] « RD Congo : plusieurs morts en marge des manifestations anti-Kabila », 31 Décembre 2017, www.france24.com, consulté le 28 Juin 2020.

[109] GONIN (J-M), « Joseph Kabila, fin de règne forcée », 17 aout 2018, www.libération.fr, consulté le 28 Juin 2020.

[110] Ibid.

d'un « accord de partage du pouvoir » entre ces deux personnalités. En effet, « *Joseph Kabila aurait assuré ses arrières sur les plans judiciaire et financier-en négociant un pacte secret avec Tshisekeki, plus accommodant que Fayulu ? (...). Ses ennemis cauchemardent déjà de son retour à la fonction suprême en 2023* »[111].

Cette collusion des forces anti-démocratiques est également prégnante en République Centrafricaine.

C- La République Centrafricaine

Depuis son indépendance, le 13 août 1960, la République Centrafricaine peine à s'arrimer à la construction de l'État de droit, de la démocratie et de la promotion des droits de l'homme et des libertés individuelles. L'alternance démocratique a du mal à se ritualiser. Les violations récurrentes et impunies des droits de l'homme et le rejet de la justice d'État au profit d'une justice parallèle, la prévalence du « droit de la force » sur la « force du droit », le népotisme institutionnalisé, sont autant de phénomènes qui font obstacle au progrès démocratique[112].

L'avènement de la démocratie en 1990 n'a rien changé aux politiques de prédation, de clientélisme et de corruption qui contribuent à la crispation du jeu politique et à la cristallisation de la violence. Consécutif à la demande généralisée de refondation de la société, le changement de régime intervenu en 1993 avait été le produit d'une lutte multiforme des différents courants de l'opposition politique, des syndicats et d'autres acteurs de la société civile engagés dans le cadre du comité de coordination pour la convocation de la conférence nationale. Cette coalition d'acteurs ambitionnait de faire chanceler les fondations d'un pouvoir longtemps installé dans le confort du

---

[111] CÉLIAN MACÉ, « RDC : Joseph Kabila, dix-huit ans de solitude » », 23 janvier 2019, www.liberation.fr, consulté le 27 Juin 2020.

[112] Augustin Jérémie DOUI WAWAYE « La sécurité, la fondation de l'État centrafricain: contribution à la recherche de l'État de droit », Thèse de doctorat en Droit, Université de Bourgogne, Septembre 2012, P617.

parti unique. Toutefois, depuis son élection en septembre 1993, le régime d'Ange Félix Patassé s'est distingué par une corruption[113] et une rapacité inégalée, suscitant des remous au sein des populations avides de changement dans la gestion des affaires publiques.

En mars 2003, le régime démocratique du président Patassé a été interrompu par le coup d'État de François Bozizé. Ce coup de force a interrompu le processus de démocratisation laborieusement entamé au dans le pays au début des années 1990. Cette spirale de la violence va se poursuivre avec le renversement du président Bozizé le 23 mars 2013, par les rebelles de la Séléka commandés par Michel Djotodia qui sera poussé vers la sortie le 10 janvier 2014 par les dirigeants d'Afrique centrale, réunis en sommet à Ndjamena[114]. Les pannes de la démocratie ont en effet plongé la République Centrafricaine dans une instabilité endémique[115] qui a connu une relative accalmie avec l'élection de Faustin Archange Touadéra en février 2016[116]. L'élection de Faustin-Archange Touadéra à la tête du pays n'a pas contribué à conjurer la spirale d'insécurité qui embrase le pays et transforme les efforts de développement en un véritable « mythe de Sisyphe ».

État déliquescent[117], oublié[118] ou fantôme[119], la République Centrafricaine est victime de la « malédiction de ses matières

---

[113] Stephen SMITH, « Un gouvernement de saoulards rapaces et corrompus démocratiquement élu en 1993. Patassé et son équipe ont atteint un niveau de corruption inégalé », 23 mai 1996, www.libération.fr, consulté le 23 juillet 2020.

[114] BARRO (A), « République centrafricaine. La chute de Djotodia », 10 janvier 2014, consulté le 23 juillet 2020.

[115]GOURDIN (P), « République centrafricaine : géopolitique d'un pays oublié », 01 octobre 2013, www.diploweb.com, consulté le 01 Juillet 2020.

[116] « Faustin-Archange TOUADÉRA élu président de la Centrafrique », 20 février 2016, www.liberation.fr, consulté le 01 Juillet 2020.

[117] TCHETCHOUA TCHOKONTE (S), « La communauté internationale à l'épreuve de la crise humanitaire en Centrafrique : entre responsabilité de protéger et logiques de puissance », SPENER YAWAGA (Dir.) *Crises humanitaires et responsabilités*, Yaoundé, L'harmattan, 2018, PP.635-649.

[118]GOURDIN (P), « République centrafricaine : géopolitique d'un pays oublié », Ibid.

[119] « République Centrafricaine : anatomie d'un État fantôme », 13 Décembre 2007, www.crisisgroup.org, consulté le 01 Juillet 2020.

premières ». Soutenus par les grandes puissances, dont les économies sont boulimiques en minerais stratégiques[120], la plupart des dirigeants centrafricains ont, pour des raisons de « survie politique », facilité l'accès aux matières premières à leurs partenaires étrangers. La ruée des grandes puissances en République Centrafricaine s'explique en effet majoritairement par la diversité et surtout l'accessibilité[121] des ressources naturelles. Il s'agit, entre autres, « *des diamants; l'uranium (20 000 tonnes de réserves) ; le fer; le calcaire de Bobassa, de Bocaranga et de Damara ; le fer de Bogoin et de Ndassima-Bambari ; le cuivre de Ngadé à Birao et l'uranium de Bakouma ; des minéraux de cassitérite à Dékoa ; de monazite à l'Est, au Centre et au nord-ouest du Pays ; du diamant dans la majeure partie du pays »*[122].

À la suite des puissances occidentales et de la Chine, les matières premières stratégiques centrafricaines constituent l'enjeu stratégique majeur de l'offensive russe[123]. Tête de pont de l'offensive russe en Afrique, la République Centrafricaine est un important « glacis géostratégique »[124] dans la « nouvelle guerre froide » entre Paris et Moscou en Afrique. L'effritement progressif de la relation entre la France et la République Centrafricaine du, entre autres, à la brouille entre Paris et le

---

[120] Un minerai stratégique est un minerai essentiel dont l'usage pour des biens civils ou militaires dépasse les ressources domestiques et dont les uniques sources d'approvisionnement extérieures n'ont pas de substituts possibles à un horizon temporel connu et raisonnable. PAILLARD (C-A), 2011, *Les nouvelles guerres économiques*, Paris, Ophrys, p. 232.

[121] KOUNOU (M), 2006, *Pétrole et pauvreté au Sud du Sahara. Analyse des fondements de l'économie politique du pétrole dans le Golfe de Guinée*, Yaoundé, Clé, 137 P.

[122]MOIDOKANA (R), « ITIE-RCA : collecte et réconciliation des données statistiques du secteur minier », 2006, premier rapport ITIE-RCA, PP. 25-26.

[123] CHAUVIN (E), LALLAU (B) et MAGRIN (G), « Le contrôle des ressources dans une guerre civile régionalisée (Centrafrique).Une dynamique de décentralisation par les armes », *Les Cahiers d'Outre-Mer,* 2015/4 (n° 272), pages 467 à 479.

[124] Un glacis est un espace/temps d'information plus qu'un simple terrain de manœuvre sur lequel se teste la détermination de l'adversaire, d'escarmouches d'avant-postes en manœuvres de grande ampleur. DEBIE (F), ULRICH (R) et VERDIER (H), « A quoi sert la géostratégie ?», 2005, www.stratisc.org, consulté le 28 Janvier 2020.

régime de François Bozizé, au sujet du refus de ce dernier de confier l'exploitation de l'uranium centrafricain à la firme française Areva a suscité une importante reconfiguration du jeu de puissance dans ce pays. La perte progressive de l'influence française en Centrafrique a favorisé l'entrée en scène de la Russie, considérée par les autorités centrafricaines comme étant un important « partenaire de substitution ». C'est du moins ce que semble affirmer Thomas Dietrich lorsqu'il déclare : « *Depuis le déclenchement de la crise en 2012, la France joue toujours un rôle très controversé en République centrafricaine. Brouillé avec l'ancien président François Bozizé en raison de l'hésitation de ce dernier à confier l'exploitation de l'uranium centrafricain à Areva, l'Élysée a donné sa bénédiction à son renversement* »[125].

Ancien premier ministre de Bozizé, le président Faustin Archange Touadéra semble avoir tiré les leçons de la relation cocasse entre Paris et le régime de Bozizé, qui a conduit à la chute de ce dernier. C'est ce qui expliquerait le choix de ce dernier de diversifier ses partenaires, mieux de nouer une relation privilégiée avec Moscou. Le régime de Touadéra a compris que la France n'a ni les moyens ni la volonté de l'aider à rétablir la souveraineté de l'État centrafricain détruite par plusieurs années d'une (interminable ?) guerre civile. Par le truchement de l'opération Barkhane, les faucons de l'hôtel de Brienne concentrent désormais tous leurs efforts sur le Sahel et la lutte contre le terrorisme islamiste, quitte à s'allier avec des Présidents autoritaires comme Idriss Deby au Tchad ou Mohamed Ould Abdelaziz en Mauritanie[126]. Raison pour laquelle le pouvoir en place à Bangui a entrepris de diversifier ses partenaires. C'est ce qui pourrait expliquer la rencontre entre le Président Touadéra et le ministre des affaires étrangères russe, Sergueï Lavrov en octobre 2017 à Sotchi. Cette rencontre entre les responsables politiques russe et centrafricain a servi de catalyseur à l'intensification des relations diplomatiques et militaires entre les deux pays. À l'issue de

---

[125] DIETRICH (T), « En Centrafrique, un parfum de guerre froide », 14 juillet 2018, www.lopinion.fr, consulté le 04 Juillet 2020.
[126] Ibid.

cette rencontre, des armes ont été livrées pour aider à la restructuration des FACA (Forces Armées Centre Africaines). Des mercenaires, appartenant à des sociétés militaires privées, dont la firme Wagner, ont débarqué à Bangui, sous prétexte de former les soldats centrafricains[127]. Pour François Christophe, « *De la formation des forces armées centrafricaines à la protection présidentielle, en passant par de mystérieux pourparlers avec les multiples milices armées qui se disputent l'accès aux ressources minières et diamantifères du pays, l'engagement protéiforme de la Russie révèle une ambition non dissimulée* »[128].

La Centrafrique apparait en effet comme le symbole du retour de la Russie dans le « Grand Jeu » en Afrique Centrale. Miné par une instabilité politique chronique, le pays est occupé, en partie, par des milices qui contrôlent plus de 80% du territoire et, par le fait même, le circuit de production de certaines ressources[129]. Cet état de quasi-faillite a favorisé la percée de la Russie qui a su profiter de l'échec de la MINUSCA et du départ des troupes de la force SANGARIS en 2016. Depuis lors, elle entretient des relations privilégiées avec le régime centrafricain, comme en témoignent la signature d'un accord de défense et l'envoi de 175 conseillers militaires russes dans le pays. La relation étroite entre la coopération sécuritaire et l'exploitation des ressources minières, dans le cas spécifique de la RCA, mérite d'être précisée[130]. Si elle est coutumière du fait géopolitique en Afrique, cette « contiguïté opérationnelle » reste cohérente avec la stratégie russe qui consiste à gagner plus avec peu de moyens. La pleine conscience de la modestie de l'infrastructure géopolitique russe sur place oblige à une gestion rationnelle des moyens disponibles[131]. Il demeure que l'exploitation des ressources par des compagnies proches de

---

[127] Ibid.

[128] FRANÇOIS CHRISTOPHE, « La crise centrafricaine, révélateur des nouvelles ambitions de la Russie », 31 aout 2018, www.boulevard-exterieur.com, consulté le 04 Juillet 2019.

[129] NOAH NOAH (F), « La Russie dans le « Grand jeu » en Afrique Centrale : entre continuités et ruptures stratégiques », Op.Cit.

[130] Ibid.

[131] Ibid.

l'armée reste une stratégie ad hoc dictée par le contexte sécuritaire du pays.

Ce soutien militaire russe au régime de Touadéra permet à Moscou de mettre le cap sur l'or et le diamant centrafricains. Arrivés en fanfare à Bangui pour former l'armée centrafricaine, les Russes s'adonnent plus discrètement à l'extraction minière[132]. Actrice majeure du jeu de puissance internationale, engagée dans la lutte pour le leadership mondial, la Russie de l'aide humanitaire et de la reconstruction de l'économie centrafricaine les prétextes de l'intensification de ses relations avec le régime Touadera. Analysant les enjeux de l'intensification des relations entre Moscou et Bangui, Laurent Larcher affirme : « *Ils ont déjà ouvert deux bases dans le nord-est du pays. Ils y ont installé une poignée de militaires qui ont pris contact avec les collecteurs de diamants* (…). *À Bangui, la société minière russe Lobaye Invest Sarlu a obtenu des permis d'exploitation du côté de Pama, et d'Yawa* »[133].

D- La Guinée Équatoriale

Depuis son indépendance de l'Espagne en 1968, la Guinée-Équatoriale a longtemps fait parler d'elle pour ses abus envers les droits de l'homme et sa répression, se constituant ainsi un statut d'État-paria[134]. Issu de la dictature nguemiste, une des plus redoutables du continent africain, le régime Obiang évolue en marge de la gouvernance[135]. Il étouffe toute forme d'opposition. Arrivé au pouvoir en août 1979 par un coup d'État, Obiang Nguema, le plus ancien chef d'État africain en exercice, a été élu cinq fois président de la République, avec

---

[132] « Moscou met le cap sur l'or et les diamants », 18 juillet 2018, www.africaintelligence.fr, consulté le 04 Juillet 2020.

[133] LARCHER (L), « Centrafrique, main basse de Moscou », 04 octobre 2018, www.la-croix.com, consulté le 04 Juillet 2020.

[134] ROITMAN (J), ROSO (G), « Guinée-Équatoriale : être « off-shore » pour rester « national », *Politique africaine*, 2001/1 (N° 81), pages 121 à 142.

[135] LINIGER-GOUMAZ (M), « L'enfer de la terreur nguemiste », *Peuples Noirs Peuples Africains*, N° 25, (1982), PP. 67-82.

plus de 90% des voix[136]. Fondé sur le clan Esangui[137] qui occupe l'essentiel des postes, civils et militaires[138], le régime Obiang est englué dans une gestion patrimoniale[139] des affaires publiques. Le procès à charge, au sujet de l'affaire dite des biens mal acquis, instruit par le parquet de Paris contre le vice-président Teodorin Obiang Mangue en est une des nombreuses illustrations[140].

Au cours des diverses consultations qu'il a affrontées depuis qu'il est au pouvoir, Obiang Nguema a toujours obtenu au moins 93% des suffrages exprimés[141], faisant ainsi de la fraude électorale une des pratiques routinières du clan de Mongomo. Procès politique, condamnations à mort et emprisonnement des opposants sont autant de recettes utilisées par le régime Obiang

---

[136] SIVIEUDE (M), «Guinée équatoriale : La liberté d'expression étouffée depuis 40 ans », 21 mars 2019, www.Amnesty.org, consulté le 6 Juillet 2020.

[137] ROITMAN (J), ROSO (G), « Guinée-Équatoriale : être « off-shore » pour rester « national », Op.cit.

[138] Au moyen d'un décret rendu public le lundi 15 octobre 2018, le président équato-guinéen a nommé son fils Teodoro Nguema Obiang Mangue et trois autres membres de sa famille, généraux d'armée. À 49 ans, Teodorin Obiang, déjà vice-président de la Guinée Équatoriale, a ainsi été promu avec trois autres membres de sa famille : un oncle, Victoriano Nsué Okomo, un cousin de son père, Jose Eneme Obama, et son beau-frère, Fausto Abeso Fuma. Voir, « Guinée équatoriale : le comble de la patrimonialisation du pouvoir s'affiche davantage », 17 octobre 2018, www.notrafrik.com, consulté le 7 Juillet 2020.

[139] La notion de l'État néo-patrimonial a été forgée par les analystes de politique comparée pour décrire la pratique de nombreux Etats en développement dont la consolidation étatique est inachevée. Une vie politique peu institutionnalisée, l'absence de contre-pouvoirs et une société civile faiblement organisée contribuent à la personnalisation de l'autorité et à la confusion entre espaces public et privé. Elles entraînent des tentatives de maintien au pouvoir du (ou des) dirigeant(s) et des pratiques clientélistes. Ainsi, le néo-patrimonialisme est un régime caractérisé par la confusion du domaine public et du domaine privé. Un peu partout, l'État ressemble à un fromage dans lequel des rats, civils et militaires, se font leur trou. LINIGER-GOUMAZ (M), *La démocrature : dictature camouflée, démocratie truquée*, Paris, L'Harmattan, 1992, P.11.

[140] «« Biens mal acquis » : Teodorin Obiang condamné en France à trois ans de prison avec sursis », 27 octobre 2017, www.liberation.fr, consulté 6 Juillet 2020.

[141] SANTOPINTO (F), « Les élections au service du présidentialisme : les cas du Cameroun, Gabon, République du Congo et Guinée équatoriale », 11 mai 2016, Note N° 30, www.grip.org, consulté le 6 Juillet 2020.

pour contenir les velléités politiques de l'opposition. Toute personne qui exprime une critique du pouvoir le paie au prix de sa liberté. Entre la persécution des défenseurs des droits humains et l'étouffement des voix dissidentes, il y a la célèbre prison de Black Beach [142]. Le président Obiang continue d'accueillir nombre de ses homologues du continent en fin de règne difficile. Yahya Jammeh, menacé de sanctions et d'extradition liées à sa gouvernance dictatoriale en Gambie pendant 22 ans a trouvé refuge, début 2017, à Malabo[143].

Au mépris de ses prises de position bienveillantes et opportunistes relatives à la nécessité pour l'Afrique de s'arrimer à la modernité démocratique, Washington a fait de la Guinée équatoriale un des principaux partenaires en Afrique. Pourtant, avant son entrée dans le club des États pétroliers du golfe de Guinée, le pays figurait sur la liste des 14 États africains mis à l'index par les États-Unis pour le non-respect des droits de l'Homme. La CIA avait rendu public un Rapport fustigeant la gestion patrimoniale et kleptocrate de ses dirigeants[144]. Compte tenu de l'intérêt stratégique que revêt désormais le pétrole africain, notamment celui du golfe de Guinée, Washington a opéré un véritable « revirement » vis-à-vis de cet important partenaire stratégique. La Guinée Equatoriale est un des plus importants exportateurs africains de pétrole[145], grâce notamment

---

[142] SIVIEUDE (M), «Guinée équatoriale : La liberté d'expression étouffée depuis 40 ans », 21 mars 2019, www.Amnesty.org, consulté le 7 Juillet 2020.

[143] CÉCILE BERTRAND, « Guinée Équatoriale : les quarante ans de règne de Teodoro Obiang », 03 aout 2019, www.lefigaro.fr, consulté le 23 juillet 2020.

[144] FOGUE TEDOM, (A), *Enjeux géostratégiques et conflits politiques en Afrique noire*, Ibid. P.287.

[145] La Guinée Équatoriale a été pendant longtemps considérée comme un « désert en hydrocarbures ». Cependant, avec la découverte dans les eaux territoriales équato-guinéennes d'importantes réserves de pétrole, cette perception a radicalement évolué. C'est avec la découverte du gisement de ZAFIRO par MOBIL en 1995, que le pays arbore véritablement la stature de pays producteur de pétrole, alors qu'il importait encore la totalité de son pétrole une décennie auparavant. Plusieurs champs importants sont exploités en permanence : ceux situés dans l'île de BIOKO (ALBA, ZAFIRO, et JADE) et ceux situés sur le continent (CIBA, etc.). En 1996, la production de brut s'élevait à 40.600 barils par jour. Elle a augmenté lors des deux derniers exercices de l'ordre de 40%. En fin 2006, à 1,8 milliards de barils. POISSONNIER (H) et HUISSOUD (J- M), 2008, « Vers de nouvelles

aux investissements des compagnies américaines Exxon Mobil, Chevron, Marathon Oil et Noble Energy[146]. Ces firmes pétrolières américaines ont, à plusieurs reprises, apporté leur soutien au régime équato-guinéen.

En mars 2001, le président Teodoro Obiang Nguema Mbasogo a effectué une visite privée aux États-Unis, destinée à améliorer l'image de son régime dans ce pays[147]. En juin 2001, un Rapport intitulé « *Equatorial Guinea : A Country Profile for US Bussinessess* »[148] dans lequel la Guinée équatoriale était définie comme « *la destination la plus importante pour les investissements américains en Afrique subsaharienne après le Nigeria, l'Angola et l'Afrique du Sud* »[149]. Le Rapport a été financé par Chevron Texaco, Exxon-Mobil, Triton Energy, Vanco, Ocean Energy, Oceaneering International y Africa Global Partners. Au-delà de ses discours bienveillants relatifs à la nécessité pour l'Afrique et les Africains de s'arrimer à la démocratie et du procès à charge contre les régimes africains, les États-Unis participent activement, à la suite des autres puissances, occidentales et émergentes, à l'indigénisation de la démocratie en Afrique. L'accès des firmes pétrolières américaines au pétrole équato-guinéen a contribué à diluer les positions de Washington relatives aux nombreuses dérives autoritaires du régime du président Obiang Nguema.

Épicentre du recul démocratique en Afrique, l'Afrique centrale présente le visage hideux d'un processus de démocratisation pris en otage par les forces conservatrices. L'implémentation des principes, des pratiques et des valeurs démocratiques pourrait constitue, pour ces derniers, une aventure politique et stratégique aux conséquences incertaines. Bercés par les mélodies de l'autoritarisme, fruit d'une subtile

---

stratégies de rente : pourquoi le pétrole ne suffit pas… », *Enjeux*, n°36, juillet, P.20.

[146]LORRAINE MILLOT, « Il reste des dictateurs soutenus par les États-Unis », 27 janvier 2015, www.washington.blogs.liberation.fr, consulté le 7 Juillet 2020.

[147] « Pétrole en Guinée équatoriale 2003 », BULLETIN DU RESEAU OIL WATCH. - Numéro 41, Septembre 2003

[148] Ibid.

[149] Ibid.

alliance de circonstance entre les responsables politiques locaux et leurs partenaires étrangers, les populations de cette partie du continent sont hantées par le spectre d'une répression policière qui, telle une « épée de Damoclès », plane en permanence au-dessus de leurs têtes. Cette marche à pas forcés vers la démocratie est le résultat de la dialectique de « l'ouverture inexorable » et de la fermeture nécessaire à la préservation des avantages d'une élite essentiellement conservatrice[150]. Contrairement à la plupart des leaders politiques qui travaillent à réduire les inégalités qui les séparent de leurs partenaires étrangers[151], mieux à s'arrimer à la compétition de puissance qui structure l'histoire des relations internationales post-guerre froide, certains responsables politiques subsahariens, uniquement soucieux de la préservation de leur pouvoir, participent activement à s'assujettissement de leur pays, mieux à son extraversion. Hypothéquant ainsi les aspirations légitimes des populations à un mieux-être collectif.

Ces opérations des forces anti-démocratiques s'observent également sur les théâtres d'Afrique de l'Est.

Section 2 : Les théâtres d'Afrique de l'Est

Entité à géométrie variable si l'on s'éloigne du sens que lui donna jadis la colonisation britannique, et que l'on s'intéresse aux dynamiques politiques et économiques qui contribuent à en redessiner les contours, l'Afrique de l'Est a longtemps été appréhendée comme un patchwork de systèmes politiques et économiques de natures extrêmement différentes[152]. Les

---

[150]TCHETCHOUA TCHOKONTE (S), « Phobie démocratique et restauration autoritaire au Cameroun (1990-2017) », in FOPA KUETE (Dir.), *La peur : discours, formes et représentations*, Paris, L'Harmattan, 2020, P.P. 194-213.

[151]TCHETCHOUA TCHOKONTE (S), « Intelligence économique et projet de renaissance africaine à l'horizon 2063 : de l'asymétrie à la symétrie dans les relations entre l'Afrique et ses partenaires étrangers », *Dossiers de Recherches en Economie et Gestion* : Dossier 9, N°1, juin 2020, P.P.11-23.

[152] FOUERE (M-A) et MAUPEU (H), « Une nouvelle Afrique de l'Est ? », *Afrique contemporaine*, 2015/1, N°253, Pages 13 à 35.

régimes autoritaires installés dans cette partie du continent africain sont, pour la plupart, hostiles aux exigences minimales de la gouvernance démocratique[153]. Les leaders de ces pays ont de fortes inclinaisons autoritaires, mais accordent importance relative aux partis d'opposition et autorisent une organisation plus ou moins libérale de la société civile[154]. L'alliance hégémonique des forces conservatrices contre la démocratie dans cette partie du continent s'observe, entre autres, à travers les dérives autoritaires des régimes burundais (A), rwandais (B) et soudanais (C).

A- La dérive autoritaire du régime Nkurunziza

Depuis son indépendance, le Burundi est plongé dans une spirale de crises politiques (1965, 1972, 1988, 1991)[155]. L'explication couramment donnée est celle selon laquelle le pays est piégé par des antagonismes ethniques[156] qui entravent les diverses politiques de sortie de crise. L'assassinat du président hutu Melchior Ndadaye le 21 octobre 1993[157] et la guerre civile qui s'est ensuivie sont l'expression de la fragilité du nouveau régime démocratique introduit après des décennies de régimes autoritaires à parti unique, à dominance tutsi[158]. C'est du moins ce que semble relever Jerzy Bednarek lorsqu'il affirme : « *le basculement du pouvoir d'une ethnie à l'autre fut*

---

[153] LAGRANGE (M-A), « les mécanismes de paix régionaux dans les Grands Lacs : des outils incapables de promouvoir la démocratie ? », *Revue Tiers Monde*, 2016/4, N°228, pages 143-161.

[154] FOUERE (M-A) et MAUPEU (H), « Une nouvelle Afrique de l'Est ? », Ibid.

[155] NDIMUBANDI (A), « Dominante vindicative dans l'adhésion à la lutte armée au Burundi », *Déviance et Société*, 2012/2 (Vol. 36), pages 201 à 226.

[156] NIMUBONA (J), « Le masque ethnique du clientélisme politique au Burundi », *Le comparatisme à la croisée des chemins*, (2010), pages 99 à 111.

[157] GRAS (R), « Assassinat de Melchior Ndadaye : au Burundi, un procès symbolique et politique à huit mois de la présidentielle », 09 octobre 2019, www.jeuneafrique.com, consulté le 07 juillet 2020.

[158] BEDNAREK (J), « La mort de NDADAYE », 2/11/1993, www.lesoir.be, consulté le 07 juillet 2020.

considéré par les Tutsis comme un scandale et une menace. Habitués (...) à conduire les affaires publiques, ils se voyaient brutalement réduits à leur statut réel, celui d'une minorité en passe d'être privée de ses prérogatives de toujours (...) »[159]. Après des décennies d'immobilisme social et politique à l'avantage des Tutsis, le Président Ndadaye avait entrepris d'arrimer le pays aux exigences de la démocratie. Les conservateurs tutsis qui n'entendaient pas renoncer aux avantages que leur concédait l'ancien régime décidèrent, par l'entremise de l'armée, de procéder à son assassinat[160]. Assassiné le 21 octobre 1993, la mort du Président Ndadaye plongea le Burundi dans une guerre civile que les accords d'Arusha le 28 aout 2000[161] tenteront, avec des fortunes diverses, d'enrayer. Issues des accords d'Arusha, les institutions burundaises et la constitution de 2005 limitent à deux le nombre de mandats présidentiels.

Les partisans du Président Nkurunziza ont estimé que le premier mandat qu'il a effectué ne devait pas être pris en compte. Il faut rappeler qu'il avait été élu par le parlement en 2005 comme premier Président de l'après-transition, au titre d'un article transitoire de la Constitution. Or, la Constitution prévoit en son article 96[162] l'élection au suffrage direct et dispose que le mandat présidentiel n'est renouvelable qu'une fois. Les partisans de la rééligibilité du Président ont fait valoir qu'ayant été élu au suffrage indirect, l'article 96 qui prévoit le suffrage direct ne lui était pas applicable. De ce fait, il avait encore la possibilité de faire un troisième mandat. Cette crispation du jeu politique a conduit à la démission du vice-président de la Cour constitutionnelle, Sylvèrt Ninpagaritse et a replongé le pays dans la spirale de la violence. En effet, le projet d'une démocratie pluriethnique défini dans l'accord

---

[159] Ibid.

[160] Ibid.

[161] CHRÉTIEN (J-P), « Le Burundi après la signature de l'accord d'Arusha », *Politique africaine*, 2000/4 (N° 80), pages 136 à 151.

[162] TCHETCHOUA TCHOKONTE (S), « La déconstitutionnalisation du principe de limitation de mandats présidentiels en Afrique subsaharienne : alliance hégémonique contre la démocratie », *Dialectique des intelligences*, N° 002, second semestre 2016, P.P. 3-15.

d'Arusha s'est heurté au contre-projet de monopolisation du pouvoir du régime Nkurunziza. C'est ce que semble décrier Thierry Vircoulon, lorsqu'il affirme : « *la politique de refondation s'est transformée en une politique de ressentiment et d'autoritarisme (...). Les fissures apparues dans le pacte d'Arusha se sont transformées en véritable régression démocratique. (...) préparant ainsi le terrain pour la crise électorale de 2015* »[163]. Face à cette violation flagrante des accords d'Arusha et au durcissement du régime Nkurunziza, l'Opposition politique entreprit de boycotter les élections de 2010, plongeant le pays dans une véritable impasse politique. L'intolérance politique et la régression de l'État de droit démocratique (respect des libertés publiques, de la minorité politique, de la société civile, etc.) ont conduit à la résurgence des groupes armés et à la violence politique[164]. En dépit du climat politique délétère ambiant (mouvement de protestation populaire, tentative avortée de coup d'État, attaques de l'Opposition armée, assassinats et représailles brutales de la part du Gouvernement), le Président Nkurunziza a, en violation des lois en vigueur, participé et remporté l'élection présidentielle de juillet 2015. Depuis cette période, le Gouvernement burundais s'est muré dans une répression violente de toute forme de dissidence[165]. Les exactions les plus graves ont eu lieu dans la période qui a précédé un referendum constitutionnel organisé le 17 mai 2018, qui donne au Président Pierre Nkurunziza la

---

[163]VIRCOULON (T), « Leçons de la crise burundaise : les ratés du peacebuilding démocratique », *Notes de l'Ifri,* juin 2016.

[164] L'élection présidentielle de 2015 s'est accompagnée d'une chasse aux opposants surtout contre la formation qui est apparue comme la véritable force d'opposition, les FNL, mouvement d'obédience hutu. Son dirigeant, Aghaton Rwasa, a quitté le pays tandis qu'une véritable campagne de démantèlement des structures militantes (l'opération Safisha, « nettoyage ») était orchestrée par la police, les services de renseignement et les *Imbonerakure* (la ligue des jeunes du parti au pouvoir), qui sont rapidement devenus un pouvoir parallèle en zone rurale. Durant cette campagne d'exécutions extrajudiciaires de l'opposition qui a duré environ un an (fin 2010 à fin 2011), les FNL ont payé le plus lourd tribut. VIRCOULON (T), « Leçons de la crise burundaise : les ratés du peacebuilding démocratique », Ibid., P. 10.

[165] « Le Burundi : à court d'options », 20 juin 2019, www.crisisgroup.org, consulté le 08 juillet 2020.

possibilité de rester au pouvoir jusqu'en 2034[166].Ce qui a contribué à sa « mise en quarantaine » par la communauté internationale.

Soucieuse de la promotion de ses intérêts stratégiques dans la région des Grands Lacs, en dépit des nombreuses critiques de la communauté internationale relatives à la régression démocratique et à la dérive autoritaire du Gouvernement burundais, la Russie accorde un soutien multiforme au régime Nkurunziza. Critiqué par de nombreux pays au sein de la communauté internationale, pour les atteintes aux droits de l'homme et la répression qui s'est abattue sur l'Opposition, le Burundi peut compter sur le soutien de la Russie[167]. Pour le ministre russe des Affaires étrangères, Sergueï Lavrov, la communauté internationale devrait s'abstenir de toute forme d'ingérence dans les affaires intérieures du Burundi. « *Nous avons confirmé notre position inchangée au sujet de la souveraineté du Burundi (...). Et nous avons affirmé qu'une ingérence extérieure dans les affaires intérieures de ce pays était inadmissible* »[168]. Ce soutien constitue pour Pierre Nkurunziza une garantie d'« assurance vie politique » lui permettant de contenir et/ou de conspuer les pressions nationales et internationales relatives au nécessaire arrimage du régime burundais à la modernité démocratique. C'est un message qu'affectionnent particulièrement les autorités burundaises.

Ce soutien de la Russie aux autorités burundaises s'explique, entre autres, par la présence des matières premières stratégiques telles que l'or, le nickel, le tungstène et la cassitérite[169], qui ne font pas encore l'objet d'une exploitation industrielle et dont l'économie russe est demandeuse. La préservation des avantages stratégiques qu'induit la mise sous influence du Burundi ne laisse que peu de place à la bonne gouvernance et à la démocratie. Les

---

166 ROTH (K), « Rapport mondial 2019 : Burundi », 24 juin 2019, www.hrw.org, consulté le 08 juillet 2020.

167 VALLOT (D), « Burundi: la Russie réaffirme son soutien à Bujumbura », 6/11/2019, www.rfi.fr, consulté le 08 juillet 2020.

168 Ibid.

169 WAGNER (M), « Conseil au gouvernement burundais en matière de gouvernance du secteur extractif », Ministère fédéral allemand de la Coopération économique et du Développement, Projet de renforcement de la gouvernance des matières premières, 2013-2015, 10 pages.

ressources minérales et les hydrocarbures constituent le principe de cette entente qui exclut toute idée de sujétion involontaire des pays africains au diktat des grandes puissances[170].

Au demeurant, les manœuvres russes et chinoises visant à imposer aux Africains leurs modèles institutionnels et de développement sont l'expression de la cécité stratégique ambiante dans laquelle demeurent englués la plupart des responsables politiques subsahariens. Les consensus de Pékin ou de Stiglitzien ne sont en réalité que des modèles institutionnels et de développement qui contribueront à accroitre l'extraversion de l'Afrique et des Africains qui ne devraient en réalité que s'inspirer de ces modèles pour tracer les sillons de leur développement, une voie africaine qui ne saurait être qu'un « subtil métissage ». Par ailleurs, la boulimie énergétique de ces puissances émergentes et leur détermination à accéder aux matières premières stratégiques africaines pourraient servir de catalyseur à la nécessaire mise en œuvre d'une coopération « donnant-donnant »[171], mutuellement bénéfique. Les régimes congolais, burundais, soudanais, centrafricain et zimbabwéen pourraient, en s'inscrivant dans la dialectique des intelligences, transformer au mieux de l'intérêt de leurs populations respectives l'actuelle dynamique géopolitique et géoéconomique de la Chine et de la Russie. Ce déficit d'émancipation stratégique des dirigeants africains subsahariens et la collusion qu'ils entretiennent avec leurs partenaires extérieurs au détriment du bien-être collectif de leurs populations constituent également les enjeux stratégiques majeurs de l'offensive politique des États-Unis et de la France dans cette partie du continent.

L'élection d'Evariste Ndayishimiye à la tête du CNDD-FDD le 24 mai 2020 et le décès du président Pierre Nkurunziza le 08 juin 2020 pourraient-ils contribuer à apaiser le climat politique burundais et à conjurer le spectre de la violence politique

---

[170] NOAH NOAH (F), « Contenu local et gestion des industries extractives en Afrique : un défi stratégique majeur (1990-2014) », Université de Yaoundé II-Soa, Thèse de doctorat Phd en Science Politique, année académique 2017-2018, 692P.

[171] AXELROD (R), *Donnant-donnant : une théorie du comportement coopératif*, Paris, Odile Jacob, 1992.

endémique qui entravent considérablement les diverses initiatives de développement ? Pour Thierry Vircoulon, « *pour qu'il y ait un changement de gouvernance et que le Burundi redevienne une démocratie, il faut non seulement qu'il y ait un changement de président (...) et de régime. Or, c'est le CNDD-FDD qui reste au pouvoir et qui se prolonge au pouvoir, et qui a bricolé des élections et des résultats électoraux à son avantage* »[172].

B- La renaissance autoritaire du Rwanda

Analysé à travers une grille de lecture traditionnelle héritée de la décolonisation belge, le génocide rwandais de 1994 qui fait du critère ethnique le principal critère explicatif est réducteur. Les raisons ethniques ne sont en réalité que l'aboutissement dramatique de la crispation du jeu politique, des dérives autoritaires du Président Juvénal Habyarimana, couplées aux enjeux de puissance[173] des principaux partenaires étrangers du Rwanda. L'analyse des différents acteurs et des enjeux présents dans ce drame démontre qu'il s'agissait bien d'un conflit politique[174]. Faut-il rappeler que pour fragiliser l'explication récurrente de la crise politique rwandaise par la question ethnique, l'un des principaux dirigeants des milices responsables de nombreux massacres d'opposants, était un Tutsi, politiquement influent dans les cercles de pouvoir hutu[175]. Après le coup d'État de juillet 1973, Juvénal Habyarimana prend le pouvoir et gère le pays d'« une main de fer », jusqu'à son assassinat en avril 1994. Chef du parti unique, Juvénal Habyarimana est aussi chef de l'État et du Gouvernement

---

[172]« Quel avenir politique au Burundi après la mort de Pierre Nkurunziza ? », 10 juin 2020, www.euronews.com, consulté le 03 Juillet 2020.

[173] PÉAN (P), *Carnages : les guerres secrètes des grandes puissances en Afrique*, Paris, l'Harmattan, 2011, 562P.

[174] KAGAGO (J) et VIDAL (C), « L'extermination des rwandais tutsis », in *Cahiers d'Etudes Africaines* N° 136, vol. XXXIV-4, Paris, Paris, Ecole des Hautes Etudes en Sciences Sociales, 1994, P.541.

[175] ERNY (P), *Rwanda 1994, clés pour comprendre le calvaire d'un peuple*, Paris, l'Harmattan, 1995.

issu du coup d'État qui renversa Kayibanda et entraina la mort de 50 dirigeants de la Première République, exécutés ou morts en prison. Les proches du Président formaient une petite faction appelée « *Akazu* » (qui signifie « petite case »), surnommée le « *Clan de Madame* », puisqu'elle était composée de l'épouse du Président, de sa famille et de ses proches associés[176]qui siphonnaient les ressources financières du pays. C'est du moins ce que semblait décrier André Sibomana, lorsqu'il affirmait : « *nous avons la preuve qu'Habyarimana et sa femme détournaient des fonds devant servir à nourrir la population afin d'importer des articles de luxe (...)* »[177].

Des pressions pour la démocratisation forcèrent Habyarimana à accepter une politique multipartite, encadrée par la promulgation d'une nouvelle Constitution le 10 juin 1990[178]. Ces diverses pressions amenèrent le Président rwandais à partager le pouvoir avec ses adversaires politiques[179]. Ainsi, le pouvoir rwandais entreprit de former un gouvernement transitoire de coalition ouvert à l'Opposition légale et dirigé par une personnalité issue de celle-ci. Le Gouvernement de transition intègre les formations politiques nouvelles, dont bon nombre prônent une alliance avec le FPR. Dans ce contexte, avec la signature des accords d'Arusha, le 4 août 1993, le FPR qui a pourtant une très faible implantation dans le pays, se voit promettre un pouvoir équivalent au régime d'Habyarimana. James Gasana[180], pourtant opposant à Habyarimana, écrit à propos de cet accord : « *Il est grossièrement déséquilibré et accorde trop d'espace au pouvoir à une formation purement militaire qui n'a qu'une base fort mince dans le pays (...). Le MRND et les partis de son alliance disposent là d'un argument qui leur permet de qualifier ce protocole de coup d'État FPR* »[181].

---

[176] Ibid. P. 48.

[177] Ibid.

[178] FOGUE TEDOM, (A), *Enjeux géostratégiques et conflits politiques en Afrique noire*, Op.cit. P. 118.

[179] PÉAN (P), *Carnages : les guerres secrètes des grandes puissances en Afrique*, Op.cit. P. 266.

[180] GASANA (J), *Rwanda: du parti État à l'État-garnison*, Paris, l'Harmattan, 2002.

[181] PÉAN (P), *Carnages : les guerres secrètes des grandes puissances en Afrique*, Op.cit. P. 267.

Selon des sources ougandaises, les accords d'Arusha furent conclus dans l'intention de sortir du simulacre des négociations de paix avec le gouvernement de transition, pour concentrer les négociations entre Habyarimana et le FPR derrière lequel se dissimulaient les États-Unis et le Royaume-Uni[182]. À l'analyse, les accords d'Arusha ont servi de tremplin à l'installation des troupes du FPR au cœur de la capitale rwandaise, dans la perspective de la conquête du pouvoir par les troupes de Paul Kagamé. C'est en tout cas ce qu'expliqua à Mobutu, le président Habyarimana deux jours avant sa mort : « *Herman Cohen*[183] *est à la tête d'un plan visant à me vider de tous les pouvoirs en faveur de Kagamé (...)* »[184].

En dépit du resserrement de cet engrenage de grandes puissances, le régime d'Habyarimana s'était arrangé à conserver un certain nombre de privilèges lui permettant de contrôler le jeu politique. Dans ce gouvernement transitoire de coalition, « *la répartition des ministères entre le pouvoir et l'opposition démontre rapidement que si MRNDD a cédé sur le principe d'un gouvernement de coalition, en revanche, il n'entend pas accepter une perte d'influence politique (...)* »[185]. Les partis de la majorité présidentielle (MRNDD et le CDR) appuyés par des structures paramilitaires participaient activement à la lutte pour la conservation du pouvoir, aux côtés du régime du général Juvénal Habyarimana. Parmi ces dernières prédominaient le « réseau zéro », véritable escadron de la mort, et la garde présidentielle, essentiellement constituée sur une base régionale. Cette garde qui n'avait aucune vocation républicaine avait pour fonction principale de terroriser les adversaires politiques du régime en place à Kigali. Ces dérives autoritaires du régime d'Habyarimana ont été instrumentalisées par les grandes puissances, notamment les États-Unis, la France et la

---

182 Ibid. P. 267-268.

183 Herman Cohen fut à l'époque des faits sous-secrétaire d'État américain aux affaires africaines.

184 NGBANDA (H), *crimes organisés en Afrique centrale. Révélations sur réseaux rwandais et occidentaux,* Paris, Ed. Duboiris, Coll. « Secrets d'État », 2004.

185 FOGUE TEDOM, (A), *Enjeux géostratégiques et conflits politiques en Afrique noire*, Op.cit. P. 118.

Belgique et ont conduit à la radicalisation des positions et au déclenchement du génocide. Ainsi, pour Alain Fogue Tedom : « *sans une implication des alliés étrangers du président Habyarimana et du FPR, le conflit rwandais n'aurait probablement pas tourné au génocide. L'appui du gouvernement français au régime de Kigali a plutôt été explicite et s'est décliné sous plusieurs formes : militaire, financier et politique* »[186].

Dans le cadre de la stratégie américaine au Rwanda, il fallait remplacer Habyarimana au pouvoir par quelqu'un qui scellerait une alliance anti-islamique avec Museveni. Les Américains ont d'abord tenté de rapprocher Museveni d'Habyarimana, ce qui se révéla infructueux. Aussi, pour ses qualités de tacticien et de planificateur, Paul Kagamé fut-il choisi par les États-Unis pour renverser Habyarimana[187]. C'est du moins ce que semble affirmer Jean-Baptiste Mberabahizi, ex-FPR, interrogé par Colette Braeckman : « *Bien avant l'invitation en Caroline du Nord, Kagamé avait été repéré (...). Il avait le profil idéal* »[188]. Partisan d'une élimination physique d'Habyarimana, le président Museveni ordonna à son frère, le général Salim Saleh, chef d'état-major de la NRA, de mettre à la disposition de Paul Kagamé trois bataillons pour la grande offensive de février 1993[189]. Ce qui conduira, à l'issue d'après combats, à la prise de Kigali par les troupes du FPR le 3 juillet 1994.

Proche collaborateur du Président pasteur Bizimungu un Hutu modéré rallié au FPR-, ministre de la Défense, puis président de la République, Paul Kagamé est accusé de bafouer la liberté d'expression et de réprimer toute opposition[190]. Artisan de la reconstruction et de la réconciliation[191], le

[186] Ibid. P. 120-121.
[187] PÉAN (P), Carnages : les guerres secrètes des grandes puissances en Afrique, Op.cit. P. 259.
[188] Ibid. P. 260.
[189] Ibid. P. 259.
[190] AIRAULT (P), « Qui est Paul Kagamé, le président éternel du Rwanda ? », 07 aout 2017, www.lopinion.fr, consulté le 12 février 2020.
[191] LEMOND (K), « Paul Kagamé, la renaissance autoritaire du Rwanda », 04 aout 2017, www.la-croix.com, consulté le 12 février 2020.

président Kagamé offre une embellie économique[192] qui contraste fortement avec l'importante dérive autoritaire du régime de Kigali. Les arrestations arbitraires et l'assassinat d'opposants sont courants. Exilés, traqués et factices[193], pour certains, les partis politiques d'opposition subissent d'importantes violences politiques. De nombreuses ONG déplorent les assassinats politiques et une situation « inquiétante »[194] des droits de l'Homme. En 2015, Paul Kagamé a initié un projet de révision constitutionnelle approuvé par un référendum, qui lui permet de se maintenir au pouvoir jusqu'en 2034. Ces nombreuses pannes de la démocratie risquent d'entraver les performances économiques du Rwanda, pourtant saluées par la communauté internationale. C'est du moins la réflexion menée par Jérémy Révillon en ces termes : « *Si le régime de Kigali ne favorise pas l'ouverture démocratique, il lui sera difficile de gérer efficacement les progrès économiques enregistrés ; or la réussite économique dans un contexte autoritaire a un prix, la centralisation des intérêts autour d'un centre politico-économique au détriment de circulation des élites* (…) »[195].

Outre les condamnations et discours opportunistes relatifs au durcissement du régime de Kigali, le soutien de Washington a permis au Président Kagamé de « ramer à contre-courant » des diverses pressions, nationales et internationales, invitant le régime à s'arrimer à la gouvernance démocratique et à respecter les droits de l'Homme et les libertés individuelles. Ainsi, contrairement au discours de l'ancien porte-parole adjoint de la diplomatie américaine, Mark Toner, « *nous espérons que le président Kagamé mènera à terme ses engagements précédents de promouvoir une nouvelle génération de dirigeants au*

[192] La banque Africaine de Développement et le FMI considèrent le Rwanda comme un des pays les plus prometteurs sur le plan économique du continent africain. Avec une croissance de 7.9% de 2010 à 2015 et un taux de pauvreté à la baisse, 56% en 2005 contre 39% en 2014. Voir, LEMOND (K), « Paul Kagamé, la renaissance autoritaire du Rwanda », Ibid.

[193] Ibid.

[194] Ibid.

[195] REVILLON (J), « Le Rwanda, un modèle économique ? », *L'Observatoire des Grands Lacs en Afrique*, 48/2014, P.P. 51-66.

Rwanda, et quittera ses fonctions en 2017, à l'issue de son mandat actuel »[196].

Les États-Unis entretiennent une coopération privilégiée avec le régime Kagamé. Les intérêts stratégiques et géopolitiques des États-Unis dans la région des Grands Lacs expliquent la détermination de Washington à apporter un soutien controversé au président Paul Kagamé, conspué par la communauté internationale et l'Opposition politique pour ses prises de liberté avec la démocratie, les droits de l'Homme et les libertés individuelles. Les États-Unis soutiennent Kigali pour exclure les Européens-Belges et Français- du partage des richesses de la région des Grands Lacs. Après avoir aidé le FPR de Paul Kagamé à conquérir le pouvoir, il était désormais question pour les États-Unis d'aider ce dernier à contenir les velléités, les contre-offensives des puissances francophones[197] (Belgique et France) qui considèrent l'arrivée au pouvoir de ce régime comme un véritable affront.

La région des Grands Lacs renferme des réserves essentielles de matières premières stratégiques qui représentent des enjeux importants[198] pour les États-Unis. Le désir des États-Unis de prendre une part active à la reconfiguration du jeu de puissance dans cette partie hautement stratégique du continent explique l'attitude à géométrie variable du Gouvernement américain[199] vis-à-vis de Kigali et des autres régimes amis des États-Unis. Pour comprendre le soutien de Washington au régime de Kigali, il est judicieux de cerner, au préalable les enjeux géoéconomiques et géostratégiques[200] de la nouvelle politique américaine dans la région des Grands Lacs. Pour

---

[196] Voir, « Rwanda : Washington condamne la réforme constitutionnelle permettant à Paul Kagamé de briguer un 3e mandat », 17 novembre 2015, www.jeunafrique.com, consulté le 12 février 2020.

[197]BREACKMAN (C), « Rwanda, retour sur un aveuglement international », mars 2004, www.monde-diplomatique.fr, consulté le 13 février 2020.

[198] LAYINGA (F), « Les ressources naturelles comme principal facteur du panorama belligérant des Grands Lacs Africains », 2015, www.irenees.net, consulté le 13 février 2020.

[199] PÉAN (P), *Carnages : les guerres secrètes des grandes puissances en Afrique*, Paris, l'Harmattan, 2011, 562P.

[200] TITI PALE, *Les États-Unis et le Rwanda génocidaire : comprendre un manquement diplomatique fatal*, Paris, l'Harmattan, 2019, 162P.

Colette Breackman, la présence active de Washington dans cette partie du continent et par ricochet son soutien aux régimes de la région s'explique par son désir de garder la « *mainmise sur les importantes matières premières congolaises censées assurer la primauté des États-Unis en matière d'armement nucléaire, ainsi que la défense des autres intérêts économiques américains, c'est dans la logique de cette implication américaine que le Rwanda et le Burundi ont été crédités d'une importance stratégique* »[201].

C- Le Soudan

La « Révolution de salut national » du 30 juin 1989 qui renverse Sadek al-Mahdi et porte au pouvoir Omar Hassan Al Bashir a constitué un moment important de vie politique soudanaise[202]. Cumulant les fonctions de chef de l'État, Premier ministre et de chef des forces armées, le nouvel homme fort du Soudan fit interdire partis politiques, la supprima les libertés démocratiques et instaura un nouveau islamique[203]. Il devient officiellement président de la République en octobre 1993. Mentor du général Omar el-Béchir lors du coup d'État militaire de 1989, Hassan al-Tourabi deviendra ensuite un de ses adversaires les plus redoutables. En 1999, lorsqu'il propose un projet de loi visant à limiter les pouvoirs du président Béchir, ce dernier répond par la force, dissout le Parlement et écarte son

---

[201] BREACKMAN (C), *L'enjeu congolais : l'Afrique centrale après Mobutu*, Paris, Fayard, 1999, 414P.

[202]

- SIGNÉ (L) et TCHETCHOUA TCHOKONTE (S), « Les stratégies pétrolières en Afrique Entre nouvelle dynamique chinoise et réactions des puissances occidentales et des pays émergents », *Cosmopolis*, 2015/1, P.P. 59-70.
- SIGNÉ (L) et TCHETCHOUA TCHOKONTE (S), « La dynamique chinoise au Soudan et au Soudan du Sud, entre certitudes et incertitudes », *Cosmopolis*, 2015/3-4, 168-181.

[203] MASSEGUIN (L), « Soudan : les dix dates-clés du règne sans partage d'Omar el-Béchir », 11 avril 2019, www.jeuneafrique.com, consulté le 24 juillet 2020.

ex-allié[204]. Les protestations anti-gouvernementales provoquées par la décision du régime Béchir de lever les subventions sur les prix du carburant en septembre 2013 vont susciter une répression policière qui contribue à plonger le pays dans une importante vague de contestation populaire. Réélu à la présidence en 2015 à l'issue d'élections générales contestées par l'Opposition, le Président Béchir ambitionne dans s'inscrire, comme la plupart des chefs d'État africain subsahariens, dans une logique de « présidence éternelle ». Le conseil du Parti du congrès national a annoncé avoir choisi Omar el-Béchir comme candidat à la présidentielle de 2020, ceci en violation de la Constitution en vigueur depuis 2005 limite en théorie à deux le nombre de mandats présidents.

Sous prétexte du respect de la souveraineté du Soudan, le soutien de la Chine à ce régime a constitué une sorte de « caution politique et stratégique » aux manœuvres anti-démocratiques du régime soudanais. Ce soutien de la Chine lui a permis de résister ou de contourner les revendications démocratiques des divers acteurs locaux et internationaux. La diplomatie pétrolière chinoise détermine, dans une certaine mesure, la nature et surtout l'équilibre du système politique soudanais. Cette attitude chinoise contribue à éloigner le régime soudanais de la nécessaire institutionnalisation de la démocratie, préalable à la mise en œuvre de l'appareil d'État, d'un État démocratique stable. Pour le régime soudanais, le soutien politique de la Chine constituait en effet le gage de son maintien au pouvoir. Une opportunité manquée d'alternance politique pacifique et consensuelle plongeait le pays dans une spirale d'instabilité politique.

L'intensification de la coopération bilatérale entre la Chine et le Soudan dans les domaines de la construction, de l'agriculture, de l'éducation et de la santé, couplés à une importante aide financière, font de la Chine le plus important partenaire économique du Soudan. Les échanges entre les deux pays ont dépassé le seuil de trois milliards de dollars en 2009. Aussi, la Chine est-elle déterminée à protéger le régime soudanais contre les pressions des puissances occidentales. Le

[204] Ibid.

soutien de la Chine au régime Béchir au le Conseil de Sécurité[205], constituait un important investissement dont des dividendes politiques, économiques et stratégiques étaient attendus. Face à ce soutien chinois, la communauté internationale était contrainte de négocier avec la Chine pour l'envoi des Casques bleus au Soudan. Pour le régime Béchir, la Chine constituait une véritable « planche de salut »[206] , un important « allié de revers » qui lui permettait de s'affranchir des pressions internationales.

Seulement, victime des soubresauts de l'Opposition stratégique entre les États-Unis et la Chine en Afrique, la dislocation du Soudan et la création du Soudan du Sud le 09 juillet 2011 ont constitué les signes précurseurs de la chute du régime Béchir. En effet, le soutien des États-Unis au gouvernement du Sud-Soudan vise, depuis la proclamation de l'indépendance du Sud le 9 juillet 2011, à priver la Chine d'accès aux champs pétroliers appartenant désormais au 193e État de la planète : quelque 80 % des réserves du Soudan[207]. La perte de la mainmise chinoise sur ces importantes quantités de pétrole et le redéploiement du dispositif de puissance chinois au Soudan du Sud[208] pourrait conduire à la réduction de l'intérêt stratégique que Pékin accorde au Soudan. Aussi, en dépit du soutien tacite de Pékin, le 09 avril 2019, le régime Béchir est-il renversé par un « conseil militaire de transition », sous la pression

---

[205] PÉAN (P), *Carnages : les guerres secrètes des grandes puissances en Afrique,* Paris, L'Harmattan, 2011, P. 481.

[206] TCHETCHOUA TCHOKONTE (S), « Soudan : guerre secrète américano-chinoise », aout 2013, www.diploweb.com, consulté le 27 Juin 2020.

[207] ROSSIGNOL (R), « Le Soudan, des conflits régionalement enchâssés sur fond de rivalité sino-américaine », *Outre-Terre* 4/2011 (n° 30), p. 291-299.

[208] La Chine n'entend pas rester impassible à cette offensive américaine et à la perte du monopole de ses entreprises sur le contrôle et l'exploitation du pétrole soudanais. Dans une logique de contre-encerclement, Pékin cherche à reconquérir ses intérêts stratégiques et garder la mainmise sur l'exploitation du pétrole soudanais. Ce contre-encerclement chinois, expression de la capacité de la Chine à défendre ses intérêts pétroliers, se caractérise, entre autres, par le développement des relations de coopération avec Juba et la médiation chinoise dans la crise sud soudanaise et par sa participation aux opérations de maintien de la paix sous l'égide des Nations-Unies au Soudan du Sud. SIGNE (L) et TCHETCHOUA TCHOKONTE (S), 2015/3-4, « La dynamique chinoise au Soudan : entre certitudes et incertitudes », pp. 168-181, www.cosmopolis.org, consulté le 27 juin 2020.

d'une population exaspérée par des décennies de gabegie financière[209] et réclamant des meilleures conditions de vie. C'est du moins la substance de la déclaration faite par le ministre de la Défense Awad Ahmed en ces termes : « *j'annonce, en tant que ministre de la Défense, la chute du régime et le placement en détention dans un lieu sûr de son chef* »[210]. Bien plus, l'arrestation du président Béchir pourrait déboucher sur sa traduction à la CPI, sur la base du mandat d'arrêt délivré contre lui le 04 mars 2009[211]. La procureure de la Cour pénale internationale (CPI) a plaidé le 19 juin 2019, devant le Conseil de sécurité de l'ONU pour une traduction devant la justice internationale de l'ex-président soudanais Omar El-Bechir. Pour Fatou Bensouda : « *Le moment est venu pour le peuple soudanais de choisir le droit au détriment de l'impunité et de veiller à ce que les suspects de la CPI dans le dossier du Darfour soient finalement jugés devant un tribunal* »[212].

Au demeurant, l'analphabétisme stratégique et l'avidité pour le pouvoir conduisent certains responsables politiques africains subsahariens à solliciter le soutien des grandes puissances pour se maintenir au pouvoir. Ils agissent à la manière de l'autruche, l'animal dont ils se rapprochent le plus par le comportement. Ils perpétuent une tradition qui leur a causé beaucoup de torts, y compris en obstruant les perspectives de développement politique et économique. Stoïques, ils demeurent abonnés à l'école de la fuite en avant, même s'ils savent que cette attitude est à bien des égards suicidaire[213].

---

[209] Au pouvoir depuis 1989, la colère populaire a fini par emporter Omar El-Béchir, après quatre mois de contestation. Il a été trouvé dans le palais présidentiel, 113 millions de dollars. Amadou Bal BA, « Omar El-Béchir, la chute », 12 avril 2019, www.médiapart.fr, consulté le 27 juin 2020.

[210] « Un conseil militaire succède à OMAR EL-BÉCHIR, le président soudanais déchu », 11 avril 2019, www.france24.com, consulté le 28 juin 2020.

[211] « La CPI émet un mandat d'arrêt contre le président soudanais », 04 mars 2009, www.lemonde.fr, consulté le 27 juin 2020.

[212] « Soudan : la procureure de la CPI demande qu'OMAR EL-BECHIR soit remis à la Haye », 19 juin 2019, www.france24.com, consulté le 28 juin 2020.

[213] GAYE (A), *Chine-Afrique : Le dragon et l'autruche- Essai d'analyse de l'évolution contrastée des relations sino-africaines : sainte ou impie alliance du XXIe siècle ?* Paris, l'Harmattan, 2006, P 13.

CHAPITRE 2 :

LES OPÉRATIONS DES FORCES ANTI-DEMOCRATIQUES SUR LES THÉÂTRES D'AFRIQUE AUSTRALE ET DE L'OUEST

L'Afrique de l'Ouest vit une période de transition démocratique particulièrement heurtée. Le processus de démocratisation a connu plus de tumulte dans cette partie du continent que partout ailleurs en Afrique[214]. Cette région offre le spectacle d'une zone volcanique avec des foyers en éruption et d'autres en veillent. Chaque espace national porte en lui des ingrédients d'un cocktail qui n'attend qu'une étincelle pour exploser[215]. Ces conflits, latents ou ouverts, plongent leurs racines dans un substrat économique, social et politique. La quasi-totalité des pays de la région offre de nombreux signes d'instabilité politique durable[216]. Le processus de démocratisation se déroule en effet dans un contexte de guerre civile, la bande sahélienne, de la Mauritanie au Niger, demeure une ceinture de feu autour de la région. Les postures ambivalentes, voire opportunistes des grandes puissances vis-à-vis de recul démocratique dans cette partie du continent contribuent à entraver les perspectives de l'arrimage des pays de la région à la gouvernance démocratique, pourtant nécessaire à la régulation des crises politiques endémiques qui obstruent considérablement les initiatives de développement.

Pareillement, l'altération ou la fragilisation[217] de la démocratie en Afrique Australe suscitent des inquiétudes. Le

---

[214] Ibid.

[215] Ibid.

[216]LOADA (A) et WHEATLEY (J) (Dir.), *Les transitions démocratiques en Afrique de l'Ouest : processus constitutionnels, société civile et institutions démocratiques*, Paris, l'Harmattan, 2014, 284P.

[217]MAGNANI (V), « L'Afrique du Sud, un modèle démocratique fragilisé ? », *Politique étrangère*, 4/2019, 113-123.

Botswana, l'Afrique du Sud, le Lesotho et la Namibie font figure d'exceptions, dans un environnement politique délétère. Riche en ressources minières et aurifères, l'Afrique Australe suscite les convoitises des puissances industrielles, dont l'avidité pour les matières premières stratégiques les contraints à adopter une attitude à géométrie variable au sujet de l'inflation des violences politiques et du recul démocratique dans cette partie du continent. En effet, « *plus de la moitié de la production mondiale de vanadium, de platine et de diamant se trouve en Afrique Australe, où l'on retrouve également 36% de la production d'or et 20% de la production de cobalt* »[218]. La boulimie énergétique des grandes puissances, leur désir de contrôler les matières premières stratégiques d'Afrique Australe, d'une part, et la détermination d'une partie de l'élite gouvernante à s'inscrire dans une logique de gouvernance éternelle, d'autre part, constituent les fondements géoéconomiques et stratégiques des opérations des forces anti-démocratiques dans cette partie du continent. Aussi, importe-t-il d'analyser la collusion des forces conservatrices en Afrique australe (Section 1) et en Afrique de l'ouest (Section 2).

Section 1 : Les théâtres d'Afrique Australe

L'abondance, la qualité et l'accessibilité des minerais stratégiques[219], couplées à la cécité stratégique et l'avidité du pouvoir des dirigeants contribuent à faire de l'Afrique australe un des théâtres privilégiés du déploiement des forces anti-démocratiques dans cette partie du continent. Les « pannes » du processus de démocratisation en Angola (A) et au Zimbabwe (B) sont assez illustratives de cette réalité.

---

[218] SOLÈNE BAFFI et VIVET (J), « L'Afrique australe : un ensemble composite, inégalement intégré à la mondialisation », 09/01/2017, www.géoconfluences.ens-lyon.fr, consulté le 24/03/2020.

[219] GRAMER (B), « L'Afrique des minerais stratégiques : du détournement des richesses à la culture de la guerre », Les Rapports du GRIP 2018/8, www.grip.org, consulté le 24/03/2020.

A- L'Angola

Dès son indépendance en 1975, l'Angola a connu une histoire politique mouvementée, rythmée par une guerre civile qui, jusqu'en 2002[220], a contribué à faire de ce pays un des plus instables du continent africain. Le conflit opposa le Mouvement populaire de libération de l'Angola (MPLA), soutenu par l'Union soviétique et Cuba, d'une part, et l'Union nationale pour l'indépendance totale de l'Angola (UNITA) de Jonas Savimbi, soutenue par les États-Unis et l'Afrique du Sud[221], d'autre part. Le 4 avril 2002, quelques semaines après la mort de Jonas Savimbi, un accord de cessation des hostilités a été signé entre la direction militaire de l'UNITA et l'état-major gouvernemental[222]. La fin de la guerre civile a offert au gouvernement angolais la possibilité d'initier la démocratisation du régime et de lever les plus criantes des « insuffisances » de sa démocratie, la responsabilité était imputée à la guerre[223]. Contrôlée par le gouvernement angolais, cette relative ouverture démocratique n'a pas permis d'initier une discussion impliquant l'ensemble de la nation, sur grands objectifs nationaux, où les choix du Gouvernement pourraient être contestés, les comptes de l'État rendus publics, afin que les intérêts nationaux puissent prévaloir sur les intérêts partisans. Pour Christine Messiant, « *la guerre a été une donnée essentielle de la constitution du régime et de son maintien (...). Et ce sont à la fois l'hégémonie, la cohésion du régime, et son impunité, qui risquent d'être ébranlées par la paix* »[224]. En dépit de l'ouverture démocratique

---

220 MESSIANT (C), « Fin de la guerre, enfin, en Angola. Vers quelle paix ? », *Politique africaine*, 2002/2 (N° 86), P.P. 183 à 195.

221 COOK (C.R.), « Diamants, pétrole et médias américains : filtrer la logique du pillage dans la guerre civile en Angola », *ASPJ Afrique & Francophonie* - 3e trimestre 2014, PP. 1-18.

222 MESSIANT (C), « Fin de la guerre, enfin, en Angola. Vers quelle paix ? », Ibid.

223 Ibid.

224 Ibid.

en 1992 et du retour à la paix en 2002, les défis d'une véritable démocratisation sociale et politique restent entiers[225].

Par l'entremise d'une importante réforme constitutionnelle, d'une mainmise sur les institutions en charge du processus électoral, du musèlement de l'Opposition, de la répression de la dissidence[226], l'ex-président Édouard Dos Santos a pu, en dépit d'une relative ouverture démocratique, se maintenir au pouvoir pendant trente-huit ans. Pour l'opposant Carlos Leitão : « *Le MPLA tient à être le seul parti aux commandes (...). Il a acheté une grande partie de l'ancienne opposition et divisé le reste. Il a recours aux passages à tabac, aux intimidations et aux assassinats. C'est un parti qui n'a rien de démocratique »*[227]. Issue du MPLA, l'oligarchie au pouvoir a verrouillé le processus de démocratisation et a obstrué toute éventualité d'une alternance politique démocratique, opérant ainsi une véritable reconversion autoritaire[228]. Outre les nombreuses allégations de fraudes électorales[229], le régime Dos Santos a opéré, lors des élections générales tenues le 23 août 2017, une « véritable transition oligarchique ». Lors de ces scrutins, l'ex-président Edouardo Dos Santos qui avait, au préalable, pris le soin d'initier une modification de la Constitution, afin de permettre au parti majoritaire à l'Assemblée Nationale de désigner le Président de la République, offrait la possibilité à

[225] MAINO (E), « Angola : faiblesse de la société civile face au défi de la démocratisation », *alternatives sud*, vol. 17-2010 / 165.

[226] Le régime ne tolère que peu les signes de mécontentement. Jouant sur la peur d'une résurgence d'un conflit, le régime s'attèle à décrédibiliser tout début de contestation, comme cela est le cas depuis 2011, et les mouvements de protestation qui naissent chez la jeunesse angolaise, mais aussi chez les anciens combattants qui réclament le paiement de leurs pensions. De même, la presse est verrouillée, les journalistes sont menacés et courent le risque de mauvais traitements en cas d'arrestations. Voir, « Angola : l'oligarchie autoritaire face à la faiblesse des contre-pouvoirs », 30 décembre 2013, www.ritimo.org, consulté le 2 Juillet 2020.

[227] SMITH (A-D), « Angola. Un régime qui n'a rien de démocratique », 03 Septembre 2008, www.courrierinternational.com, consulté le 4 Juillet 2020.

[228] PÉCLARD (D), « Les chemins de la « reconversion autoritaire » en Angola », *Politique africaine*, 2008/2, (N° 110), 5 à 20.

[229] BRAJEUL (C.), « Angola : des élections générales en trompe-l'œil », 23 aout 2017, www.liberation.fr, consulté le 4 Juillet 2020.

Joao Lourenco[230], un cadre du MPLA, d'accéder au pouvoir. Cette confiscation du jeu politique par le MPLA est l'expression du désir ce parti politique de conserver la mainmise sur les importantes ressources naturelles dont regorge le Pays. Dans cette lancée, force est de constater que « *le MPLA a récolté au moins deux milliards de dollars par an. Il est vrai que la majeure partie de cet argent s'est volatilisée du fait de la corruption* »[231].

La lutte pour l'accaparement des importantes ressources naturelles (pétrole et diamant) constitue l'objectif politique et stratégique majeur des diverses manœuvres de pérennisation au pouvoir d'une élite politique issue du MPLA[232]et soutenue par les grandes puissances. Depuis la fin de la guerre civile en 2002, l'Angola a connu une importante floraison des campagnes d'exploration pétrolière offshore, multipliant par quatre les réserves prouvées du pays : elles sont passées en vingt ans de 3.7 milliards de barils à 11.8[233]. Depuis les années 1980, l'Angola était le deuxième producteur de pétrole en Afrique subsaharienne. En 2008, la production angolaise a atteint 1,9 million b/j, soit un quart de la production de l'Afrique subsaharienne[234]. Ce pays produit en moyenne 1,4 million de barils[235] de brut par jour. Ces importantes ressources naturelles sont au cœur des jeux de puissance particulièrement agressifs entre les firmes pétrolières occidentales et émergentes dont la boulimie énergétique semble insatiable.

---

[230]PAURON (M.), « Angola : comment Lourenço a pris (tout) le pouvoir », 10 septembre 2018, www.jeuneafrique.com, consulté le 4 Juillet 2020.

[231] COOK (C.R.), « Diamants, pétrole et médias américains : filtrer la logique du pillage dans la guerre civile en Angola », Op. Cit, P. 14.

[232] MAINO (E), « Angola : faiblesse de la société civile face au défi de la démocratisation », *Alternatives Sud,* vol. 17-2010 / 16.

[233] LEFEBRE (M.), « L'Angola au défi des ressources naturelles : s'extraire de la « malédiction des ressources ». Est-il possible dans « l'autre golfe » ? », *Analyse ≠8-Programme Climat, Energie et Sécurité*/juin 2018, www.iris.org, consulté le 6 Juillet 2020.

[234] LE BILLON (P), VINES (A), ASSIS MALAQUIAS, « Au-delà du pétro-militarisme. La stratégie extérieure angolaise d'après-guerre », *Politique africaine*, 2008/2 (N° 110), pages 102 à 121.

[235] « L'Angola va construire une seconde raffinerie de pétrole », 07 juin 2019, www.lemonde.fr, consulté le 6 Juillet 2020.

Soutenues par le Gouvernement, les firmes américaines jouent, en dépit des querelles relatives à la nature du régime angolais, un rôle important dans l'approvisionnement des États-Unis en matières premières stratégiques en provenance de l'Angola. L'hégémonie des firmes pétrolières américaines constitue un des nombreux indicateurs de la collusion entre le gouvernement américain et ses firmes présentes en Angola. Les sociétés américaines de services pétroliers et gaziers telles que Haliburton ou Baker Hughes GE, Exxon Mobil dominent le secteur et investiront probablement davantage dans la technologie à mesure que le pays intensifie ses efforts d'exploration[236]. L'Angola est l'un des principaux exportateurs de pétrole vers les États-Unis. Il fournit près de la moitié des importations américaines en provenance de l'Afrique, soit au total 15%[237] des achats pétroliers de l'étranger. Pour Benjamin Augé, « *La firme pétrolière américaine Exxon Mobil extrait 500 000 barils par jour sur le bloc 15 en Angola. Exxon Mobil a patiemment tissé des réseaux au sein du MPLA* »[238]. Critiqué par la communauté internationale pour ses prises de liberté vis-à-vis de la démocratie et des droits de l'homme, la réception d'Edouardo Dos Santos à la Maison-Blanche par l'ex-président américain Georges Walker Bush[239], constitue un indicateur de l'incapacité de Washington de sacrifier ses intérêts économiques sur l'autel de la démocratie en Angola. Ce soutien de Washington au régime angolais s'est également observé par la visite annoncée du secrétaire d'État américain Mike Pompéo[240] en Angola, en février 2020, visite au cours de laquelle il rencontrera le président angolais Joao Lourenco. En effet, selon le porte-parole de la diplomatie américaine, Morgan

---

[236] « Energies : les Américains reviendront-ils en force dans le secteur pétrolier angolais ? », 22 mai 2019, www.latribune.fr, consulté le 6 Juillet 2020.

[237] JOANNIDIS (M.), « Etats-Unis-Afrique : l'odeur du pétrole », 18 mai 2004, www.rfi.fr, consulté le 6 Juillet 2020.

[238] AUGÉ (B), « Au moins un proche de Donald Trump connaît l'Afrique… celle des champs de pétrole », 19 janvier 2017, www.lemonde.fr, consulté le 6 Juillet 2020.

[239] JOANNIDIS (M.), « Etats-Unis-Afrique : l'odeur du pétrole », Ibid.

[240] « Le secrétaire d'Etat américain se rendra en Afrique mi-février pour la première fois », 06 février 2020, www.lemonde.fr, consulté le 10 février 2020.

Ortagus, le 17 février, à Luanda, il rencontrera le président angolais pour « *réaffirmer le soutien des États-Unis aux efforts de l'Angola contre la corruption et en faveur de la démocratisation* (...) »[241].

Les relations économiques entre les firmes, les réseaux économiques et financiers américains ont été maintenues par le président Joao Lourenco dont la gestion des affaires publiques est antinomique des règles et autres exigences de la démocratie. Après s'être associé au financier républicain Elliott Broidy, le Président angolais Joao Lourenco s'est rabattu sur Manuel Vicente, ancien lobbyiste de la Sonangol, pour le défendre aux États-Unis[242]. Les insubmersibles intérêts économiques des États-Unis prennent le dessus sur les considérations morales et éthiques. Croire à la capacité de Washington de placer la démocratie, l'État de droit et les libertés individuelles au-dessus de ses intérêts économiques et stratégiques serait faire preuve d'un « angélisme coupable ».

B- Le Zimbabwe

Au début du XXIe siècle, la globalisation démocratique présentée comme sens de l'histoire se heurte encore à quelques « dictatures durables ». Ce fut le cas du Zimbabwe de Robert Gabriel Mugabe qui a connu une importante crise politique et économique[243]. Établi en 1980, après une longue lutte de libération, le régime de Mugabe a connu le sort paradoxal d'avoir été célébré en ses débuts pour devenir l'une des faillites les plus retentissantes du continent africain. Dès le milieu des années 1990, de nombreux Zimbabwéens confiaient à l'étranger de passage que le bilan du régime Mugabe était pire que celui

---

[241] Ibid.

[242] Voir, « Joao Lourenco mise sur les réseaux de Manuel Vicente », 10 juillet 2019, www.africaintelligence.fr, consulté le 10 février 2020.

[243] VIRCOULON (T), « Zimbabwe : réflexion sur la dictature durable », *politique étrangère*, 2008, www.cairn.info, consulté le 18 Juin 2020.

d'Ian Smith[244]. Confronté à cette crise politique et économique profonde, le parti au pouvoir a cherché à redorer le blason au moyen de trois expédients. De généreux subsides ont été versés, fin 1997, aux anciens combattants de la lutte de libération, en réponse aux manifestations de ces derniers pour dénoncer leur marginalisation économique et politique par la Zanu-PF. Le Président Mugabe avait engagé les forces armées zimbabwéennes dans la crise congolaise d'une manière qui laisse apparaître ses intérêts financiers personnels, ainsi que ceux de ses proches alliés à l'intérieur de l'armée et du parti. Mugabe avait remobilisé la paysannerie sur la revendication populaire de la réforme agraire, en particulier en recourant à la contrainte exercée via des groupes *d'anciens combattants et de jeunes chômeurs »*[245]. Poursuivant un modèle épuisé d'accumulation économique qui n'est pas parvenu à traiter les inégalités économiques héritées de la période coloniale, les politiques du gouvernement, en particulier pendant la période d'ajustement structurel des années 1990, ont aggravé les inégalités de revenus, le chômage, les tensions suscitées par la réforme agraire, l'augmentation des prix des marchandises de base et la désindustrialisation[246].

Face à la faillite économique et sociale généralisée qu'a connue le pays, l'Opposition politique et la société civile se sont mobilisées pour renverser le régime autoritaire du président Mugabe[247]. À cet effet, lors des élections législatives de juin 2000, le premier parti d'opposition ayant émergé à l'échelle nationale depuis l'indépendance, le « *Movement for Democratic Change* » (MDC), dont le mouvement syndical constituait l'épine dorsale, a enlevé 57 sièges au Parlement, contre 62 conservés par le parti au pouvoir, et ce en dépit du contexte de

---

[244] COMPAGNON (D) « Le rôle de la société civile dans l'émergence d'une opposition démocratique : le cas du Zimbabwe », *Revue internationale de politique comparée* 2/2002 (Vol. 9), p. 261-275.

[245] RAFTOPOULOS (B), « De l'émancipation du mouvement syndical à l'affirmation du MDC », *Politique africaine* 1/2001 (N° 81), p. 26-50.

[246] Ibid.

[247] OLINGA (A-D), « L'Afrique en quête d'une technique d'enracinement de la démocratie constitutionnelle », in Maurice KAMTO (Dir.), *L'Afrique dans un monde en mutation : dynamiques internes, marginalisation internationale* ?, Paris, Afredit, 2010, PP. 165-191.

violence préélectorale orchestrée par ce dernier[248]. Par ailleurs, depuis mars 2008, le Zimbabwe connait une situation politique tendue, à la suite des événements violents s'étant produits durant l'entre-deux-tours des élections générales. La victoire du MDC constatée par de nombreux observateurs aux élections législatives ainsi que l'arrivée en tête au premier tour de l'élection présidentielle de Morgan Tsvangirai (MDC-T) a entrainé une vague de violence et la réélection contestée de Robert Mugabe en juin 2008. Réélue dans une combinaison de violence et de fraude en 2008, la survie du régime oppressif, antidémocratique et kleptocratique de Mugabe, politiquement discrédité[249] et économiquement effondré, constitue un véritable défi aux lois de la politique[250]. Le Président Mugabe a entretenu une importante pression sur l'Opposition, notamment à la veille des scrutins, au point que certains auteurs qualifient son attitude de « *terrorisme électoral* »[251]. Pour apaiser la situation, l'Union Africaine a soutenu l'appel à la formation d'un gouvernement d'union nationale ainsi que l'élaboration d'un accord politique global signé entre le ZANU-PF, le MDC-T et le MDC-M, ainsi que l'avait proposé l'ex-président sud-africain THABO MBEKI. Le gouvernement d'unité nationale a été formé le 13 février 2009[252].

Malgré la pression entretenue par le Commonwealth et l'Union Européenne (UE), rejoints par l'Union Africaine (UA)[253], les États-Unis (avec le Zimbabwe Democracy Act) et

---

[248] RAFTOPOULOS (B), « De l'émancipation du mouvement syndical à l'affirmation du MDC », ibid.

[249] SERGE (M) et BEURET (M), *La Chinafrique. Pékin à la conquête du continent noir*, Paris, Grasset et Fasquelle, 2008, 348 P.

[250] VIRCOULON (T), « Zimbabwe : réflexion sur la dictature durable », Op.cit.

[251] COMPAGNON (D), « Terrorisme électoral au Zimbabwe », *Politique africaine* 2/2000 (N° 78), p. 180-190.

[252] FARGON (S) et al, « Chine-Zimbabwée : limites et dérives de la coopération gagnant-gagnant», *Le temps de la Chine en Afrique*, 2012, PP. 175-190.

[253] Bien qu'elle soit de plus en critiquée de mener une politique de « tolérance passive » vis-à-vis du Zimbabwe. Saisie du dossier depuis quelques années, elle est fortement divisée entre pro et anti-Mugabe. En effet, elle est dans un premier temps accusée de faire le jeu des grandes puissances (grande Bretagne

l'Australie (à travers le Smart Sanctions), la suppression de l'aide au développement des principaux bailleurs institutionnels, qui l'ont converti en aide humanitaire, Robert Mugabe a infligé un démenti à tous ceux qui, depuis 2000, annoncent un départ négocié, l'effondrement de son régime. Il a su s'adapter à la crise en militarisant son pouvoir et en créant des structures parallèles de surveillance et de répression.

Le soutien apporté par la Chine à ce régime autoritaire et à sa politique de défiance vis-à-vis de la communauté internationale a fait de cette dernière un partenaire de substitution et d'opposition à l'occident. Pour comprendre les relations actuelles entre la Chine et le Zimbabwe, il faut remonter aux guerres de libération qui ont secoué le Zimbabwe dans les années 1970-1980. Le parti politique du Président Robert Mugabe, le ZANU, bénéficie alors du soutien de la Chine dans la lutte pour l'indépendance, tandis que l'autre parti politique, le ZAPU de Joshua NKOMO, est soutenu par l'URSS[254]. La victoire de Robert Mugabe et de son parti aux élections présidentielles de 1980 entraine le renforcement des relations entre les deux pays. Depuis 2005, la coopération sino-zimbabwéenne connut une accélération dans le cadre de la « *Look East Policy* » lancée en 2003, visant à accroitre les relations avec les pays asiatiques notamment à la suite du durcissement des sanctions occidentales à l'encontre de certains cadres de la ZANU-PF. Ces sanctions résultent des atteintes aux droits humains et des violences perpétrées lors des saisies des terres des Zimbabwéens blancs dans le cadre de la « *Fast Track Land Reform* », point d'orgue de la politique d'*empowermen*t du Président Robert MUGABE[255]. Les États-Unis et le Royaume-Uni ont échoué à faire passer des sanctions au Conseil de sécurité en 2008, à la suite des vétos chinois et russes[256]. Le véto chinois a permis au régime de Robert MUGABE d'éviter plusieurs motions du Conseil de sécurité.

notamment) ; dans le second, de négliger l'état de droit et les exigences de la démocratie.

[254] FARGON (S) et al, « Chine-Zimbabwe : limites et dérives de la coopération gagnant-gagnant», Op.cit.

[255] Ibid.

[256] Ibid.

L'utilisation par la Chine de son veto en faveur du régime zimbabwéen s'accompagne d'un soutien multiforme non négligeable[257].

La boulimie énergétique[258] de l'économie chinoise et l'importance des matières premières[259] stratégiques zimbabwéennes telles que le palladium, le rhodium, le diamant, le fer, l'étain, le lithium constituent les enjeux géoéconomiques du soutien de la Chine au régime de Robert MUGABE. Pour l'ancien ministre chinois des Affaires étrangères YANG JIECHI, « *le Zimbabwe est un pays important (...), riche en ressources naturelles. La Chine est prête à travailler avec le Zimbabwe pour approfondir la confiance politique mutuelle, élargir la coopération mutuellement bénéfique et consolider notre amitié et notre coopération à de nouveaux paliers* »[260]. Au-delà de ce soutien diplomatique, soucieuse de préserver ses intérêts économiques dans ce pays hautement stratégique, la Chine a également apporté un important soutien économique et financier au régime MUGABE. En dépit des nombreuses critiques de la communauté internationale relatives au non-respect de la démocratie, des droits de l'homme et des libertés individuelles, « *la Chine a accordé en 2009 une ligne de crédit de 950 millions de dollars afin d'aider à redresser l'économie zimbabwéenne en ruine* »[261]. Le soutien de la Chine au régime MUGABE s'est également observé à travers l'important octroi d'armes et de matériel militaire. Dans un contexte de crise politique endémique émaillé de violences politiques diverses et de répression policière, le 16 avril 2008, Pékin a envoyé au régime zimbabwéen un cargo, l'*An Yue*, transportant des fusils

---

257 VIRCOULON (T), « Zimbabwe : réflexion sur la dictature durable », Op.cit.

258 HONGYI H. LAI, « China's Oil Diplomacy: Is It a Global Security Threat ? », *Third World Quarterly*, Vol. 28, N° 3, 2007, pp. 519-537

259 FARGON (S) et al, « Chine-Zimbabwe : limites et dérives de la coopération gagnant-gagnant », *Le temps de la Chine en Afrique*, 2012, P.P. 175-190.

260 Ibid.

261 AFP, « La Chine fait crédit au Zimbabwe », www.lapresse.ca, consulté le 23 Janvier 2020.

d'assaut, de mortiers, de grenades, etc.[262]. c'est du moins ce qui explique cette réflexion de Philippe Bernard, « *alors que les occidentaux ont pris en 2002 des sanctions contre le régime MUGABE incluant un embargo sur les armes, la Chine n'a cessé de lui apporter son soutien, usant de son droit de véto au Conseil de sécurité de l'ONU pour empêcher un débat sur le Zimbabwe* »[263].

Seulement, ce soutien multiforme apporté par la Chine au régime Mugabe n'a pas pu empêcher la chute « programmée ? » de ce dernier. Après trente-sept ans de règne et moult manœuvres contre-révolutionnaires, le régime Mugabe s'est en effet effondré le 21 novembre 2017[264]. Pourtant, les nouvelles autorités zimbabwéennes ont poursuivi cette relation inique et asymétrique avec la Chine. À la suite de l'ex-président Robert Mugabe, le Président Emmerson Mnangagwa, entretient, depuis son arrivée au pouvoir, une relation étroite avec le patronat et les responsables politiques chinois. L'intensification de la coopération « gagnant-gagnant » entre la Chine et le Zimbabwe dans les domaines des infrastructures, de l'agriculture et des mines[265] est une des nombreuses illustrations de liens étroits entre ces deux pays. Bien plus, la dernière visite du ministre chinois des Affaires étrangères WANG YI, plus précisément, le 12 janvier 2020, constitue une preuve supplémentaire de l'importance du Zimbabwe dans la nouvelle politique africaine de la Chine.

Au demeurant, les responsables politiques africains devraient davantage se préoccuper de garantir leur légitimité auprès des populations et arrêter de combler leur insuffisante légitimité par la recherche effrénée du soutien des grandes puissances qui, à la mesure de la défense de leurs intérêts, leur garantissent une « assurance vie politique » précaire. C'est du moins le constat qui peut être dressé du soutien controversé

---

[262] Philippe Bernard, « un cargo chinois livre des armes au régime Mugabe », www.lemonde.fr, 18 Avril 2008, consulté le 23 Janvier 2020.

[263] Ibid.

[264] « Zimbabwe : les deux semaines qui ont fait tomber Robert Mugabe », www.lemonde.fr, consulté le 19 Juin 2020.

[265] AFP, « La Chine veut renforcer sa coopération avec le Zimbabwe », www.la-croix.com, 12/01/2020, consulté le 23 Janvier 2020.

apporté par la Chine aux dirigeants africains. À cet effet, les régimes Gbagbo (octobre 2010), Mugabe (novembre 2017) et Béchir (avril 2019) qui bénéficiaient pourtant d'un important soutien de la Chine ont connu une fin tonitruante. Adosser son insuffisance légitimité au soutien des partenaires extérieurs s'avère être une aventure politique et stratégique aux conséquences incertaines.

Section 2 : Les théâtres d'Afrique de l'Ouest

La contrainte des libertés civiques et politiques, l'institutionnalisation des fraudes électorales, la volonté de contrôler l'Opposition[266] et la désignation d'un « ennemi intérieur »[267] constituent les caractéristiques principales de la montée de l'autoritarisme en Afrique de l'Ouest. Qu'elles soient issues des pays francophones, anglophones ou lusophones, les entreprises de conservation du pouvoir politique sont l'expression d'une dynamique politique et stratégique initiée par les responsables politiques locaux avides de pouvoir, soutenus par les grandes puissances, déterminées à accroitre leur influence et/ou à conserver leurs acquis. Aussi, le soutien des partenaires extérieurs aux régimes nigérien (A), guinéen (B), bissau-guinéen (C), togolais (D) constitue-t-il des illustrations de la dynamique des forces anti-démocratiques en Afrique de l'Ouest.

---

[266] DAOUDA DIA, « Les dynamiques de démocratisation en Afrique noire francophone », Université Jean Moulin Lyon 3, thèse de doctorat en Science Politique, mai 2010, 429P.

[267] Peu importe l'étiquette qu'on lui assigne, l'ennemi de l'intérieur » sert davantage à légitimer le propos de celui qui l'invoque qu'à se prémunir d'un potentiel danger. RIGOUSTE (M), *L'ennemi intérieur : la généalogie coloniale et militaire de l'ordre sécuritaire dans la France contemporaine*, Paris, La Découverte, 2009, 348P.

A- Le Niger

Au lendemain de l'indépendance, le Niger a connu une histoire politique mouvementée, rythmée par une succession de coups d'État, que seule l'institutionnalisation de la démocratie dans les années 1990 essayera, avec des fortunes diverses, de conjurer. La tentative d'institutionnalisation de la démocratie dans le jeu politique nigérien visait à le pacifier, dans un pays où les coups d'État constituaient le mode par excellence d'accession au pouvoir. Après l'échec des manœuvres anti-démocratiques visant à garantir le *statu quo*, à refouler les nombreuses manifestations en faveur de l'arrimage du pays à la démocratie, le président Saïbou, désigné par le CMS (Conseil Militaire Suprême), finit par accepter le principe du multipartisme en novembre 1990 et, en avril 1991, l'Assemblée nationale a procédé à une révision constitutionnelle afin de briser le monopole du parti unique sur la vie politique du pays[268]. Les autorités nigériennes auront toutefois du mal à exorciser la violence, à contenir les militaires dans les casernes[269]. Après plusieurs décennies d'instabilité politique, l'élection du président Mahamadou Issoufou en 2011 viendra enrayer (momentanément ?) cette spirale de violence. Cependant, l'arrivée au pouvoir de Mahamadou Issoufou n'est, jusque-là, pas synonyme de la « sportisation »[270] ou de maitrise de la violence dans le jeu politique nigérien. Réélu en 2016, à l'issue d'un scrutin chaotique, dont le véritable enjeu était le taux de participation, le Président Issoufou a érigé les violences politiques en mode de gouvernement. Le repli du pouvoir, la

---

[268]MAMOUDOU GAZIBO, « La vertu des procédures démocratiques. Élections et mutation des comportements politiques au Niger », *Politique africaine*, 2003/4 (N° 92), PP. 145 à 156.

[269] Le retour du multipartisme et de la démocratie n'ont pas conduit à la forclusion de la violence politique au Niger. C'est du moins la lecture qui peut être faite des coups d'État à répétition que connait ce pays depuis le début des années 1990. Il s'agit, entre autres, de celui du général BARÉ en 1996, celui du commandant WANKE en 1999, celui du commandant SALOU DJIBO en 2010.

[270] ELIAS (N) et DUNNING (E), *Sport et civilisation : la violence maitrisée*, Paris, Fayard, 1994, 396P.

détérioration du climat politique et le clientélisme qui caractérisent le système politique nigérien ont contribué à altérer les relations entre le pouvoir et la population. Les préoccupations de la majorité des Nigériens sont sans doute davantage tournées vers les moyens de leur existence quotidienne que vers les turbulences de la vie politique. Pour autant, ce climat politique pourrait amener certaines populations à se détourner encore plus de la classe politique actuelle, dans un pays où la mal-gouvernance généralisée crée un fort sentiment d'injustice[271]. En dépit de ses prises de position opportunistes, « *Le Niger veut des institutions démocratiques fortes (...) capables de garantir la liberté au citoyen, capables de promouvoir l'État de droit et la justice* »[272], le Président Issoufou a initié un important raidissement de son régime.

Contrairement à son « discours de Ouagadougou »[273] de novembre 2017 dans lequel le Président français Emmanuel Macron opérait une sorte de « révolution copernicienne » des relations franco-africaines, les insubmersibles intérêts économiques de la France semblent avoir eu raison de la volonté d'inversion ou de rupture du « patron de l'Élysée ». Seuls les intérêts économiques de Paris expliquent ce revirement du Président Macron qui, contrairement à ses discours sur la rupture[274] des relations franco-africaines, apporte

---

[271] MAMOUDOU GAZIBO, « La vertu des procédures démocratiques. Élections et mutation des comportements politiques au Niger », Op.Cit.

[272] «Niger : la consolidation de la démocratie, priorité selon les présidents Issoufou et Macron », 24 Décembre 2017, www.jeuneafrique.com, consulté le 09 Juillet 2020.

[273] « Il n'y a plus de politique africaine ».Cette formule volontairement provocante prononcée par Emmanuel Macron le 29 novembre 2017 devant des étudiants de l'université de Ouagadougou, lors de sa première tournée en Afrique, entendait exprimer, dans les intentions sinon dans les faits, une rupture radicale non seulement avec la « francafrique », déjà dénoncée solennellement à Dakar en 2012 par François Hollande, mais aussi avec le type de relations que ce dernier avait nouées avec l'Afrique, clairement assumées dans une logique de « dépendance réciproque » post-coloniale. Voir, GAULME (F), « Emmanuel Macron et l'Afrique. La vision de l'héritage », *Etudes de l'Ifri*, Ifri, janvier 2019.

[274] LASSERRE (I), « Discours de Macron : une promesse de rupture avec la francafrique », 28 novembre 2017, www.lefigaro.fr, consulté le 09 Juin 2020.

un important soutien au « Bonaparte nigérien »[275]. Qualifié par le Président Macron « *d'exemple pour la démocratie* »[276], le régime Issoufou fait du soutien de Paris un « véritable bouclier » qui lui permet de contenir les revendications démocratiques d'une population nigérienne avide de démocratie. À la suite de ses prédécesseurs qui ont fait du Niger un « partenaire privilégié »[277], le Président Macron ne peut se permettre, au-delà de ses prises de position discursives, de s'aliéner un tel partenaire stratégique.

Quatrième producteur mondial d'uranium, minerai hautement stratégique pour l'industrie nucléaire, le Niger constitue un partenaire privilégié pour la France. En effet, « *Areva avait su tirer profit de l'accord signé entre la Franc et le Niger lors de l'indépendance : Niamey concédait le monopole de l'exploitation des mines d'uranium à Areva en échange d'une protection militaire française* »[278]. L'uranium nigérien qui représente près de 40% de l'approvisionnement mondial[279] de la firme française Areva. Davantage, avec une électricité qui provient à 75% de son parc nucléaire[280], l'uranium nigérien constitue une priorité stratégique pour les autorités françaises. Dans cette lancée, en 2010, les deux filiales (la Somaïr et la Cominak) de la firme Areva avaient extrait un total de 114 346 tonnes d'uranium au Niger[281]. En 2014, la production nigérienne s'élevait à 2331 tonnes d'uranium, ce qui traduit l'intérêt de Paris pour ce pays.

---

[275]ISSOUFOU YAHAYA, «Démocratie nigérienne, l'œuf carré du Président Macron », 03 juin 2018, www.mondafrique.fr, consulté le 09 Juin 2020.

[276] « Recul démocratique au Niger : la France fermera-t-elle les yeux ? », 31 mai 2018, www.liberation.fr, consulté le 09 Juillet 2020.

[277]CLOU (A), « Areva au Niger, entre intérêts géopolitiques et géoéconomiques français », 5 avril 2016, www.les-yeux-du-monde.fr, consulté le 09 Juillet 2020.

[278] Ibid.

[279] SIMPERE (A-S), « Areva au Niger : à qui profite l'uranium ? », 19 Décembre 2013, www.oxfam.org, consulté le 09 Juillet 2020.

[280] CLOU (A), « Areva au Niger, entre intérêts géopolitiques et géoéconomiques français », Ibid.

[281] Ibid.

B- La Guinée Conakry

Les relations diplomatiques entre la France et la Guinée Conakry ont été durablement marquées par le « Non » des Guinéens au projet de communauté suggéré par le général De Gaulle, en 1958. Considéré comme un affront, le refus de la Guinée de Sékou Touré a entrainé les deux pays dans une relation de méfiance et de défiance réciproques dont nombre de séquelles sont encore perceptibles, soixante ans plus tard. Le principal résultat de la crispation diplomatique entre Paris et Conakry a été, sans doute, le renforcement de l'axe Moscou-Conakry entre 1958 et 1983. L'URSS hier, comme la Russie aujourd'hui, fait en effet office d'allié de revers à la Guinée. Il s'agit de donner à l'affrontement diplomatique entre la France et la Guinée une dimension géopolitique certaine. L'importance de la Guinée, en tant que pivot géopolitique, tient à sa capacité à cristalliser les ambitions de puissances déterminées à conserver, ou à créer une zone d'influence en Afrique de l'Ouest. La volonté d'émancipation de la Guinée, face à l'ancienne puissance coloniale, impacte pourtant, marginalement, le « complot » contre la démocratie qui structure la communauté d'intérêts qui réunit les régimes politiques guinéens et français successifs.

Il est intéressant de revenir sur les enjeux de la réconciliation entre la France et la Guinée. La rupture diplomatique entre Paris et Conakry a provoqué une redistribution des cartes dans la géopolitique sous-régionale. La sortie de la Guinée du giron français ouvrait une brèche dans le dispositif stratégique de la France en Afrique de l'Ouest. Il brisait le continuum politique et géographique qui s'étend du Sénégal à la Côte d'Ivoire, tout en créant une zone grise dans la communauté franco-africaine alors en construction. En plus, le renforcement de la présence de l'ex-URSS en Guinée faisait planer une menace sur la stabilité de la communauté. Pour la Guinée, il est généralement évoqué que Sékou Touré considérait l'isolement de son pays comme une situation intenable sur le long terme[282]. S'il posait la question de l'égalité comme préalable à la normalisation des relations entre la Guinée et l'ex-puissance colonisatrice, Sékou Touré restait convaincu de la nécessité de ne point rompre totalement les rapports entre son pays et la France[283]. C'est ce qui expliqua les tractations diplomatiques officielles pour le rétablissement des liens officiels entre les deux pays dès le début des années 1970. La mobilisation d'acteurs politiques et institutionnels de premier plan, dans le processus de réconciliation, témoigne de la force des enjeux politiques et géopolitiques.

Pour Marie-Claude Smouts, l'objectif de réconciliation franco-guinéenne était l'ancrage de la Guinée dans l'ensemble ouest-africain francophone[284]. Il ne s'agit pas seulement d'une intégration politique et économique, mais bien de l'assimilation de la Guinée dans le projet de puissance de la France en Afrique de l'Ouest. Plus clairement, le retour de la Guinée dans la communauté franco-africaine permet à la France de disposer d'une zone d'influence plus importante et d'avoir, par le fait même, un meilleur contrôle sur les réserves et les flux de matières premières dans la région. L'intérêt de la France de reconquérir la Guinée l'oblige à « tolérer », mieux à participer, à la stabilisation des régimes politiques guinéens successifs, caractérisés par une gestion autocratique du pouvoir. Il ne fait donc point de doute que le pouvoir guinéen a toujours bénéficié du soutien « par défaut » des chancelleries occidentales, dont la France[285].

---

282 LEWIN (A), « Jacques FOCCART et Ahmed Sékou TOURE », *Cahiers de recherches historiques*, 30/2002, www.journals.openedition.org, consulté le 9 Juillet 2020.

283 DIALLO (A), « Sékou TOURE et l'indépendance guinéenne : déconstruction d'un mythe et retour sur l'histoire », *Outre-Mers*, 2008, P.P.267-288.

284 SMOUTS (M-C), « La normalisation des rapports franco-guinéens : analyse d'une médiation », *Revue française de science politique*, 31e année ; n°3, 1981, pp.563-580.

285 CHAMBERS (P), « Guinée : le prix d'une stabilité à court terme », *Politique Africaine*, vol.2, n°94, 2004, pp.128-148.

La France considère que la préservation de ses intérêts en Guinée passe par le confinement de la démocratie et des libertés. C'est que, le contexte politique guinéen, marqué par un renforcement de l'autoritarisme, semble constituer un facteur du renforcement de la présence économique de la France. Des entreprises telles que Bolloré, Air France, Orange, Société Générale, BNP Paribas, Total et Castel y disposent d'une place confortable, depuis plusieurs années. Véolia renforce, pour sa part, sa présence dans le pays, avec en ligne de mire la gestion d'activités d'assainissement, de distribution d'eau et de gestion des déchets. Quelques compagnies minières françaises, à l'instar de l'Alliance minière responsable (AMR), disposent d'un permis d'exploitation dans le secteur minier. Cela se vérifie dans les principales exportations de la Guinée vers la France dans la mesure où celles-ci ont été constituées, en 2017, de métaux précieux (43%) et de minéraux métalliques (45%). Le soutien de la France à la Guinée s'explique également par le symbole de stabilité que représente la Guinée en Afrique de l'Ouest. Elle a été, pendant longtemps, un des rares pays stables aux côtés du Libéria, de la Sierra Leone, de la Guinée Bissau et de la Côte d'Ivoire en proie à une instabilité politique chronique. Le régime de Lassana Conté, notoirement autoritaire, représentait alors l'assurance de la préservation des intérêts occidentaux en Afrique de l'Ouest ; mais aussi l'espace de projection des puissances engagées dans la quête pour le leadership géopolitique en Afrique de l'Ouest.

L'équation géopolitique à la base du soutien de la France à la Guinée était simple : comment sacrifier la démocratie sur l'autel de la normalisation des relations avec un des régimes les plus fermés d'Afrique. La France est bien consciente qu'à la période ouvertement autoritaire du régime de Sékou Touré, a succédé une « démocratie virtuelle »[286]. Si les libertés fondamentales, le pluralisme politique et la presse privée sont autorisés, ils restent très contraints. Le processus de démocratisation engagé en 1992 a connu un coup d'arrêt brutal avec la tentative de coup d'État de 1996. Conscient du rôle clé

---

[286] FIDH, « Guinée, une démocratie virtuelle, un avenir incertain », *Rapport Mission international d'enquête*, n°386, avril 2004, 25 p.

de la Guinée dans la stabilité de l'Afrique de l'Ouest, et ayant suffisamment verrouillé le champ politique, Lassana Conté s'est acheté un ticket pour la présidence à vie à travers la modification de la Constitution, en 2001. Il a ainsi pu se présenter aux élections présidentielles de 2003 et les remporter avec plus de 90% des voix. La reconnaissance du résultat desdites élections par la France relève de calculs stratégiques en rapport avec sa volonté de préserver des relations cordiales avec le gouvernement guinéen desquelles dépend la stabilité de ses intérêts dans le pays.

Le régime de Lansana Conté s'est spécialisé dans la répression des libertés publiques et politiques. L'utilisation de la terreur comme arme politique est une des particularités du régime qu'il a dirigé d'avril 1984 à décembre 2008. C'est ainsi qu'à l'occasion des élections législatives de 2002, son régime a exercé une pression considérable sur les populations en menaçant de fermer écoles et centres de santé dans certaines localités, en cas de vote majoritaire de l'Opposition[287]. Des fonctionnaires ont également été menacés de licenciement à la même occasion. Par ailleurs, le régime de Conté a enrôlé des Imans lors des élections de 2002, afin qu'ils fassent campagne en faveur du parti au pouvoir. Dans un pays à majorité musulman, il comptait utiliser la ferveur religieuse pour influencer le vote de la population.

Le pouvoir de Lansana Conté n'a jamais toléré l'Opposition, voire toute forme d'exercice des libertés politiques, de conscience et d'expression. Plusieurs Opposants ont été arrêtés à partir de 1998 pour trouble à l'ordre public et organisation d'une manifestation non autorisée. L'arrestation d'Alpha Condé en 1998, alors principal leader de l'Opposition, a entrainé des manifestations au cours desquelles plus de 500 personnes ont été arrêtées. Les syndicats étudiants subissent une interdiction de fait, dans la mesure où leurs manifestations sont systématiquement réprimées par l'armée. Cette volonté de brimer toute forme de contestation politique n'a pas empêché la France à renforcer ses relations économiques avec la Guinée,

---

[287] *Idem*, p.12.

considérée comme un allié de poids dans la région. L'arrivée d'Alpha Condé au pouvoir en 2010 n'a pas « aseptisé » la gestion du pouvoir des germes de l'autoritarisme. La situation des droits de l'homme s'est considérablement dégradée dans le pays[288], surtout à l'approche des consultations électorales[289]. L'organisation d'un référendum visant à lui assurer d'être candidat à la prochaine élection présidentielle, pour un troisième mandat, est la preuve du tournant autoritaire et absolutiste pris par le régime de Condé.

C- La Guinée Bissau

La Guinée Bissau est l'un des pays africains ayant obtenu son indépendance à l'issue d'une guerre de libération qui a duré de 1963 à 1974. Le Parti Africain pour l'Indépendance de la Guinée et du Cap-Vert (PAIGC), au cœur de la guerre de libération, représente la première force politique d'un pays qui se réclame du socialisme. Cela explique les relations que la Guinée Bissau entretient avec l'Angola qui est un de ses partenaires de premier rang, surtout sur le plan technico-militaire. La Guinée bénéficie également d'une relation diplomatique privilégiée avec la Russie, dont les origines récentes remontent à l'époque de l'ex-URSS. Si la coopération militaire constitue un des domaines privilégiés des relations entre la Russie et la Guinée-Bissau, le secret qui l'entoure rend difficile une évaluation précise et exhaustive de celle-ci. C'est également le cas de la coopération économique dont la discrétion ne nie point l'existence. L'action des autorités politiques, et militaires bissau-guinéennes contre la démocratie

[288] ACAT, « Guinée : violations des droits de l'homme en région. Prévalence de l'impunité et désarroi des victimes et de leurs familles », janvier 2017, 60 p.

[289] Amnesty International, « Guinée. Les voyants au rouge à l'approche de l'élection présidentielle de 2020 », *Communication présentée par Amnesty International pour l'examen périodique universel de l'ONU, 35e session du Groupe de travail de l'EPU*, janvier 2020, 28 p.

nourrit le projet d'expansion de la Russie dans une Afrique de l'Ouest convoitée par la France, les États-Unis et la Chine.

Une des premières choses qui marque l'esprit de l'observateur c'est l'histoire politique agitée de la Guinée Bissau. Le pays a la triste réputation d'une instabilité politique chronique. Depuis son indépendance, il a connu plusieurs épisodes de gestion autoritaire de l'État qui se sont, inexorablement, conclus par un coup d'État militaire. Or les choses semblaient bien s'annoncer avec l'avènement du multipartisme dès 1991. L'ouverture de la compétition politique succédait à une période de gouvernance absolue et autoritaire sous l'égide de Joao Bernardo Vieira. Celui-ci sera finalement renversé par un coup d'État en 1999. Le processus démocratique sera relancé en 2000 avec l'élection de Kumba Yala à la tête de la Guinée Bissau. Il connaitra pourtant un nouveau coup d'arrêt brutal la même année, avec un nouveau coup d'État, puis un autre en 2003. La violence politique atteindra un palier supplémentaire avec l'assassinat de 13 candidats à la présidentielle de juin 2009. Si ces exécutions peuvent être associées au contexte politique et sécuritaire tumultueux en Guinée Bissau, elles constituent de véritables menaces à la gestion démocratique du pouvoir. Comme les fois précédentes, le processus démocratique, qui succéda à la crise politique amorcée en 2009, fut de nouveau stoppé par un coup d'État en 2012.

La Guinée Bissau est le prototype de « l'État failli »[290] en Afrique. Soumise à un incessant tangage, provoqué par les

[290] La notion d'Etat failli (ou d'Etat défaillant) peut correspondre à deux réalités : soit une situation de faillite financière dans laquelle un Etat n'est plus en mesure de régler les intérêts de sa dette ; soit un État défaillant au sens où il ne parvient plus à assurer ses fonctions régaliennes. François Gaulme considère que les nombreuses déficiences particulières de l'Etat failli entrainent des risques de déstabilisation générale à partir de zones mal contrôlées. Voir GAULME (F), « "États faillis", "États fragiles" : concepts jumelés d'une nouvelle réflexion mondiale », *Politique Etrangère*, 2011/1 (Printemps), pp.17-29 ; « Qu'est-ce qu'un État failli ? », article publié sur www.vie-publique.fr le 2 juillet 2020.

remous d'un espace public travaillé par les logiques de puissance liées au contrôle des positions de pouvoir, la Guinée Bissau prend de l'eau. Il y semble impossible de créer les conditions d'un système politique stable, respectueux de l'équilibre entre les pouvoirs et propice à la participation du peuple à la gestion des affaires publiques. L'instabilité politique de la Guinée Bissau est marquée par une instabilité institutionnelle qui se prolonge au-delà de l'espérance de vie des régimes militaires. Le Président José Mario Vaz a nommé et limogé huit Premiers ministres de 2014, année de sa prise de fonction à 2019. Le réaménagement du gouvernement qu'il a effectué le 31 octobre 2019 a abouti à un « bicéphalisme gouvernemental ». Cette instabilité est loin d'être le résultat d'une vie démocratique dynamique, mais bien la preuve d'une « tectonique des plaques » sociopolitiques, économiques et sécuritaires, qui composent l'espace politique guinéen ; tout en lui assurant un hypothétique équilibre. L'imbroglio institutionnel provoqué par la contestation des résultats de l'élection du 29 décembre 2019, qui donne Umaro Sissoco Embalo vainqueur (53,55% des voix contre 46,45% pour Domingos Simoes Pereira) en est une illustration supplémentaire.

L'instabilité politique, due à la crise de la démocratisation de l'espace public bissau-guinéen, est un facteur propice au développement de la criminalité organisée. La Guinée Bissau est considérée comme un des principaux hubs ouest-africains sur les routes du trafic de la cocaïne en provenance d'Amérique Latine[291]. Considérée comme le « premier "narco-État" africain », un « État mafieux »[292], elle est considérée comme un espace stratégique par les trafiquants de drogue et leurs partenaires locaux. Ses côtes marécageuses, au large desquelles se trouvent des dizaines d'îles que compte l'archipel de Bijagos, constituent

---

[291] OLAKOUNLE YABI (G), «Le Rôle de la CEDEAO dans la Gestion des Crises Politiques et des Conflits. Cas de la Guinée et de la Guinée Bissau », Friedrich Ebert Stiftung, Septembre 2010, 59 p.

[292] Selon Moisés Naím, auteur de « Mafia States, Organized Crime Takes Office », publié dans *Foreign Affairs* (mai-juin 2012), la Guinée-Bissau est un des 6 « État mafieux » de la planète, le seul sur le continent africain.

un environnement propice au développement d'une intense activité criminelle. Les chiffres du trafic de cocaïne sont particulièrement importants. En 2005, 563 kg de cocaïne ont été saisis dans un container en route vers le Portugal[293]. En février 2006, plus de 5 tonnes de cocaïne ont été retrouvées, par la marine espagnole, dans deux bateaux de pêche au large de la Guinée Bissau. Les autorités locales ont également été au premier plan de la lutte contre les trafiquants. C'est ainsi qu'en septembre 2006, elles ont saisi près de 700 kg de cocaïne et arrêté deux trafiquants originaires d'Amérique latine. Or, ceux-ci ont été rapidement libérés ; tandis que la drogue confisquée disparaissait[294].

Outre le haut degré de violence politique institué en mode de dévolution et d'exercice du pouvoir, la corruption endémique constitue une des principales explications du renforcement des routes de la cocaïne par la Guinée Bissau. Selon Transparency International, la Guinée Bissau avait, en 2018, l'un des secteurs publics les plus corrompus au monde[295]. La corruption concerne les responsables politiques tout comme les hauts dignitaires de l'armée. Dans un rapport daté du 28 septembre 2007, l'ONU reprochait à des responsables du gouvernement et de l'armée d'être « en compétition pour le droit de fournir de la sécurité aux trafiquants de drogue »[296]. Une des illustrations majeures de cette concurrence, réelle ou supposée, c'est l'Opposition publique entre le chef d'état-major de l'armée, le général Batista Tagme na Wai et le chef de la marine, le contre-amiral José Américo Bubo Na Tchuto, qui s'accusaient mutuellement

---

[293]The Transatlantic Cocaine Market, UNODC, avril 2011, p. 34, http://www.unodc.org/documents/data-and-analysis/Studies/Transatlantic_cocaine_market.pdf, consulté le 18 Avril 2020. ss

[294] BERGHEZAN (G), « Panorama du trafic de cocaïne en Afrique de l'Ouest », Les Rapports du GRIP, 2012/6, p.18.

[295] VAURILLON (J), « Comment la Guinée-Bissau est devenue une plaque tournante de la cocaïne », publié le 23 décembre 2019, sur www.slate.fr. Consulté le 2 août 2020.

[296] « Guinea-Bissau: UN report implicates government in drug trafficking », IRIN, 4/10/07, http://www.irinnews.org/Report. aspx?ReportId=74649.

de s'adonner au trafic de drogue[297]. Le contrôle de l'espace public constituant une garantie de puissance et de maitrise des flux de cocaïne, inspire un discours violent qui s'accompagne, malheureusement, d'une montée de la violence physique. L'assassinat de Tagme na Wai, le 1er mars 2009, suivi de celui du président Joao Bernardo Vieira un jour plus tard, sont à mettre à l'actif d'une guerre des gangs de narcotrafiquants.

L'échec du processus de démocratisation en Guinée Bissau constitue une opportunité pour l'offensive d'acteurs divers, déterminés à lui faire jouer le rôle de pivot géopolitique. D'abord les trafiquants de drogue, qui profitent de la faillite de l'État pour se constituer une « zone tampon » à la frontière entre criminalité organisée et normalité politique. La complicité de nombre de dignitaires politiques favorise le renforcement des routes de la cocaïne. En 2007, la DEA estimait que, chaque nuit, entre 800 et 1000 kg de cocaïne arrivaient dans le pays par la voie aérienne. Des informations révélaient, par ailleurs, que des installations aériennes et portuaires, et même des îles, étaient louées aux narcotrafiquants[298]. Le statut de « hub » du trafic de la cocaïne, reconnu à la Guinée Bissau en Afrique de l'Ouest, lui fait jouer un rôle clé dans l'approvisionnement des principaux marchés. Ainsi, un haut fonctionnaire de l'ONU estimait qu'au moins 30 tonnes de cocaïne entrent et sortent chaque année dans le pays, soit le cinquième de la consommation annuelle de cette drogue aux États-Unis[299].

La « panne du processus de démocratisation » en Guinée Bissau, marquée par une instabilité politique chronique, est une opportunité pour l'action discrète de la Russie. Consciente de l'incapacité d'institutions assez faibles pour exercer un contrôle sur son action, la Russie voit dans le contexte politique bissau-guinéen une chance pour son offensive géopolitique. La discrète présence de la Russie en Guinée Bissau a également un

[297] *Idem.*
[298] « Guinea Bissau: Africa's first narcostate », African Studies Center, octobre 2007,http://www.africa.upenn.edu/Articles_Gen/guinbisauhorta.html, consulté le 14 Juin 2020.
[299] Berghezan (G), *Op. cit.*

avantage majeur : elle lui permet d'être difficilement associée à la gestion tumultueuse du pouvoir politique dans le pays.

La Russie est un partenaire privilégié de la Guinée Bissau avec laquelle elle a signé un accord de coopération militaire en 2019. Cet accord prévoit l'envoi de conseillers militaires russes dans le pays afin de former l'armée guinéenne. La coopération militaire entre la Russie et la Guinée Bissau est pourtant très ancienne. Des combattants du PAIGC ont été formés, durant la guerre de libération au centre de formation de Perenalvoe, en Crimée[300]. Amilcar Cabral, le leader du PAIGC pendant la guerre de libération, y aurait d'ailleurs été reçu. V. G Solodovnikov, directeur de l'Institut d'Afrique a reconnu, au cours d'une interview à *Pravda* que spécialistes militaires et membres de mouvements de libération étaient formés en URSS. Le pays fournissait aux combattants africains de la liberté, des armes, des moyens de transport et de transmission « indispensables pour une lutte victorieuse »[301]. On peut donc affirmer que la contribution de la Russie a été déterminante dans la quête d'autonomie de la Guinée Bissau.

La présence militaire de la Russie en Guinée Bissau sait également se faire discrète. La firme Wagner, dirigée par Evgueni Prigojine[302], s'est installée en Guinée Bissau. Elle y propose, comme à son habitude, ses services en matière de sécurité, contre des concessions pétrolières et minières[303]. Cette

---

[300] KRYLOVA (N), « Le centre Perevalnoe et la formation de militaires en Union soviétique », *Cahiers d'études africaines*, n°226, 2017, pp. 399-416.
[301] *Idem.*
[302] Evgueni Prigojine est le principal financier de la firme paramilitaire Wagner créée en 2014. Elle est généralement présentée comme une société privée, de mercenaires, au service de la Russie et engagés sur des théâtres extérieurs. Proche de Vladimir Poutine, Evgueni Prigojine est souvent accusé d'être « l'homme à tout faire qui remplit quelques tâches parfois peu avouables. ». Selon Tatiana Kastouéva-Jean, il dirigerait également une fabrique de trolls sur internet qui participe à la guerre de l'information et à la propagande du pouvoir. OHAYON (M), « Vladimir Poutine prépare plusieurs options pour se maintenir au pouvoir », article publié le 22 février 2020 sur www.rts.ch.
[303] DEDET (J), « Russie-Afrique : la stratégie de Vladimir Poutine pour reconquérir le continent », *Jeune Afrique*, publié le 12 aout 2019.

stratégie de « moindre coût » utilisée par la Russie est également mise en œuvre en République centrafricaine[304]. Elle permet de ne pas engager la responsabilité directe du gouvernement russe, dans des activités hautement stratégiques, tout en lui garantissant une présence effective sur le terrain. La « contiguïté opérationnelle » ainsi créée, entre coopération militaire et activités économiques, reste cohérente avec la stratégie russe qui consiste à gagner plus avec peu de moyens. La Russie arrive ainsi à avancer ses pions sur l'échiquier géopolitique africain tout en restant discrète. Cela permet de considérer que les chiffres de la présence économique russe en Afrique sont forcément sous-évalués ; la conjonction entre projets de défense et intérêts économiques renforçant l'inaccessibilité de certaines données. La discrétion de la Russie lui permet de réaliser son objectif de maitrise de l'espace avec, en prime, une gestion « collatérale » des risques.

D- Le Togo

Le Togo est le prototype de « l'État brutal » dans une Afrique de l'Ouest considérée, par la France, comme une zone d'influence naturelle. La volonté de cette dernière de l'intégrer dans le grand ensemble ouest-africain a grandement influencé le destin d'un pays pourtant plein d'espoir. Il est impossible en effet de séparer la stratégie de renforcement du « précarré » français en Afrique de l'Ouest et l'échec de la démocratisation du Togo. L'obsession d'un « empire éternel » a eu raison de la construction d'une République qui avait pourtant l'avantage de se situer dans l'entre-deux institutionnel pendant la période coloniale. Le Togo a été en effet avec le Cameroun, un pays sous mandat de la SDN, puis sous la tutelle des Nations Unies. Ce statut le distinguait des colonies qui, contrairement, aux territoires à statut spécial, ne bénéficiaient pas du droit de

[304] NOAH NOAH (F), « La Russie dans le "Grand jeu" en Afrique centrale : entre continuités et ruptures stratégiques », *Dialectique des Intelligences*, n°6, Second semestre 2019, pp.27-59.

regard de la communauté internationale. La notion de tutelle présupposait une gestion différente avec pour finalité de favoriser le progrès politique, économique et social des territoires, ainsi que leur évolution vers la capacité à s'administrer eux-mêmes ou vers l'indépendance[305]. Les territoires sous tutelle n'étaient pas des colonies tout en n'étant pas pleinement libres. L'article 77 de la Charte des Nations Unies précisait qu'ils étaient sous la responsabilité de la Société des Nations, bien que placée sous l'administration de quelque puissance.

La France a pourtant toujours voulu intégrer les territoires sous son administration dans les ensembles coloniaux sous régionaux[306]. Si cette attitude peut s'expliquer par un souci de cohérence administrative, elle reste une des principales illustrations des violations continuelles des principes de la tutelle. C'est ce qui explique sans doute, les nombreux désaccords entre les Nations Unies et la France sur le sens et la trajectoire à donner au projet d'autonomie du Togo dès 1956[307]. Il n'a pas échappé aux responsables onusiens que le projet d'autonomisation du Togo, mené de manière plutôt hâtive et peu méthodique par la France, était une réponse aux « velléités annexionnistes » du Ghana de Nkrumah. La France pensait ainsi qu'en miroitant une liberté illusoire aux Togolais, elle parviendrait à les guérir du « syndrome de l'ailleurs » qui avait provoqué la scission et le rattachement du Togo anglophone au Ghana[308]. Il ne fait donc point de doute, comme l'affirme Guia Migani, que « L'évolution du Togo sous mandat français est influencée par le sort du Togo anglais »[309].

---

305 Voir « Les Nations Unies et la décolonisation », disponible sur www.un.org. Consulté le 26 mars 2020.

306 Il s'agit de l'Afrique Occidentale Française (AOF) pour le Togo et de l'Afrique Equatoriale Française (AEF) pour le Cameroun.

307 GUIA MIGANI, « La CEE ou la France, l'impossible choix de Sylvanus Olympio président du Togo », *Matériaux pour l'histoire de notre temps*, n°77, 2005, p.26.

308 Ibid, p.25.

309 *Idem.*

L'obsession de la France de maintenir le Togo dans son giron relève, à n'en point douter, d'un syndrome de Fachoda[310], difficilement curable. Pour la France, il était hors de question de faire la moindre concession au Togo ; sa pleine autonomie pouvant le faire basculer du côté de l'Angleterre. L'anglophilie et les ambitions politiques et économiques de Sylvanus Olympio, clairement hétérodoxes dans l'empire colonial français, renforçaient la méfiance de la France quant à une émancipation, même partielle, du Togo. Le leader du Togo, de 1958 à 1963, avait une certaine idée du développement économique qui passait mal dans un contexte influencé par le projet de la communauté franco-africaine. Pour Sylvanus Olympio, l'indépendance rimait avec autonomie politique véritable, liberté commerciale et financière affirmée et coopération économique décomplexée. C'est ce qui explique sa réticence vis-à-vis d'une intégration du Togo à la zone franche sans condition préalable. Il souhaitait ainsi intégrer la zone franche à condition de pouvoir négocier et conclure des accords commerciaux avec des pays étrangers en dehors du regard inquisiteur de la France[311]. Cette défiance au projet d'assujettissement économique et financier de l'Afrique francophone par la France s'accompagnait du refus de participer à la construction du groupe des États africains francophones, au profit de la construction d'une organisation continentale africaine. Sylvanus Olympio considérait ainsi que le Togo était un État pleinement africain, intégré dans le système international, et accessoirement francophone.

---

[310] Le syndrome de Fachoda traduit le fait que la France se considère en conflit culturel perpétuel avec les États anglophones, la Grande-Bretagne et les États-Unis en particulier. Il s'inspire de la crise de Fachoda qui eut lieu en 1898 entre les empires Français et Anglais désireux de conforter leurs possessions coloniales. KATE SPOWAGE « Beyond 'Fashoda Syndrome': The Rwandan Civil War and the Politics of La Francophonie », *Africa Language Matters.* Volume 50 (3), 2019, et RUSAMIRA (E), « Géopolitique des Grands Lacs africains et syndrome de Fachoda : le rôle de l'État français dans le génocide rwandais et la déstabilisation politique de la région. », Eurostudia, Vol. 3, n° 2, décembre 2007.

[311] GUIA MIGANI, *Op. cit.*, p.27.

L'analyse de la personnalité et l'action politique de Sylvanus Olympio sont essentielles à la compréhension de la tournure tragique prise par le projet de puissance de la France au Togo. Olympio est un dirigeant atypique dans une Afrique de l'Ouest balancée entre les positions anticolonialistes des États-Unis et de la Russie et le « besoin d'empire » de la France. Contrairement à la plupart des dirigeants francophones, il a fait ses études à la *London School of Economics* et est issu de l'Opposition. Cela lui donne une liberté d'action et de ton que ne possèdent pas les dirigeants africains cooptés par la France. Sylvanus Olympio marque également par sa conception essentiellement libérale de l'économie, qui fait peu de concessions en matière de souveraineté monétaire et commerciale. Il n'hésite pas à négocier librement la signature d'un nouvel accord d'association avec la CEE, contrairement aux usages en Afrique francophone. Malgré cette liberté d'action, et cette volonté d'émancipation réelle, Sylvanus Olympio n'a jamais vraiment rompu les rapports entre le Togo et l'ancienne puissance tutélaire. Il occupait ainsi une position atypique, dans l'entre-deux, entre la francophilie servile d'Houphouët et la francophobie paranoïaque de Sékou Touré.

Cette position médiane, bien que conciliable avec les intérêts de la France en Afrique, n'a pas suffi à rassurer les dirigeants de la métropole. Sylvanus Olympio était trop imprévisible et difficilement maitrisable pour ne pas menacer, à terme, la position de la France en Afrique de l'Ouest. Sa volonté de préserver l'autonomie du Togo, en matière commerciale et financière, fragilisait le projet de communauté monétaire conduit par la France. De même, sa défiance vis-à-vis d'institutions de coopération régionale, pilotées en sous-mains par Paris, constituait un affront pour la France déjà échaudée par le « non » de la Guinée de Sékou Touré. Il est donc possible de considérer que, mieux que les balles, c'est la conscience géopolitique de Sylvanus Olympio qui a provoqué sa mort ce 13 janvier 1963 à Lomé. Les militaires qui l'assassinèrent eurent de la peine à cacher qu'ils n'étaient que les exécutants d'un crime dont l'objectif était de se débarrasser d'un homme politique devenu gênant. Comme il fallait s'y attendre, Nicolas

Grunitzky qui le remplaça à la tête du pays précipita l'entrée du Togo dans l'Union Africaine et Malgache, l'Organisation Africaine et Malgache de Coopération Economique et l'Union Douanière Ouest Africaine ; institutions favorables au paternalisme de la France.

L'histoire politique du Togo indépendant commence donc avec un crime d'une extrême violence qui semble préciser un fait : plus aucun écart ne sera toléré dans le processus de construction de l'empire postcolonial français d'Afrique. S'il est difficile de reconstituer, avec exactitude, la chaine des responsabilités dans l'assassinat de Sylvanus Olympio, force est de reconnaitre que la France en a tiré un bénéfice évident. Elle voyait disparaitre un dirigeant trop révolutionnaire à son goût. La France pouvait ainsi « reprendre la main » dans le jeu politique togolais où l'arrivée de Sylvanus Olympio témoignait de failles dans son système de contrôle des processus politiques sur le continent. La suite des évènements au Togo démontre que la France a privilégié la préservation de ses intérêts à la construction d'une véritable démocratie. Les régimes politiques qui se sont succédé à la tête du pays depuis 1963 marquent par leur pleine adhésion au projet de puissance de la France en Afrique de l'Ouest. Ils bénéficient, en retour, du soutien sans faille des autorités politiques françaises et, par le fait même, d'un blanc-seing en matière de répression des libertés politiques et civiques.

S'il est un fait indéniable, c'est bien que les dirigeants togolais bénéficient d'un soutien inconditionnel de la France. L'arrivée de Gnassingbé Eyadéma au pouvoir, en janvier 1967, a inauguré une période sombre pour la démocratie et les libertés au Togo. Le régime militaire qu'il dirigeait a institué la terreur, la violence, les tortures, les enlèvements et les disparitions forcées comme principaux modes de gouvernement. Il a réussi, grâce à une profonde ethnicisation de l'armée, et au népotisme, à se créer une caste d'obligés à tous les niveaux de la société. Le bilan humain et politique de 38 ans de règne sans partage d'Eyadéma à la tête du Togo est désastreux. Un rapport d'Amnesty International, publié en mai 1999, dénombrait une centaine d'exécutions extrajudiciaires dans le pays, ce que récusaient les autorités politiques locales et leurs alliés français. Un fait demeure pourtant indéniable : durant le règne de Gnassingbé Eyadéma, près du tiers de la population togolaise a été contraint à l'exil.

Le soutien de la France au régime de Gnassingbé Eyadéma et l'inconséquence de l'action de l'Opposition ont constitué les principaux ingrédients de son exceptionnelle longévité au pouvoir. Le régime militaire semblait pourtant profondément entamé par la virulence des manifestations pro-démocratie qui commencèrent dès octobre 1990, soit 4 mois après la Conférence de la Baule. Au terme d'intenses pressions, l'Opposition politique réussit à obtenir les accords du 12 juin 1991, préalables à l'organisation d'une Conférence nationale. Ces accords prévoyaient la mise en place de nouvelles institutions, la désignation d'un gouvernement de transition, dirigé par un Premier ministre issu de la Conférence nationale, la création d'un organe législatif de transition et d'organes de contrôle des futures élections, ainsi que l'élaboration d'un calendrier électoral[312]. Paris avait même procédé à la nomination d'un nouvel ambassadeur, B. Delaye, dont l'objectif semblait être d'opérer une rupture dans les relations franco-togolaises. Delaye était en fait un diplomate de 39 ans, sans aucune expérience de l'Afrique subsaharienne. Il reste que le choix d'un ambassadeur inexpérimenté, au regard des enjeux géopolitiques, trahissait la volonté de la France de maintenir le statu quo comme l'a démontré l'évolution de la situation politique au Togo.

Bien que la France ait joué un rôle clé dans l'organisation de la Conférence nationale, elle n'a pas souhaité voir s'affaiblir le pouvoir d'Eyadéma. Elle lui a même donné un « feu orange » implicite, lui indiquant qu'il bénéficierait du soutien de la France quoiqu'il arrive. C'est ce qui explique que le passage en force opéré par Gnassingbé Eyadéma, après la dénonciation des accords de juin 1991 par l'Opposition, a suscité peu de remous

---

[312] HEILBRUNN (J-R), TOULABOR (C-M), « Une si petite démocratie pour le Togo… », *Politique Africaine*, n°58, 1995, p.90.

au sein de la classe politique française. Les hommes politiques s'étant exprimés sur cette question l'ont fait avec un cynisme qui cachait mal l'intention de la France de préférer la realpolitik à la construction d'une véritable démocratie au Togo. Répondant à la demande du Premier ministre, Koffigoh, d'une intervention militaire de la France pour sauver la transition, le ministre de la Défense Pierre Joxe affirma : « on a rarement vu la démocratie s'installer par la force des baïonnettes »[313]. En utilisant le mot « rarement », le ministre français admettait que si les armes pouvaient être mises à contribution pour régler la crise togolaise, la France ne le ferait pas cette fois. Roland Dumas, alors ministre des Affaires étrangères, ne fit pas mieux en affirmant : « on ne joue pas les dictatures, mais on ne joue pas non plus les corps expéditionnaires. »[314].

Ce qu'il est important de relever c'est l'influence des évènements internationaux sur l'évolution de la situation politique au Togo. La Conférence Nationale au Bénin et le discours de la Baule ont précipité les manifestations en faveur de la démocratie à partir d'octobre 1990. Ils ont constitué de puissants stimuli à l'expression d'un besoin réel de démocratie par le peuple. Conscient de la force de la vague de démocratisation, le régime d'Eyadéma a tenté de faire quelques concessions afin de n'être point emporté. C'est ce qui explique qu'un des régimes militaires les plus violents du continent ait signé les accords de juin 1991 et accepté l'organisation d'une Conférence nationale quelques mois plus tard (du 8 juillet au 28 aout). Si la dénonciation des accords de juin 1991, par la coalition de l'Opposition, est souvent considérée comme la fausse note ayant brouillé la parfaite symphonie du processus de démocratisation au Togo, le rôle du discours de Paris, à l'occasion du Sommet de la Francophonie de novembre 1991 n'est pas à négliger. L'affirmation du Président français au palais du Chaillot, sur le caractère progressif et sui generis du processus de démocratisation, a considérablement entamé l'idéal de la Baule. Nul doute qu'elle a constitué une raison

313 SUBTIL (M-P), « L'attitude de Paris face aux putschistes », *Le Monde*, 6 décembre 1991.

314 *Le Monde*, 8-9 décembre 1991.

supplémentaire pour le régime Eyadéma de renforcer son emprise sur les libertés politiques. Il a pu bénéficier du soutien des lobbies pro-africains, basés en France, opposés aux conditionnalités démocratiques qu'ils considéraient comme un « bradage de l'empire »[315], et du gouvernement français qui « prit acte » de sa réélection en 1993 au terme d'élections contestées, à la fois, en interne et par les États-Unis et l'Allemagne.

Le décès en exercice d'Eyadéma le 5 février 2005, n'a pas changé grand-chose au tragique destin de la démocratie au Togo. L'arrivée de son fils au pouvoir a emprunté les mêmes méthodes que celles du Général, c'est-à-dire la violence et les actes d'intimidation. Tout se passe au Togo comme si la violence politique constituait le seul mode d'expression possible d'un pouvoir autiste et conscient de son défaut de légitimité. Ce que le pouvoir sait inaccessible par la démocratie, il l'obtient par la violence et l'intimidation. C'est ce qui explique que la campagne électorale des élections présidentielles du 24 avril 2005 a vu une répression violente de l'Opposition, des médias et contre des manifestants dans la rue. La crise post-électorale qui a suivi la proclamation des résultats, donnant Faure Gnassingbé au pouvoir, a eu son lot de victimes : près de 500 morts selon un bilan de l'ONU et 811 selon la Ligue togolaise des droits de l'homme. Malgré la violence qui émailla le processus électoral de 2005, la France adressa ses félicitations au nouveau Président ; lui assurant ainsi de son soutien. Ce soutien a été magnifié par les réceptions officielles de Faure Gnassingbé à l'Élisée par Chirac, puis Nicolas Sarkozy.

Si les recettes de la répression sont restées identiques (libertés syndicales contestées, intimidation de l'Opposition, etc.), la coopération entre la France et le Togo, quant à elle, se porte bien. Le nouveau régime sait entretenir ses rapports privilégiés avec l'ancienne puissance tutélaire. Le Port en eau profonde de Lomé a ainsi été donné en concession à Bolloré, qui entretient des relations privilégiées avec des hommes

---

[315] HEILBRUNN (J-R) et TOULABOR (C-M), *Op. cit.*, p.88.

politiques influents de la droite française. La coopération militaire apparait également comme un des domaines prioritaires de la nouvelle relation entre la France et le Togo. Un accord de défense a été signé entre les deux partenaires en 2009. Il prévoit, entre autres, la fourniture de matériel de sécurité et des activités de formation des forces de sécurité togolaises. La coopération militaire entre la France et le Togo est classée « prioritaire » par les autorités françaises. Le Togo se place ainsi à la 3e place des partenaires de la France en Afrique de l'Ouest avec 3,6 millions d'euros inscrits en 2011. La France fournit également au Togo 14 coopérants permanents.

DEUXIÈME PARTIE :

LA RENAISSANCE AFRICAINE PAR LA DÉMOCRATISATION DES PROCESSUS MINIERS : LE CONTENU LOCAL COMME CONCEPT STRUCTURANT

Le projet de renaissance de l'Afrique est intimement lié à une conception réaliste du commerce entre les nations. L'incompatibilité de l'intérêt national nourrit la contestation des modèles de développement extra-africains. Elle sert de suc à la déconstruction du mythe d'une croissance durable par « la dés-africanisation » du discours sur le développement et la standardisation des pratiques. La renaissance africaine tire ainsi sa justification d'une lecture pertinente de l'effet pervers de l'assistance technique considérée, à tort, comme l'expression de la « responsabilité sociale » de pays sur d'autres[316]. La vocation de l'assistance technique à étendre les sphères d'influence, et à créer des nœuds géostratégiques[317], rend inopérante l'idée de codéveloppement. Elle oppose l'idéal du développement par les IDE à la réalité des luttes de puissance. L'idée d'un développement de l'Afrique par ses ressources impose une indigénisation des systèmes de gouvernance. Cela passe, indéniablement, par l'usage géopolitique de la démocratie en tant que facteur d'intégration économique.

La renaissance africaine, appliquée au secteur extractif, associe l'indigénisation de la gouvernance à la redéfinition du rapport de l'Afrique à son espace. Elle fait référence à des pratiques et valeurs d'essence africaine dans un mouvement d'exorcisation de la thèse sur l'extraversion comme seule voie vers le développement de l'Afrique. Le recours à l'authenticité apparait ainsi comme un préalable à la reclassification géopolitique du continent. Ainsi, la quête de la puissance est au cœur du projet de renaissance africaine. Il s'agit, pour l'Afrique, de s'affirmer comme un pôle autonome de puissance et de réaffirmer son rôle, historique, dans la structuration des mondes. L'appel à l'originalité des processus politiques implique un renoncement à « l'ordre ancien » fondé sur

---

[316] LOPEZ (C), « La coopération technique, concept marqué par l'histoire », *Politique Africaine*, n°69, mars 1998, p.71.

[317] Un « nœud géostratégique » est une région du monde qui regorge de ressources énergétiques ou hydriques qui peut être également un lieu de très forte instabilité politique et de projection de puissance de deux prétendus rivaux, mais également d'autres puissances. KATTALIN OYHAMBUR (G), « Le retour d'une géopolitique des ressources ? », in *Espace politique* [en ligne], n°12, 2010, volume 3, p.29.

l'autoritarisme et l'omerta. C'est en ce sens que le projet de renaissance africaine se conçoit comme pleinement participatif. Il considère la légitimité du modèle de gestion des affaires publiques comme un facteur potentiel de développement. L'intérêt accordé à la démocratisation du continent participe autant d'un retour à une forme de gouvernance originelle que d'une lecture efficace des enjeux.

Les usages géopolitiques de la démocratie visent à rétablir l'Afrique dans son statut de pôle de puissance décisif. Pour cela, la structuration de la gouvernance régionale est un enjeu d'efficacité. Le développement d'instruments de gouvernance régionale est en lien avec la volonté de rétablir la souveraineté de l'Afrique. La plupart de ces instruments font référence à l'asymétrie du jeu comme motif de l'adoption d'une stratégie pro-africaine et autocentrée. Ils relèvent des logiques de sécurisation de l'espace africain et d'équilibre du jeu. Il apparait essentiel de considérer le degré de révolte géopolitique de chacun des instruments dérivés du projet de renaissance africaine. L'appel à l'africanisation des processus de développement reste grandement influencé par l'échec du modèle extraverti. L'opportunisme structurel[318] cesse d'être la « référence » en relations internationales africaines. Il est progressivement remplacé par un nationalisme décomplexé et un appel à la contestation de la position dominante des partenaires de l'Afrique. Si le projet d'intégration du continent est soumis à d'importants mouvements centrifuges, il reste étroitement lié à l'expression d'un « désir de puissance »[319] qui reste à opérationnaliser.

---

[318] L'opportunisme structurelle renvoie à une gestion a minima des facteurs de puissance. Celui-ci consiste, non pas en une absence totale de stratégie, mais en une stratégie qui se contente d'adapter les ambitions de l'acteur qui subit au projet de puissance de l'acteur qui domine. L'*opportunisme structurel* est alors la construction d'une « pseudo stratégie », d'une « proto stratégie », qui, indépendamment de toute réflexion véritablement prospective, fonde ses ambitions sur sa capacité à se fondre dans un projet géopolitique plus grand et mieux structuré. NOAH NOAH (F), (2018), *op.cit.*, p.10.

[319] La puissance n'est plus seulement le résultat de facteurs classiques comme le territoire et les hommes, mais d'abord d'un désir entretenu et gouverné par

La renaissance africaine accorde un intérêt particulier à la modification des rituels et pratiques politiques. L'idée d'un retour à une gouvernance authentique implique, nécessairement, de faire le procès d'un pouvoir politique profondément soumis à des ressorts de légitimité extra-africains. Il s'agit, clairement, d'opérer la transition d'une situation de dépendance politique et stratégique à un modèle gouvernance plus authentique et, donc, plus légitime. L'importance accordée à la collégialité des décisions dans les systèmes politiques africains traditionnels penche en faveur de l'adoption de modèles de gestion démocratiques. Au-delà de la volonté de s'adapter à l'air du temps, l'Afrique mise sur l'ouverture du jeu pour inverser le rapport de force avec ses partenaires. Il s'agit, clairement, de structurer une stratégie de révolte géopolitique sur le renforcement de la participation. La prise de position en faveur de la consolidation de la démocratie ne se comprend qu'à partir de la prise en compte des considérations géopolitiques à la base de la contestation de « l'ordre ancien ». L'Afrique souhaite se servir de la démocratie pour « couper » les puissances de leur base ancrée dans la nature autoritaire des régimes politiques au pouvoir. L'appel à la démocratie vise à priver l'État extraverti de ses sources extérieures de légitimité afin de fonder les rapports de l'Afrique au monde sur des bases consensuelles. Le nouveau partenariat que souhaite établir l'Afrique avec le reste du monde s'associe à l'expression d'une certaine authenticité et à la reconnaissance préalable qu'il existe une voie « proprement africaine » vers le développement.

Le projet de renaissance africaine est un élément utile à la compréhension du rôle déterminant de la démocratie dans la quête de la puissance. Fondé sur l'idée que la situation socioéconomique, culturelle et politique actuelle de l'Afrique est une incongruité, au regard de son passé glorieux et de ses potentialités tant naturelles qu'intellectuelles, le projet de renaissance de l'Afrique suggère une rupture avec les modèles de gouvernance postcoloniaux. Il s'attaque, de manière directe, au pacte néocolonial et aux « alliances stratégiques

---

les institutions. VERLUISE (P), « La puissance », www.diploweb.com, 10 novembre 2013. Consulté le 5 novembre 2016.

asymétriques » qui les sous-tendent ; et dont l'implémentation a été préjudiciable au développement de l'Afrique. Ainsi, le projet de renaissance africaine est, par essence, opposé à la gestion patrimoniale et autoritaire de l'État. Sa mise en œuvre implique une remise en cause profonde des fondements de l'État extraverti et l'ouverture d'une « autre voie » vers le développement et l'émancipation stratégique de l'Afrique[320]. Si l'on considère le caractère profondément autoritaire de l'État postcolonial, il devient évident que la voie préconisée par la renaissance s'appuie sur une gestion plus ouverte et démocratique de l'État ; ceci pour des raisons d'efficacité, mais aussi d'authenticité.

L'objectif de développement qui transparait du projet de renaissance africaine est indissociable d'un engagement à la puissance. Les explications géopolitiques et stratégiques du sous-développement de l'Afrique démontrent qu'une démarche en réparation de « l'injustice » que représente le statut géopolitique du continent doit nécessairement prendre en compte l'adversité. C'est que, la quête de la puissance ultime ne fait pas l'économie de démarches visant à réduire la marge de manœuvre d'acteurs « gênants ». Le maintien du caractère asymétrique des relations avec l'Afrique, ou d'une « stabilité politique » propice à la préservation de leurs intérêts, sont quelques outils à la disposition des partenaires du continent. Le soutien à des régimes africains amis, notoirement autoritaires, n'a de valeur que le temps que les intérêts des puissances sont préservés. Les exemples congolais, burkinabè et libyen témoignent du caractère nécessairement évanescent du soutien des puissances aux régimes politiques africains[321]. Le soutien

---

[320] NOAH NOAH (F), (2018), *Op.cit.*, p.612.

[321] L'exemple congolais est typique de l'évanescence du soutien des puissances à des régimes africains autoritaires. Joseph-Désiré Mobutu a été, pendant plus d'une quarantaine d'années, le principal allié des États-Unis, et des autres pays occidentaux, dans la région des Grands lacs. Le statut de pivot du Congo dans le projet des grandes puissances visant à contrôler la puissance soudanaise, et à réguler les rapports avec le Rwanda et le Burundi, rendait Mobutu indispensable dans le jeu. Or, l'émergence de Paul Kagamé, devenu le nouvel allié des USA, va précipiter la chute de Mobutu. Il est d'ailleurs intéressant de souligner que la rébellion de Laurent-Désiré Kabila a bénéficié,

aux régimes autoritaires doit donc se comprendre comme un jeu à somme nulle, dans la mesure où c'est ce que l'Afrique perd en développement que gagnent ses partenaires en termes de puissance. Le soutien des puissances à des régimes politiques autoritaires constitue l'illustration parfaite de la dangerosité de la démocratie pour la préservation de leurs intérêts. L'incompatibilité entre gestion autoritaire des affaires publiques et développement, dans le cas de plusieurs Africains[322], renforce l'urgence de la démocratisation de l'Afrique. Il ne s'agit plus seulement d'une nécessité opérationnelle, mais bien d'aboutir à l'émancipation stratégique du continent.

Le développement de l'Afrique doit donc être précédé d'un véritable « désir de puissance[323] » sans lequel le projet de renaissance africaine est voué à l'échec. Les dirigeants politiques de l'Afrique du Sud semblent l'avoir compris puisqu'ils ont fait de la renaissance africaine un « thème incontournable du lexique politique sud-africain » et une composante de la politique de puissance du régime de Pretoria[324]. L'atteinte des objectifs de développement de l'Afrique passe par une prise de conscience des enjeux de sa démocratisation. L'intérêt des différents instruments africains de gouvernance régionale pour la démocratie doit se faire plus expressif. C'est une condition de la renaissance qui passe, nécessairement, par une redéfinition du rapport de l'Afrique à la démocratie. Il s'agit d'inventer un mode de gouvernance fidèle

---

dans une certaine mesure, du soutien du Rwanda. Le Burkina Faso de Blaise Compaoré est également l'illustration de l'instabilité du soutien occidental. Longtemps considéré comme l'allié dans la lutte contre le terrorisme dans le sahel, Blaise Compaoré a été finalement emporté par une révolution populaire en octobre 2014. Le destin de Mouammar Kadhafi a été plus tragique, malgré le rapprochement qu'il avait engagé avec les occidentaux et le rôle clé qu'il jouait dans le dispositif de lutte contre l'immigration clandestine à partir de l'Afrique.

[322] ANYANG' NYONG'O (P), *Op. cit.*

[323] Pierre Verluise considère que la puissance n'est plus seulement le résultat de facteurs classiques comme le territoire et les hommes, mais d'abord d'un désir entretenu et gouverné par les institutions. VERLUISE (P), « La puissance », Op.cit.

[324] CROUZEL (I), « *La renaissance africaine* : un discours sud-africain ? », *Politique Africaine*, n°77, mars 2000, p.171.

aux réalités historiques et politiques de l'Afrique qui, pour un grand nombre, sont en rapport avec une gestion démocratique. La renaissance de l'Afrique est ainsi une renaissance à la démocratie nonobstant une opinion considérant la démocratie comme un « luxe pour l'Afrique » ou perméable à une certaine « tropicalisation ». L'idée selon laquelle la démocratie est un produit d'importation n'est pas sans rapport avec le projet d'institutionnalisation du pouvoir perpétuel ou de vassalisation géopolitique des pays africains.

L'Afrique compte ainsi renaitre à la puissance par la démocratie. On arrive à cette conclusion après l'analyse de l'essentiel des stratégies de développement de l'Afrique par ses ressources. La référence de celles-ci au projet de renaissance africaine réaffirme leur caractère endogène et authentique. Il s'agit, pour elles, d'aboutir à la renaissance du continent, synonyme de reconquête de son statut de puissance, à partir de modalités issues de son patrimoine culturel et politique. L'appel à l'ouverture de l'espace public lancé par les stratégies africaines dément alors les thèses sur le caractère nécessairement extra-africain de la démocratie. Dans le cadre de cette partie, nous analysons, à la fois, les implications stratégiques de la « panne » que connait la démocratie sur le continent (Chapitre 3) et l'apport de la démocratie à la consolidation du contenu local dans le secteur extractif (Chapitre 4).

CHAPITRE 3 :

DÉMOCRATIES « INDIGENISEES » : QUEL BILAN EN MATIÈRE DE MISE EN ŒUVRE DU CONTENU LOCAL ?

Présenté, à la fois, comme un instrument économique et l'expression d'une ambition stratégique, le contenu local s'adapte à une diversité de situations politiques. Les démocraties sont susceptibles, autant que les démocraties « indigénisées », « électorales », de mettre en œuvre nombre de dimensions du contenu local. Il est d'ailleurs notoire que plusieurs expériences réussies, en matière de contenu local, sont visibles dans des pays où la gestion autoritaire du pouvoir est la règle[325]. C'est que, l'expression d'un certain nationalisme des ressources indiffère du type de régime politique auquel on a affaire. Toutefois, la situation spéciale de l'Afrique rend nécessaire, comme nous le verrons dans la suite de cet ouvrage, la démocratisation préalable des pays producteurs. Cela s'explique, à la fois, par la trajectoire de l'exploitation minière en Afrique, qui a souvent fait coïncider gestion autoritaire de l'État et pauvreté, dans un contexte de richesse naturelle[326]. L'échec du contenu local, dans nombre de pays africains, s'explique alors autant par les manœuvres géostratégiques des puissances que par l'inadaptation des systèmes nationaux travaillés par un autoritarisme oblitérant. La réforme structurelle qu'appelle le contenu local ne saurait donc éluder les contraintes politiques qui pèsent sur la promotion de la préférence nationale.

---

[325] C'est le cas notamment des monarchies pétrolières du Moyen-Orient ou de la Chine.
[326] IAN GARY et TERRY LYNN KARL, *Le fond du baril. Boom pétrolier et pauvreté en Afrique*, Catholic Relief Services, juin 2003, 102 p.

Le rapport nécessaire entre la démocratie et le contenu local mérite d'être précisé. L'analyse plus en avant de certains aspects du contenu local permet de déceler une incompatibilité avec la fermeture du jeu politique. La nécessité de la participation de toutes les parties prenantes à la définition des priorités, en matière de contenu local, rend obligatoire l'ouverture des systèmes politiques. Ladite participation n'implique pas seulement une circulation de l'information du « bas » vers le « haut », mais une certaine horizontalité du pouvoir. Par ailleurs, l'interconnexion des secteurs de l'économie, concernés par l'exploitation minière, impose également une circulation parfaite de l'information stratégique. Or, ce qui caractérise nombre de régimes politiques autoritaires c'est une circulation imparfaite de l'information, une omerta autour de l'information sur l'exploitation des ressources minières. Par ailleurs, la mise en œuvre d'un contenu local efficace implique la définition d'indicateurs de performance, l'évaluation objective des processus et l'existence de l'état de droit ; choses qu'il serait difficile de représenter dans le tableau « hideux » de la gestion autoritaire du pouvoir.

Les usages géopolitiques de la démocratie visent à rétablir les producteurs africains dans leur statut d'acteurs majeurs de la géopolitique des ressources. L'ouverture du jeu politique obéit à une stratégie de rentabilisation des chaines de valeur locales. Ladite rentabilisation est d'ordre économique ; mais aussi politique et sociale. Il apparait qu'une gestion des ressources fondée sur les principes de la gouvernance renforce le caractère « complet » de la décision politique et lui assure une dose de légitimité. L'avantage d'une démocratisation des espaces, préalable à la mise en œuvre du contenu local, tient au fait qu'elle crée les conditions d'une rationalisation de la décision. Il ne s'agit plus simplement d'un souverainisme minier empreint de populisme, mais bien d'une démarche visant la transformation du rapport des pays hôtes à l'espace et à leurs partenaires. C'est ce qui explique la diversité des situations selon qu'on se trouve dans une démocratie ou en présence d'un régime autoritaire. Le constat qui est fait, dans le cadre de cet ouvrage, est que la permanence de « zones grises » dans le secteur extractif limite l'efficacité du contenu local. Il est difficile, en effet, de modifier son rapport à l'espace si on ne le maitrise pas. Or, l'autoritarisme a ceci de particulier qu'il instaure une économie des « passe-droits » ; ce qui enlève à la préférence nationale toute consistance stratégique. Ainsi, les errements démocratiques causent des déficits stratégiques majeurs dans le secteur extractif africain (section 1) comme le démontrent les cas de la République Démocratique du Congo, de l'Angola et du Congo Brazzaville (section 1).

Section 1 : Errements démocratiques et déficits stratégiques dans la gestion des industries extractives

La trajectoire de la démocratie en Afrique témoigne d'un essoufflement du processus entamé au début des années 1990. Les classements annuels en matière de démocratie, de libertés ou de gouvernance reflètent l'inconstance des efforts des pays africains dont une majorité semble s'être résolue à rejeter, définitivement, la « greffe démocratique ». Nous ne souhaitons pas nous attarder longuement sur les motivations qui poussent des régimes politiques africains à sacrifier la démocratie sur l'autel de la préservation d'une certaine stabilité. En tant qu'acteurs rationnels, ils disposent d'une information, même imparfaite, sur ce qu'ils gagneraient ou perdraient si le jeu démocratique était plus ouvert. Ce fait s'explique davantage dans le contexte minier africain dans lequel les alliances stratégiques asymétriques expliquent, en grande partie, la longévité de certains régimes politiques au pouvoir. Nous nous appliquons, par contre, à évaluer l'impact d'une gouvernance atypique sur la défense de l'intérêt national des producteurs africains.

Les malheurs de la démocratie en Afrique ont une incidence sur les opportunités de développement et de croissance inclusive des producteurs. Contrairement à ce qui est généralement admis, l'absence de démocratie a provoqué une déstructuration des missions de l'État en tant que garant de l'intérêt national. L'instabilité politique qu'évoque Abdulrahman Mohammed Babu, comme conséquence de l'absence d'une culture politique de participation[327], s'étend au système politique dans son ensemble. Cela implique l'instabilité de l'ordre politique, du marché, et même des relations avec les partenaires internationaux. Il est alors possible de trouver des points de convergence entre l'échec de la démocratie, l'instabilité politique et la faible intégration du secteur extractif. Les exemples sur lesquels nous revenons, dans le cadre de cette partie, renseignent suffisamment sur un phénomène qui, bien qu'extensible au niveau mondial, s'inscrit dans le contexte politique africain, nécessairement spécifique.

La responsabilité des gouvernements africains dans l'échec du développement par les ressources est consubstantielle de la gestion qui a été faite du modèle de participation politique hérité des « vagues de démocratisation » successives. La panne que connait le processus démocratique, dans plusieurs pays africains, rend difficile la pleine expression du potentiel du secteur extractif en tant que facteur de développement. L'inscription de l'exploitation minière et énergétique, dans les logiques de l'économie de traite, modifie, nécessairement, la pertinence de certains outils dans l'analyse de sa situation. La faible maitrise de l'espace, la profonde dépendance à l'expertise technique et technologique importée, l'inexistence d'acteurs économiques d'envergure internationale, l'impuissance financière sont quelques points qui disqualifient, d'emblée, une comparaison de l'Afrique à certaines puissances minières et pétrolières mondiales non démocratiques. Il apparait alors que la démocratisation de l'Afrique participe moins d'une démarche d'opportunité que du repli stratégique. La démocratie apparait ainsi comme le moyen le moins coûteux de renverser le rapport de force dans le secteur extractif du continent. La démocratisation de l'espace public change les règles du jeu en mettant la défense de l'intérêt national au cœur des préoccupations. Il devient donc évident, comme le dit Frantz

[327] Cité par ANYANG' NYONG'O (P), *Op.cit.*, p. 593.

Fanon, et au regard des tendances autoritaires qui troublent le jeu politique, que « la classe dirigeante africaine fait partie du problème du sous-développement et non de sa solution »[328].

A- La décompression autoritaire et son impact sur la mise en œuvre du contenu local en Afrique Centrale

L'exploitation des ressources minières et énergétiques, en Afrique Centrale, est soumise à une multiplicité d'aléas dus, à la fois, à l'histoire politique de la sous-région, à la qualité de la gouvernance et à la dépendance des économies à la rente. Le jeu minier y est, plus qu'ailleurs, question de rapports de force et d'influence. C'est ce qui explique la relation fusionnelle entre la gestion des ressources naturelles et l'institutionnalisation du gouvernement perpétuel[329]. L'opacité qui caractérise la gestion de certaines ressources traduit alors la volonté des régimes au pouvoir de mettre le secteur extractif au service d'un clientélisme d'État. La « décompression autoritaire »[330], constatée depuis le début des années 1990, fournit un cadre idéal à l'expression d'un patrimonialisme décomplexé où l'intérêt de l'élite politique triomphe de l'intérêt national. L'équilibre créé entre autoritarisme et réformes démocratiques vise à donner un visage acceptable à une gestion aux antipodes des principes de la gouvernance. La particularité du « cas Afrique Centrale » nous impose de nous y intéresser afin de souligner l'impact d'une gestion autoritaire de l'Etat sur l'application du contenu local.

---

[328] FANON (F), « Les damnés de la terre », 1961.

[329] NOAH NOAH (F), « Industries extractives et gouvernement perpétuel en Afrique Centrale », In *Dialectique des Intelligences*, n°2, Décembre 2016.

[330] Jean François Bayard parle de « décompression autoritaire » pour décrire la faiblesse des changements auxquels a donné lieu le processus de démocratisation engagé en Afrique au début des années 1990. BAYART (J-F), « La problématique de la démocratie en Afrique Noire. "La Baule, et puis après ?" », *Politique Africaine*, n°43, octobre 1991, p. 5-20 ; MÉDARD (J-F), « Autoritarismes et démocraties en Afrique », *Politique Africaine*, n°43, octobre 1991, p.92.

L'industrie pétrolière au cœur du patrimonialisme institutionnalisé

La gestion du secteur pétrolier est l'expression parfaite du patrimonialisme institutionnalisé à l'origine de l'échec de la mise en œuvre du contenu local en Afrique Centrale. Administrée dans la logique de la « boite noire », l'industrie pétrolière échappe à tout processus de réforme et de planification stratégique. Elle reste une enclave économique, géographique et un glacis géostratégique où s'affrontent les prétendants au contrôle des circuits de production et d'approvisionnement au niveau mondial[331]. C'est une des explications de l'absence d'un contenu local offensif dans les pays pétroliers de la sous-région. En effet, le statut de réserves stratégiques « hors-les-murs » des ressources africaines limite les prétentions des producteurs à la puissance et au développement. L'Afrique Centrale demeure ainsi un « espace-pivot » dont l'influence sur la géopolitique du pétrole reste dérisoire. Si l'intégration du secteur pétrolier angolais fait office d'exception, dans un contexte sous régional marqué par l'extraversion de l'essentiel des facteurs de production, elle reste peu ancrée dans la quête de la puissance.

L'industrie pétrolière est au cœur de l'État rentier en Afrique Centrale. Elle représente la principale source de revenus d'économies exsangues par une profonde extraversion. L'importance de la rente, pour la stabilité des régimes politiques, fait du secteur pétrolier un des piliers du clientélisme politique. L'État devient ainsi le principe du système de captation-redistribution de la rente. Son retrait de l'amont, au terme de l'Ajustement structurel, a provoqué le déplacement du centre de gravité de l'industrie pétrolière de l'amont à la présidence de la République[332]. Ce retrait, loin d'être un

---

331 AWOUMOU (C-D-G), « Le golfe de Guinée face aux convoitises », Yaoundé, septembre 2005.

332 NGODI €, « Gestion des ressources pétrolières et développement en Afrique », 11e Assemblée Générale du CODESRIA, 6 – 10 décembre 2005, Maputo, Mozambique et BIKIDIK (P-G), « Quand pétrole et misère font bon ménage, sous le voile de la gestion des revenus de l'or noir au Cameroun », in *CJDHR*, vol.2, n°1, juin 2008, p.1.

repositionnement stratégique, marque la démission de l'État dans la défense de l'intérêt national à travers le contenu local. L'État-capteur de rente est inapte à l'élaboration et à la mise en œuvre de politiques de contenu local dans la mesure où la rente n'a de finalité que l'approvisionnement des réseaux clientélistes. Elle sert de capital initial au projet d'endiguement des crises socio-politiques, et des changements qu'elles induisent, à travers la multiplication des avantages sociaux, la subvention aux prix ou le renforcement des effectifs de la fonction publique. Par ailleurs, la valeur des flux financiers illicites[333], en contexte pétrolier, s'explique par le rapport entre le détournement de la rente, la corruption et l'entretien d'une clientèle politique diversifiée[334].

L'analyse de l'action de la présidence de la république et de la compagnie pétrolière nationale nous semble utile à la compréhension du patrimonialisme décomplexé au cœur de la gestion du secteur pétrolier. L'interconnexion des dynamiques politiques, économiques et stratégiques, à la base de l'action de chacun de ces acteurs, apporte une certaine stabilité à la structure clientéliste. La présidence intervient en amont du système de captation-redistribution de la rente. C'est elle qui juge de l'utilité du lancement d'un projet extractif et attribue les licences d'exploitation, très souvent sans l'avis des autres niveaux de la gouvernance (parlement, population, justice, experts, etc.). La présidence procède également au placement de ses « hommes de confiance » à la tête des sociétés pétrolières[335]. Cette modalité facilite la circulation de la rente, entre les différents éléments du système clientéliste, tout en fondant l'accès aux responsabilités dans le secteur extractif sur la loyauté et non sur l'efficacité de gestion ; multipliant ainsi les

[333] NOAH NOAH (F), *Op. cit.*, p.40.

[334] REED (Q) et FONTANA (A), Corruption and Illicit financial flows, *U4 issue*, Janvier 2011, 51 p. cité par LE BILLON, "Extractive sector and illicit financial flows: what role for revenue governance initiatives?", *U4 Issue*, N°11, November 2011, p.4.

[335] Cf. Global Witness, *« Tous les hommes des présidents », L'histoire accablante du pétrole et des affaires bancaires dans la guerre privatisée de l'Angola,* 2002 ; Déclaration de Berne, *Un contrat raffiné. Les arrangements douteux de la société suisse Philia au Congo*, DB, février 2015.

risques de détournement. La présidence de la république dispose également d'un compte hors budget dont l'utilité ne peut être séparée des stratégies clientélistes évoquées précédemment[336]. La compagnie pétrolière nationale cesse, pour sa part, d'être un acteur de terrain pour se transformer en simple administratrice des intérêts financiers de l'État dans les projets pétroliers. Elle devient une pièce maitresse du système de captation-redistribution de la rente ; et un acteur de la corruption caractéristique du secteur pétrolier en Afrique. Cette « spécialisation » de la compagnie pétrolière nationale fait le jeu des régimes politiques au pouvoir déterminés à servir d'alliés au projet géostratégique de leurs partenaires. Elle se justifie amplement au regard de la stratégie de « l'engagement minimal » privilégiée par l'essentiel des producteurs africains.

L'existence d'une incapacité stratégique assumée et entretenue, chez les producteurs d'Afrique Centrale, s'explique par le développement d'un patrimonialisme décomplexé. L'intérêt pour la captation de la rente a placé la survie des régimes politiques au pouvoir au-dessus de la défense de l'intérêt national. La longévité desdits régimes est alors étroitement liée à la durée de vie des gisements ; mais aussi à leur capacité de supporter les chocs dus à la fluctuation des cours du baril. Le maintien de la subvention au prix du pétrole, en contradiction avec l'avis des institutions financières internationales[337], témoigne de la volonté de l'élite politique de se maintenir au pouvoir. Il est d'ailleurs avéré que ladite subvention n'a aucune justification économique et fait l'objet de détournements fréquents[338]. Le choix des producteurs de la sous-région de privilégier un « engagement mou » dans le secteur pétrolier s'explique mieux par leur volonté de se poser en « capteurs de rente » que par les motifs économiques et

[336] IAN GARY et TERRY LYNN KARL, *Op.cit.*, p.33 ; et Bikidik (P-G), *Op.cit.*, p.55.

[337] Pour le cas spécifique du Nigéria, voir *Jeune Afrique* n°2662, du 15 au 21 janvier 2012.

[338] GILLIES (A), « Reformer la corruption de l'or noir nigérian ? Première partie : cartographie des risques de corruption dans la gouvernance de la filière pétrole. », in *U4 brief*, n°23, septembre 2009.

techniques généralement évoqués. Il s'agit d'une limitation volontaire des ambitions en termes de développement et de puissance. L'importance de la rente dans l'approvisionnement de l'appareil clientéliste de l'État en fait un instrument d'influence politique et non de développement. L'industrie pétrolière apparait ainsi comme le symbole de l'échec du contenu local en Afrique Centrale. Elle permet de souligner le rapport entre l'institutionnalisation du gouvernement perpétuel et l'extraversion du secteur pétrolier.

Gouvernance atypique et échec de la mise en œuvre du contenu local

L'Afrique Centrale est un des terrains privilégiés d'observation de la gouvernance atypique issue de la « décompression autoritaire ». La volonté des régimes politiques de conserver le pouvoir y a participé au développement d'une ruse à la démocratie et aux libertés. Celle-ci consiste à opérer un équilibre entre ouverture du jeu et renforcement du contrôle de l'État sur l'espace politique. L'originalité de la gouvernance atypique réside dans le fait qu'elle rend possible la cohabitation entre comportements autoritaires et réformes démocratiques. Dans le cas précis des pays d'Afrique centrale, on assiste à la libéralisation du secteur extractif alors que le processus d'attribution des licences ou la gestion de la rente demeurent opaques. Il devient également possible de procéder à la réforme de la législation minière tout en maintenant des pratiques contraires aux principes édictés. L'idée à la base de la gouvernance atypique est d'aboutir à la dilution des réformes susceptibles de porter atteinte au système clientéliste. Les enjeux autour du contrôle de la rente renforcent la volonté des régimes politiques de fausser le jeu minier. Toute réforme de fond, visant notamment la nationalisation de l'expertise ou le renforcement de la participation, devient difficile. Le contenu local est ainsi débarrassé de sa « substance révolutionnaire » pour devenir une réforme dans la lignée de toutes celles menées sans succès.

La gouvernance atypique admet l'existence d'une gestion autoritaire des affaires publiques dans un contexte de libéralisation du jeu minier. Elle se sert d'arguments liés à la défense de l'intérêt national ou à l'efficacité de gestion pour justifier la permanence d'une gestion verticale du secteur extractif. Ainsi, il est fréquent que les phases les plus stratégiques du processus minier soient gérées exclusivement par le pouvoir exécutif. La privatisation du jeu minier par l'exécutif est actée dans des pays comme le Cameroun où il n'existe aucune obligation légale pour l'exécutif d'associer des acteurs subsidiaires à la décision. L'évaluation d'un projet minier, tant dans sa pertinence économique que dans la conformité de son exécution, est rarement le fait du parlement. L'inexistence d'une structure autonome d'évaluation de la mise en œuvre du contenu local, à l'image de la *Nigerian Content Development and Monitoring Board* (NCDMB), s'explique par l'absence de volonté de procéder à une réelle démocratisation du jeu minier. La gouvernance atypique donne ainsi l'impression d'une ouverture du jeu tout en recyclant les pratiques autoritaires et arbitraires.

Une des réussites des producteurs d'Afrique Centrale est, sans doute, d'avoir limité l'impact des réformes liées à la gouvernance globale. S'il est admis que l'objectif de celle-ci est de faire émerger des sphères d'autorité concurrentes à l'État[339], le risque qu'elle fait peser sur la stabilité du système clientéliste en fait un obstacle majeur aux ambitions des régimes politiques au pouvoir. La gouvernance globale devient alors une menace au même titre que toutes les autres initiatives visant à réduire l'espace de souveraineté de l'État. La rationalité des régimes politiques au pouvoir commande de mettre la gouvernance globale au service du projet d'institutionnalisation du gouvernement perpétuel. L'admission du Cameroun à l'Initiative pour la Transparence des Industries Extractives (ITIE) ou au Processus de Kimberley[340] ne vise donc pas le

---

[339] KLAUS DINGWERTH and PATTBERG (P), "Global Governance as a Perspective on World Politics", in *Global Governance,* N° 12, 2006, p.193.

[340] Le Processus de Kimberley a été mis en place en 2003 par des États, des professionnels du diamant et des acteurs de la société civile,

renforcement de la transparence des processus. Elle sert d'abord à obtenir la respectabilité internationale nécessaire à la conduite des affaires. Ce qui n'est pas incompatible avec la mise en œuvre de quelques réformes sans grand impact sur les pratiques arbitraires. De même, l'engagement de pays tels que la Guinée Équatoriale, le Congo Brazzaville ou le Tchad dans des projets en faveur du contenu local n'induit pas, nécessairement, une volonté politique suffisante pour réaliser des réformes de fond et sur le long terme.

Il apparait donc que la ruse, au cœur de la gouvernance atypique, vise à repousser indéfiniment le moment démocratique dont les conséquences sur la survie de l'État patrimonial pourraient s'avérer fatales. La dilution des réformes engagées préserve la marge de manœuvre de l'État sur le processus minier. Elle rend difficile toute mise en œuvre du contenu local en s'opposant au partage de pouvoir qu'il souhaite favoriser. L'impact résiduel de la gouvernance globale sur l'ouverture du jeu minier, ou sur la réforme en profondeur du secteur extractif en Afrique Centrale, témoigne de l'existence de nombreuses réticences. La conscience du potentiel déstabilisant d'une ouverture du jeu politique renforce l'intérêt des régimes politiques de favoriser une gouvernance paradoxale.

B- Contrats miniers et prêts gagés sur les ressources au cœur des alliances stratégiques asymétriques

La relation contractuelle dans le secteur extractif est assimilable à un *jeu stratégique*, en ce sens qu'il existe des règles qui l'encadrent et qui déterminent les gains de chaque

afin de mettre un terme au commerce international des « diamant du sang ». il vise à garantir au consommateur que les diamants qu'il achète ne proviennent pas de groupes rebelles, ou de leurs alliés, utilisant la rente de issue de leur exploitation pour financer des conflits.

joueur en fonction des actions qu'il entreprend[341]. La marge de manœuvre de chaque acteur est conditionnée par les informations dont il dispose sur la stratégie de l'autre. Il peut s'agir soit d'un jeu à information parfaite, soit d'un jeu à information imparfaite selon qu'un joueur dispose ou non de connaissances suffisantes sur la stratégie de l'autre au moment de faire son choix[342]. Dans le cas des industries extractives, les gains des pays producteurs s'expliquent, pour l'essentiel, par l'asymétrie de capacités et d'information qui existe entre eux et leurs partenaires. La faible maitrise de l'espace autant que des réserves constitue, par exemple, des limites rédhibitoires au nationalisme des ressources considéré du point de vue de son efficacité économique. Les gains relativement faibles des producteurs africains trouvent une explication, certes partielle, dans la qualité de l'information stratégique dont ils disposent.

Évoquer la qualité de l'information stratégique c'est considérer la place déterminante qu'occupe la négociation des contrats miniers et pétroliers dans le procès vers le développement des producteurs africains. En effet, les contrats conditionnent les gains auxquels devraient s'attendre les pays hôtes. Cela ne se limite pas au montant d'impôts à prélever ni au pourcentage des bénéfices qu'obtient l'État dans le contrat de partage de production[343]. Les contrats organisent les rapports entre les différentes parties et déterminent, par le fait même, la marge de manœuvre des producteurs. Plus clairement, les contrats disent si le pays producteur sera en mesure, ou non, d'influencer durablement l'issu du jeu. Il apparait donc qu'un contrat minier qui précise la part de l'État sans résoudre la question de la propriété de l'information géologique ou des mécanismes de contrôle de l'espace est, fatalement, incomplet.

---

[341] PÉNARD (T), *La théorie des jeux et les outils d'analyse des comportements stratégiques*, Université de Rennes, CREM, octobre 2004, p.5.
[342] *Idem.*
[343] La spécificité du contrat de partage de production est qu'il accorde à l'opérateur le droit d'exploiter la ressource, puis de prélever sur la production le « *cost oil* » correspondant aux investissements qu'il a consentis. Le reste de la production, ou « *profit oil* », est réparti entre la compagnie pétrolière et l'État selon des pourcentages définis à l'avance. Lire à ce propos NOAH NOAH (F), thèse, *Op.cit.*

La négociation des contrats miniers implique donc la définition du domaine de souveraineté de l'État c'est-à-dire l'ensemble des aspects de sa souveraineté qu'il n'entend guère sous-traiter à l'opérateur. La négociation des contrats précise également les mécanismes d'évaluation de ceux-ci.

Les contrats miniers représentent la première phase du jeu entre les acteurs. Il s'agit, pour chacun d'eux, de disposer du maximum de bénéfices possible dans la relation qui va se nouer. Les gains obtenus par l'un sont proportionnels aux stratégies mises en œuvre pour limiter, au maximum, les profits de l'autre. L'incertitude entourant l'approvisionnement régulier du marché international en minerais stratégiques,[344] augmente la volonté des partenaires de l'Afrique de réduire leurs coûts afin de maximiser leurs profits. L'inscription de leur action dans les logiques de la géopolitique des ressources explique l'intérêt qu'ils accordent à la stabilité du rapport de force ; qui est à leur avantage. Le développement de pratiques telles que les prix de transfert, destinées à faciliter la fuite de capitaux, l'irrespect des obligations environnementales et écologiques ainsi que l'absence de volonté à participer au développement d'un secteur industriel compétitif, à l'échelle des pays hôtes, représente autant de signes de la détermination des partenaires de préserver l'asymétrie de leurs rapports avec l'Afrique subsaharienne. Il reste qu'ils bénéficient, à cet effet, de la pleine collaboration des régimes politiques africains englués dans un opportunisme structurel décomplexé.

Les contrats miniers permettent de saisir la complexité des rapports entre les pays africains et leurs partenaires. Ils renseignent sur le *cens* payé par nombre de régimes politiques pour la stabilité de leurs relations privilégiées avec l'occident et les puissances émergentes. Ainsi, les contrats sont une vitrine sur les compromissions à l'origine de l'échec du développement de la plupart des producteurs africains. La relative opacité qui

[344] PAILLARD (C-A), Ruée sur les minerais stratégiques, Géoéconomie, n°59, Automne 2011, pp.18-19 et CHALMIN (P), « Géopolitique des ressources naturelles : prospective 2020 », in *Ramsès 2000*, Paris, Dunod, pp.94-95.

entoure leur signature, et la plupart des clauses qu'ils renferment n'ont de sens que si on prend en compte la place qu'ils occupent dans les stratégies de chaque partie. Le caractère déséquilibré des contrats miniers et pétroliers[345] apparait comme une des principales illustrations de l'existence d'un consensus sur la nécessité de refréner les ambitions de développement des producteurs africains. Si on peut les considérer comme la codification des rapports de force entre les acteurs, les contrats miniers n'en sont pas moins une preuve supplémentaire de la collusion entre un certain « centre » et une « périphérie » dont l'élite gouvernante compense son insuffisante légitimité par des stratégies contre-productives pour la masse.

L'existence de contrats miniers « inégaux » est l'expression de la rationalité d'acteurs déterminés à préserver leurs intérêts particuliers. Elle illustre également la permanence de l'intérêt national des puissances qui, s'il est incompatible avec l'intérêt des pays africains, reste pleinement en phase avec les options des *big men*[346]. On parle alors de communauté d'intérêts entre le « dedans » et le « dehors » ; la préservation de l'intérêt des pays producteurs étant exclue. Cette communauté d'intérêts est également perceptible dans les prêts gagés sur les ressources. Encore appelé « Angola model »,[347] ce type d'arrangement contractuel, très prisé par la Chine, sert à financer des projets de construction d'infrastructures contre l'exploitation, généralement exclusive, de ressources naturelles par des compagnies du pays contractant. Agnès Chevallier en fait la description suivante : « [...] *un accord-cadre est conclu avec un gouvernement africain pour un programme d'infrastructures*

345 HANY BENSADA et PHILIP MARTIN, *Les codes miniers en Afrique : la montée d'une « quatrième » génération ?* INS, mai 2013, p.4, ROSENBLUM (P) et MAPLES (S), Op.cit., pp.13-14 et Africa Progress Panel, Op.cit., pp.56-60.

346 Mis pour « élite politique », MÉDARD (J-F), « l'État néo-patrimonial en Afrique noire », in *États d'Afrique noire :Formation, mécanisme et crise*, MÉDARD (J.F), (dir.) Paris, Karthala, 1991, p.323-353.

347 DAOUDA CISSÉ, « Des infrastructures « made in China » en Afrique: une contribution au développement? », in *Passerelles*, Volume 14, n° 4 – Septembre 2013, p.5.

financé par des prêts chinois (concessionnels ou non) et réalisé essentiellement par des firmes chinoises ; en parallèle, cet accord autorise une compagnie nationale chinoise à investir (ou à intervenir comme opérateur) dans l'exploitation des ressources (pétrole, mais aussi bauxite, chrome, minerai de fer, fèves de cacao...). »[348] L'Angola a ainsi pu contracter, en 2003, un prêt gagé sur le pétrole d'un montant de 11 milliards de dollars auprès de l'Exim-Bank of China afin de financer sa reconstruction et des projets d'infrastructures[349]. De nombreux autres pays de la région tels que le Ghana, le Nigéria, le Gabon et le Congo, ont également eu recours à ce type de financement[350].

Le financement du développement par l'*Angola model* comporte des nombreux avantages pour le pays créancier. En effet, celui-ci assure, grâce à l'exclusivité dont il bénéficie dans l'exploitation d'une ressource, la sécurisation de ses approvisionnements. Il est ainsi à l'abri de l'incertitude qui caractérise la géopolitique des ressources rares. La Chine bénéficie, par exemple, d'une coopération pétrolière privilégiée avec le Ghana qui, selon les clauses de l'emprunt d'un milliard de dollars qu'il a conclu avec la Banque de développement chinoise en 2012, devrait lui livrer 13 000 barils de pétrole par jour[351]. Elle dispose ainsi d'une stratégie lui permettant de contourner les partenaires traditionnels du continent. Le second avantage de ce type de montage financier est que les compagnies du pays créancier bénéficient de contrats liés à des projets miniers ou d'infrastructures, sans passer par la

---

[348] CHEVALLIER (A), « La présence chinoise en Afrique », in *La lettre du CEPII*, n°328 - 20 décembre 2012, p.1. Voir aussi DELCOURT (L), « La Chine en Afrique : enjeux et perspectives », in *Alternatives sud*, vol. 18-2011, p.15.

[349] PÉREZ NIÑO (H) and LE BILLON (P), "Foreign aid, resource rents and institution-building in Mozambique and Angola", *WIDER Working Paper* n° 2013/102, October 2013, p.11.

[350] DAVIES (M), "How China is influencing Africa's development", *Background Paper for the Perspectives on Global Development 2010 Shifting Wealth*, OECD, 2010, p.15.

[351] Africa Progress Panel, *Op.cit.*, p.51.

procédure des appels d'offres[352]. En outre, les conditions d'octroi des prêts ne permettent pas de leur opposer des principes relatifs à la protection de l'environnement, à l'emploi ou à la nationalisation des intrants. Enfin, les accords « ressources contre développement » constituent un moyen de conclure des alliances stratégiques entre un pays hôte et une puissance ; l'avantage étant, généralement, à celui qui dispose d'un contrôle sur la ressource.

Les bénéfices engrangés par l'élite politique au pouvoir à travers la conclusion de ce type d'accord sont nombreux. Grâce à la construction d'infrastructures sociales (écoles, hôpitaux), sportives (stades de football, palais des sports), économiques (construction d'un gazoduc, d'usine de production d'électricité) ou de prestige, elle dispose d'arguments capables de soutenir son bilan. Les régimes au pouvoir sont ainsi en mesure de vanter les mérites d'une coopération dont ils tirent, pourtant, de nombreux avantages personnels. En outre, ils sont assurés du soutien de leur allié en cas de contentieux international[353]. L'utilité sociale ou économique des infrastructures construites, ou réhabilitées, exclue toute analyse exclusivement négative des prêts contractés sur l'*Angola model*[354]. Les bénéfices en termes de fluidité des transports, de désenclavement de nombreuses localités, d'accès à l'éducation, à l'électricité ou aux soins médicaux, sont indéniables. L'investissement dans des domaines souvent négligés par les bailleurs de fonds traditionnels, pour ce qui est du cas précis de la Chine, permet d'y voir le pendant nécessaire de l'aide occidentale centrée sur

[352] DELCOURT (L), *Op.cit*., p.15

[353] C'est le cas de l'Angola ou du Soudan qui disposent en la Chine d'un allié de poids sur la scène internationale du fait de la mise sur pied d'opérations financières complexes impliquant l'exploitation des ressources naturelles entre les deux partenaires.

[354] Le prêt consenti par le Ghana auprès de la Chine pour la construction d'un gazoduc et d'une usine de traitement du gaz en vue de la production de l'électricité, en 2012, se justifie au regard des objectifs économiques et sociales du pays. Celui-ci ne constitue donc pas, en lui-même, une « mauvaise affaire ». L'impact des prêts consentis sur l'Angola model sur la gouvernance du secteur extractif, le leadership des pays producteurs et sur la capacité de ceux-ci à contraindre l'action des compagnies du pays créancier représente, par contre, une erreur stratégique majeure.

le renforcement des institutions[355]. Cependant, l'analyse des considérations stratégiques à la base de ces montages financiers, et des résultats économiques de ceux-ci, nous permet d'affirmer qu'ils sont contre-productifs sur le long terme. Le financement du développement par le biais de prêts gagés sur le pétrole ou la production minière, relève de l'erreur stratégique.

En effet, le premier argument sur le caractère spécieux de ces arrangements est qu'ils n'ont pas vraiment apporté le développement aux pays qui en ont fait usage. La construction d'infrastructures contre l'exploitation de gisements miniers ou pétroliers ne favorise pas la lutte contre la pauvreté. L'Angola, qui fut l'un des premiers pays d'Afrique subsaharienne, à y recourir n'a pas atteint un niveau de développement à la mesure de ses richesses naturelles. La moitié de sa population vit avec moins de 1,25 dollar par jour et il enregistre le huitième taux de mortalité des enfants de moins de 5 ans le plus élevé au monde[356]. Le boom immobilier que connaissent les grandes villes du pays tranche avec le risque cumulé pour les femmes de mourir pendant la grossesse ou en couches (1 sur 39 soit un des taux les plus élevés au monde) et son taux de mortalité infantile comparable à celui d'Haïti[357]. C'est également le cas du Gabon dont le revenu moyen par habitant est égal à celui de la Malaisie, mais qui se classe 45 places après elle en termes d'IDH en 2011, et du Nigéria où plus d'un tiers des enfants en âge de fréquenter l'école primaire sont déscolarisés et le taux de mortalité infantile presque trois fois supérieur à celui du Bangladesh pourtant d'un niveau économique proche[358].

Les conséquences stratégiques de l'*Angola model* sont également importantes. La première d'entre elles est que les prêts gagés sur les ressources font perdre aux pays hôtes le contrôle sur celles-ci. En accordant l'exclusivité de l'exploitation d'une partie de ses réserves ou de sa production minière à son créancier, le pays hôte perd la propriété de son

[355] DELCOURT (L), *Op.cit.*, p.16.
[356] Africa Progress Panel, *Op.cit.*, p.20
[357] *Idem.*
[358] *Idem.*

espace et des richesses qui s'y trouvent. Il lui devient alors difficile de fonder son projet de puissance ou même de développement sur ses ressources. Les opérations « ressources minières/pétrolières contre développement » sont néfastes à l'émancipation stratégique des pays producteurs, puisqu'elles les placent sous le giron de leur créancier. L'objectif stratégique de ces prêts est, en effet, de réduire la marge de manœuvre des pays producteurs tout en les mettant au service du projet de puissance des grands consommateurs. Ils demeurent des pivots stratégiques dont l'utilité dépend de l'état de leurs ressources.

L'*Angola model* est également contre-productif pour les pays hôtes parce qu'il n'est pas favorable à la mise en œuvre du contenu local dont les implications stratégiques sont avérées. Les premiers bénéficiaires de ce mode de financement du « développement » sont les multinationales à visée stratégique du pays-prêteur[359]. Même s'il est possible de leur associer des partenaires locaux, la nature de l'engagement initial réduit les chances de transfert de technologies. Les retombées en termes d'emploi local, de R&D, ou d'approvisionnement local de l'industrie s'en trouvent réduites. Le pays hôte n'est plus en mesure de s'émanciper de son partenaire puisqu'il ne peut assurer, à terme, le développement de ses propres capacités. En outre, la perte de contrôle sur ses ressources ne lui donne pas d'apporter de la valeur ajoutée à celles-ci avant leur exportation. Le pays hôte reste ainsi un exportateur de ressources minières brutes pérennisant, par le fait même, le caractère extraverti de son secteur extractif. La mise en œuvre de stratégies de développement par les ressources, préjudiciables à la capacité des Etats à contraindre l'action de leurs partenaires, réduit les chances des pays producteurs d'accéder à la puissance et au développement.

Le détachement aux ressources que provoque l'*Angola model* entraine également un renoncement à l'espace. Le pays hôte ne contrôle plus son espace puisqu'une partie de ses ressources sont transformées en réserves stratégiques hors-les-murs pour ses partenaires. Il perd ainsi la capacité de mettre ses ressources minières ou énergétiques au service d'un projet de puissance et

---

[359] DELCOURT (L), *Op.cit.*

d'influence sur la scène internationale. Les régions de production deviennent des enclaves sous le contrôle du pays créancier qui bénéficie d'une zone d'influence de fait. Le caractère central de la maitrise de l'espace, plus précisément du sol, dans la géopolitique[360] disqualifie également l'*Angola model* comme instrument de développement et d'émancipation stratégique. L'histoire de la géopolitique nous permet de comprendre la nécessité, pour les candidats à la puissance ultime, de contrôler des territoires et les ressources dont ils regorgent. Gérard Dussouy précise d'ailleurs que la vision des quatre premiers et principaux auteurs des schémas géopolitiques et géostratégiques mondiaux, de la fin du XIXe siècle, a été influencée par la présence d'un « stress environnemental »[361]. La mise en œuvre de l'*Angola model* procède dudit stress dans la mesure où elle a pour objectif de mettre l'espace adverse au service des intérêts de l'État créancier. Elle s'inscrit, ainsi, dans la volonté de quelques grandes puissances de renforcer leur contrôle sur le circuit d'exploitation et de production des ressources et de limiter, par le fait même, les opportunités d'autonomie géopolitique des pays producteurs.

L'*Angola model* ne représente pas une possibilité de développement pour les pays producteurs. Elle les réduit, au contraire, au statut de « spectateurs » de l'exploitation de leurs ressources naturelles en leur faisant perdre le contrôle sur leurs réserves. Si la perspective d'un développement rapide des infrastructures semble séduisante, à première vue, elle entraine la perte de souveraineté des pays hôtes sur leur secteur extractif et l'échec des stratégies de nationalisme minier. L'adoption de ce mode de financement est contraire aux principes de la géopolitique des ressources rares qui fondent la puissance d'un pays hôte sur le contrôle qu'il a sur ses ressources. Les opérations « ressources contre développement » participent d'une gestion irrationnelle des facteurs de puissance, tout comme la pérennisation de contrats miniers « inégaux ».

---

[360] LOROT (P), « La Géoéconomie, nouvelle grammaire des rivalités internationales », *L'information géographique*, vol.65, n°1, 2001, p.116.
[361] DUSSOUY (G), *Op.cit.*, p.19

Section 2 : La République Démocratique du Congo, l'Angola et le Congo Brazzaville : des modèles sans grande ambition géopolitique

Le développement d'une loi sur le contenu local doit nécessairement s'adosser à un projet de puissance viable. Ceci, du fait de la pleine inscription de la préférence nationale dans les logiques de contrainte et d'affrontement En effet, la préférence nationale procède par promotion et exclusion[362]. Dans le cas précis des industries extractives, la préférence nationale vise à assurer la symétrie entre les chaines de valeurs locales et les grappes industrielles extra-africaines. Le projet de puissance permet au contenu local de survivre aux transitions et transactions politiques et de déplacer les réformes de l'ordre juridique sur le terrain de la géopolitique, voire de la géostratégie. Il permet de distinguer le contenu local d'une démarche inspirée d'un discours populiste motivé par la seule volonté de conquérir ou de conserver le pouvoir. Le contenu local reste intimement lié au projet de construction de l'état de droit où les règles du jeu sont connues. Le développement d'un droit du contenu local, plus ou moins complexe, et la mise à contribution d'une diversité d'institutions de contrôle témoignent de la nécessaire interconnexion entre objectifs économiques et principes démocratiques.

Les cas de la RDC, du Congo Brazzaville et de l'Angola, présentés dans cette section, constituent le modèle-type de contenu local sans véritable ambition de puissance. S'il est resté possible d'apprécier la diversité des mesures se rapportant au

---

362 Quelques travaux sur la préférence nationale appliquée, cette fois, aux prestations sociales ou à l'emploi peuvent éclairer l'objectif du contenu local. Dans un cas comme dans l'autre, il s'agit de « discrimination économique » dans le sens où elles visent un accès inégalitaire à certains services sociaux ou économiques. La préférence nationale se situe à la frontière entre protectionnisme économique, social et discrimination liée à l'origine. PELIZZARI (A), « Les syndicats et le débat sur la "préférence nationale" : vers un nouveau régime migratoire ? », *Chronique Internationale de l'IRES,* vol.2, n°158, 2017, pp.56-71 ; MATH (A), « La "préférence nationale" s'installe », *Plein droit,* vol.4, n°91, 2011, pp.25-26.

contenu local, force est d'admettre que l'atypisme qui caractérise la gouvernance, dans ces pays, ne favorise guère l'efficacité de la stratégie. Il ne s'agit pas, uniquement, d'évaluer la qualité des dispositions de la loi, mais surtout d'analyser leur capacité à provoquer une rupture dans la géopolitique régionale. L'efficacité du contenu local se mesure à son aptitude à créer une faille dans le rapport de force et à s'inscrire dans la dialectique offensive/contre-offensive au cœur des rapports miniers. Or, l'observation des cas congolais et angolais démontre que l'action des dirigeants s'est peu éloignée des logiques de l'extractivisme. Ce qui ne réduit pas leur vulnérabilité aux chocs extérieurs et aux manœuvres géostratégiques des puissances. La principale limite du contenu local dans les pays étudiés réside, dans doute, dans l'absence d'ambition géopolitique claire et les nombreuses faiblesses institutionnelles.

A- Le contenu local en RDC ou le dilemme de l'extractivisme

Le développement d'un droit du contenu local s'est fait dans un contexte de grande dépendance à l'exploitation des ressources naturelles. Le secteur minier représente 20% du budget de l'État et 90% des recettes d'exportations. Or, diamant, colombo-tantalite, cuivre, cobalt sont quelques ressources dont les réserves constituent la richesse du sous-sol congolais. L'inscription de l'économie de la RDC dans les logiques et les pratiques de l'extractivisme réduit la portée du contenu local qui pense, nécessairement, « *out of the mining box* »[363]. Considérer le contenu local dans ses seuls aspects fiscaux est une limite rédhibitoire à l'efficacité de la politique de préférence nationale. C'est déplacer le problème vers

[363] *Think out of the "mining box"*, littéralement penser en dehors de la boite minière, désigne le fait de concevoir l'industrie minière en dehors des seuls bénéfices fiscaux et de la profonde dépendance aux capitaux étrangers. Il s'agit de considérer les avantages d'une exploitation minière mieux intégrée au reste de l'économie et inclusive.

l'augmentation de l'enrichissement de l'État qui n'aboutit pas, toujours, à la réduction des inégalités et de la pauvreté. L'idée d'un renouveau du droit du contenu local est liée à la mise en place des conditions d'une meilleure intégration de la mine dans l'économie périphérique ; ce que les choix stratégiques de la RDC laissent faiblement présager.

Le nouveau code minier congolais, adopté en juin 2018, présente plusieurs mesures fiscales fortes. L'objectif de celles-ci est d'augmenter les bénéfices que tire l'État de l'exploitation des ressources minières. Il s'inscrit, donc, dans une démarche en réparation, comme dans le « modèle sud-africain », mais avec une motivation essentiellement fiscale. Le gouvernement congolais a réduit la durée de la clause de stabilité fiscale qui passe de 10 à 5 ans[364]. Cette disposition accorde au secteur extractif congolais la souplesse nécessaire à son adaptation aux évolutions du contexte minier international. Les entreprises minières sont ainsi soumises à un régime fiscal relativement instable. La redevance fiscale passe de 2,5 à 3,5% et jusqu'à 10% pour des ressources stratégiques telles que le cobalt. Au regard des dispositions fiscales adoptées, il est possible d'envisager une augmentation substantielle des recettes de la RDC issues de l'exploitation de ses ressources. Il reste qu'en l'absence d'une vision claire, sur la gestion desdits fonds et les mécanismes d'approvisionnement des secteurs connexes, la stratégie congolaise reste floue. Cette absence de transparence est d'ailleurs perceptible à travers le système de dérivation de la redevance minière entre les différents niveaux de

[364] La clause de stabilisation intervient dans un contrat entre un investisseur et un pays hôte et qui porte sur d'éventuels changements dans le droit du pays hôte pendant la durée de vie du projet. Elles sont généralement de trois ordres : a) les clauses de statu quo qui précisent que le droit qui est en vigueur à la date de la signature du contrat s'applique au projet pendant toute sa durée de vie, indépendamment d'éventuels changements dans l'ordre juridique ; b) les clauses d'équilibre économique qui exigent de l'investisseur qu'il respecte de nouvelles lois, mais prévoient qu'il en soit dédommagé par le pays hôte ; c) les clauses mixtes, qui sont une combinaison des deux premières. Cf. www.negotiationsupport.org.

gouvernement[365]. De même, le reversement de 10% de la redevance minière dans un fonds pour les générations futures, dans un contexte de gouvernance atypique, ne constitue pas un gage de gestion durable.

Le cas congolais s'intéresse à la participation des acteurs locaux à la mine. Le nouveau code minier prévoit la participation obligatoire des nationaux au capital social des sociétés minières à hauteur d'au moins 10%[366]. Si cette mesure ne s'éloigne pas des logiques de l'extractivisme, elle a le mérite d'ouvrir le jeu à la participation des nationaux. L'obligation de renforcement des capacités, prévue par le code minier, participe d'une démarche similaire. La loi congolaise suggère à toutes les sociétés minières de procéder au renforcement des capacités de leur personnel local. Ceci, afin de faciliter leur accès aux postes de direction et de maitrise, dans un maximum de 10 ans après le début de la production commerciale. Le renforcement des capacités concerne également l'artisanat minier. Le gouvernement congolais a mis en place des activités de renforcement des capacités des jeunes dans la prospection, l'extraction, la sécurité, en collaboration avec l'Organisation Internationale du Travail[367]. Elle prévoit également l'organisation de stages professionnels ouverts aux élèves et étudiants des établissements d'enseignement supérieur.

Le code minier congolais aménage plusieurs passerelles en vue de faire jouer la préférence nationale. L'ouverture du capital des sociétés minières aux nationaux pourrait aboutir, à long terme, à la reprise de certaines d'entre elles. Cela laisse augurer une modification du paysage entrepreneurial, dans le secteur extractif, si les contextes économique et politique s'y prêtent. Le renforcement des capacités des acteurs locaux s'inscrit également dans les logiques de la substitution à l'expertise importée. Cette position est essentiellement

---

[365] NRGI, *Innovations de la nouvelle législation minière de la RDC : opportunités, défis et perspectives de mise en œuvre*, juillet 2019, p.8.
[366] *Idem*, p.25.
[367] Note d'orientation du BIT : les pratiques inclusives dans les industries extractives en Afrique, 2016, p.16.

géopolitique dans la mesure où elle pense en termes d'alternative, de remplacement, et donc de modification du rapport de force. Par contre, la principale limite de la loi réside dans son incapacité à désenclaver la mine. En effet, la loi congolaise ne semble pas s'inspirer des principes de la Vision minière africaine, dont la particularité est de sortir la mine de sa « zone de confort »[368]. Il est peu probable que la loi favorise l'inclusivité du secteur extractif et son ouverture à l'économie périphérique. Par ailleurs, il reste difficile d'affirmer que les dispositions de la loi favoriseront la pleine expression de l'expertise locale, tant au niveau entrepreneurial qu'à l'échelle individuelle.

L'intérêt de la loi congolaise pour l'intégration de la ressource humaine dans la chaine des valeurs est un facteur positif. Il reste qu'à défaut d'une vision holistique de l'industrie minière, toute méthodologie de promotion de l'expertise locale demeure partielle. La loi est encore imprécise à propos des mécanismes qui favoriseraient la participation des entrepreneurs locaux dans une logique de substitution à l'expertise importée. Cela constitue une limite rédhibitoire à l'efficacité économique et géopolitique du contenu local. Il apparait que le développement d'une loi spécifique sur le contenu local viendrait préciser certains aspects flous du code minier et renforcer le dispositif de promotion de la préférence nationale. Cette loi supplémentaire apporterait également de la consistance à la stratégie qui vise à renforcer la participation des acteurs locaux tout au long de la chaine des valeurs. En effet, les prescriptions du code minier congolais ne procèdent pas d'une dynamique différente de celles qui motivent l'intégration des acteurs locaux dans la mine sur la base des contrats. Cela crée une impression de juxtaposition plutôt que de complémentarité ou d'amélioration de la loi. Le code minier de la RDC représente une réforme importante de la loi sans constituer une véritable révolution juridique, et surtout stratégique.

---

[368] NOAH NOAH (F), (2018), *Op.cit.*

B- L'Angola et l'obsession de la nationalisation de l'expertise

Le développement du contenu local s'est fait dans l'esprit de substitution à l'expertise importée. C'est ce qui transparait de l'essentiel des réformes adoptées, dans le secteur extractif angolais, depuis près d'une dizaine d'années. Les autorités politiques ont fait le pari de la nationalisation de l'industrie des ressources naturelles en privilégiant une stratégie offensive. Connue sous le nom « *d'Angolanization* », la politique de contenu local est un compromis entre une nationalisation, trop coûteuse, et l'extraversion dictée par des considérations tant structurelles que géopolitiques[369]. Elle permet de donner un caractère offensif à la stratégie de promotion de la préférence nationale. L'*Angolanization* s'applique à favoriser l'intégration horizontale de l'industrie à travers le renforcement de l'expertise locale, tout au long de la chaine des valeurs, et le développement d'un entrepreneuriat local. Il s'agit, alors, d'obtenir les résultats d'une nationalisation à partir d'une gestion inclusive du secteur extractif.

Le projet « d'*Angolanization* » s'applique, de manière plus effective, au secteur pétrolier. Cela s'explique par la place centrale qu'occupe le pétrole dans l'économie de l'Angola ; mais aussi par l'importance stratégique de ses réserves[370].

---

[369] L'extraversion du secteur extractif angolais s'explique par l'absence de moyens, tant financiers qu'humains, pour la réalisation de certaines opérations stratégiques (exploration dans l'off-shore profond, négoce des produits, etc.). Elle se justifie également par l'intérêt des dirigeants politiques de disposer d'appuis extérieurs solides à travers les alliances asymétriques. Les opérations « pétrole contre développement », plus connues sous le nom « *Angola Model* », participent d'une stratégie de recherche de ressorts extérieurs de légitimité.

[370] L'Angola est le sixième producteur de diamant au monde en termes de volume, avec une production estimée à 8 000 300 carats, et le quatrième en termes de valeur (près de 1,2 milliards de dollars) pour seulement 10% de ses réserves exploitées. Il dispose également d'importantes réserves pétrolières ; ce qui explique le rang de second producteur africain qu'il occupe, derrière le Nigéria. Par ailleurs, l'Angola est, depuis 2006, le premier fournisseur de la Chine. MUZIMA (J-D) et FERNANDA RAMALHO MENDY, *Angola*, Africa Economic outlook, AfDB, OECD, UNDP, 2015, p.4, Michael Roll,

L'*Angolanization* exige, aux compagnies pétrolières, de disposer d'un personnel composé à 70% de nationaux[371]. Si cet objectif semble très ambitieux, il démontre, tout de même, la volonté du gouvernement d'opérer une rupture dans les pratiques. Les compagnies pétrolières sont soumises, annuellement, à la présentation d'un plan d'*Angolanization* au ministère en charge de la gestion du pétrole. Ce plan concerne les mesures visant à renforcer l'utilisation de la ressource humaine locale ; plus précisément le recrutement et le renforcement des capacités des Angolais.

Le *local procurement* constitue également une priorité de la politique d'*Angolanization.* L'État a procédé à l'identification des métiers prioritaires dans la stratégie de nationalisation des intrants utiles à l'industrie. La loi établit une distinction entre un certain nombre de biens et services « prioritaires » susceptibles, ou non, d'être fournis par des acteurs économiques locaux. Ainsi, les services et produits « exclusifs » ou « non spécialisés » doivent être fournis exclusivement par des sociétés angolaises ; avec, toutefois, la possibilité pour une entreprise étrangère d'agir en qualité de sous-traitant[372]. Au nombre des produits « exclusifs » figurent, notamment, les tests de pression sur les réservoirs de stockage de pétrole ou de gaz, l'approvisionnement en eau potable ou industrielle, la fourniture de matériel technique, le nettoyage et l'entretien d'espaces verts, le transport d'équipements et de denrées alimentaires[373]. La définition des « produits exclusifs » témoigne d'une lecture réaliste des savoirs et savoir-faire disponibles localement. Elle témoigne, néanmoins, d'une *Angolanization* à deux vitesses. En effet, les priorités en matière

---

"Resource governance, development and democracy in the Gulf of Guinea", *Fuelling the world-falling the region? oil governance and development in Africa's Gulf of Guinea,* Friedrich Ebert Stiftung, Aout 2011, pp.8-27.

[371]-Selon la loi portant sur le contenu local en Angola, les compagnies étrangères doivent disposer d'un effectif de travailleurs composé à 70% de nationaux. Elles doivent, en outre, soumettre annuellement, au ministère du pétrole, leur plan *d'angolanization.* JAN VAN (P), *Local content Angola,* disponible sur redweb.co.za.

[372]-World Bank, 2015, *Op.cit.*, p.32.

[373] *Idem.*

d'approvisionnement local marquent par leur dissymétrie avec les objectifs de nationalisation de l'expertise. Les domaines ciblés sont représentatifs d'une démarche dénuée de toute ambition de substitution véritable. Il apparait, donc, difficile d'envisager une modification du rapport de force, dans l'industrie pétrolière, à brève échéance.

Le programme de renforcement des capacités, destiné aux entrepreneurs locaux, constitue, par contre, un bon point de l'*Angolanization*. Il s'inscrit dans une stratégie de cogestion et, plus tard, d'alternative à l'expertise importée. La société pétrolière publique, *Sonangol*, joue un rôle clé dans le développement des fournisseurs locaux. Si l'initiative du renforcement des capacités est laissée aux opérateurs étrangers, la *Sonangol* reste un maillon essentiel de l'opérationnalisation desdits programmes. Elle favorise, ainsi, l'émergence d'entrepreneurs locaux dans des segments stratégiques de l'industrie. La *Sonangol* acquiert, elle-même, une expertise technologique clé, tout au long de la chaine des valeurs, grâce à la diversification de ses métiers. Nombre d'observateurs considèrent que la politique volontariste menée par les autorités angolaises a favorisé la naissance d'opérateurs nationaux capables de se saisir de nombreuses missions stratégiques tout au long du processus de viabilisation de la ressource pétrolière[374]. C'est ce que démontre le tableau ci-dessous présentant l'expertise angolaise dans divers métiers du pétrole. Il ressort de l'analyse des données du tableau que l'Angola dispose d'un niveau d'intégration appréciable, dans l'amont, comparativement au Nigéria, premier producteur africain. La présence d'acteurs nationaux dans le trading pétrolier, et d'autres métiers stratégiques de l'aval viennent également « bousculer » les habitudes dans le secteur pétrolier africain[375].

---

[374] ULRICH KLUEH, GONZALO PASTOR, et al, *Inter-sectoral Linkages and Local Content in Extractive Industries and Beyond– The Case of São Tomé and Príncipe,* International monetary fund, 2007, p.21.

[375] La plupart des producteurs de pétrole du golfe de Guinée font appel à des sociétés de négoce, généralement suisses, pour vendre leur pétrole sur le marché international. Le Cameroun, le Gabon, la Guinée Équatoriale et le Nigéria sont les pays qui en font le plus recours. L'Angola vendait également

Tableau : L'expertise locale dans le secteur pétrolier du Nigéria et de l'Angola

ACTIVITY	NIGERIA : STATUS OF TECHNOLOGY AREA	ANGOLA: LOCAL COMPANY NAME
	I. Primary Sector	
Crude petroleum extraction: well building & development	Medium high. Good local expertise for onshore and shallow-water drilling. Deep-water operations dominated by foreign companies	Sonamer (deep-water drilling activities); Sonastolt (technical support of oil drilling companies)
Services incidental to oil, excluding surveying: control systems & exploration of mature fields; EOR/IOR	Medium. International contractors use local fabricators for assembly of less sensitive parts.	Petromar (building and maintenance of equipment for production, storage & distribution of oil & derivates)
Transportation of crude, refined oil and petroleum products via pipelines	Low. Large volume of imports from Far East; need to develop vibrant inspection, repair & maintenance local industry.	Sonasurf (supply of vessels to oil industry)
Sea water transportation of crude oil	Medium high. Local and foreign companies active in marine transportation services for swamp and offshore operations	Sonangol Shipping; Sonasing (treatment and oil storage for export)
	II. Secondary Sector	
Manufacturing of refined petroleum products	N.A	Luanda Refinery

son pétrole par l'entremise des négociants suisses, jusqu'à très récemment. GILLIES (A), GUÉNIAT (M) et LORENZ KUMMER, *Les négociants suisses, le pétrole africain et les risques de l'opacité,* Natural resource governance institute, juillet 2014, p.1.

Manufacturing of tankers, suction piles, subsea templates	Medium	N.A
Manufacturing of floating or submersible drilling or production platforms	Medium	Sonamet (production of structures: platforms & oil transportation systems)
Design engineering-related scientific and technical consulting services	Medium. Critical for influencing the choice and decisions for specific fields development	TECHNIP and Wapo Angola (engineering services)
Data acquisition & processing	Medium high	Sonawest (database processing and storing of seismic data)
	III. Tertiary sector	
Oil trading services	Medium high	Sonangol USA; Sonangol Ltd
Air transportation related to oil industry	Low	Sonair
Transport and freight insurance services	Low	N.A
Financial intermediation services, R&D, and other business services	Medium high	Banco Africano Investimentos; Sonadiets; ESSA (professional development and training)

Source : Ulrich Klueh, Gonzalo Pastor, Alonso Segura, and Walter Zarate, *Op.cit.* p.21

La mise en œuvre de l'*Angolanization*, repose sur le postulat que l'importance stratégique des réserves angolaises joue en faveur du renforcement de son influence internationale. En effet, le rôle des « barils marginaux » dans la stratégie d'équilibre du marché international, menée par les grands consommateurs[376], multiplie les opportunités pour les producteurs africains. Elle leur assure de disposer d'arguments pour contraindre l'action de leurs partenaires. Il reste, tout de même, que l'existence d'un droit du contenu local ne garantit pas, nécessairement, l'émancipation stratégique des pays producteurs. La politisation de la rente et l'absence de contrepoids politiques représentent les principales limites du cas angolais. La gestion patrimoniale du secteur pétrolier, sous Dos Sanctos, a réduit considérablement l'efficacité économique et géopolitique de l'*Angolanization.* Le cas angolais démontre, clairement, l'impossibilité de la puissance dans un contexte miné par le clientélisme et le détournement de la rente. L'incapacité de l'Angola à s'imposer comme la puissance régionale, en Afrique Centrale, s'explique par la gestion inconsidérée de ses facteurs de puissance. La transition à la tête du pays n'apportera aucun changement notable sans un renforcement des institutions angolaises et l'émergence de contrepoids efficaces.

La faiblesse de la démocratie angolaise explique le développement à minima d'un dispositif de contrôle de la mise en œuvre du contenu local. Si le ministère du Pétrole et la *Sonangol* jouent un rôle appréciable, il reste incomplet. L'exercice de la mission de contrôle par des structures relevant de l'exécutif, dans un contexte politique relativement fermé, ne favorise pas une efficacité d'action. Elle renforce l'impression de « l'entre-soi » qui a caractérisé la gestion du pétrole sous l'ancien régime. Par ailleurs, le dispositif de contenu local angolais marque par son obsession pour la substitution à l'expertise importée. Cette obsession donne au cas angolais une dimension extrêmement technique, en dehors de toute conception « *broad-based* »[377]. L'ouverture de l'*Angolanization* à plus de préoccupations situées à la périphérie de l'industrie pétrolière renforcerait son caractère inclusif. Une meilleure

---

[376] CHARNOZ (O), « Le pétrole africain : les clés pour comprendre. », in *Afrique contemporaine, Afrique et développement. Dossier : le pétrole en Afrique,* De Boeck et Larcier S.A, 2006, p.21.

[377] Littéralement « à large assise » pour signifier le caractère inclusif d'une politique.

intégration de la politique de préférence nationale dans les logiques de la Vision minière africaine pourrait servir les prétentions angolaises à la puissance.

C- Le Congo Brazzaville : entre renouveau et permanences stratégiques

La question du contenu local intéresse la gestion du secteur extractif congolais depuis quelques années. L'essor de l'industrie pétrolière, et la multiplication des projets d'exploitation minière justifient la volonté des autorités publiques de renforcer la contribution des acteurs locaux tout au long de la chaine des valeurs. Il s'agit, plus précisément, d'ouvrir le secteur extractif à des entrepreneurs congolais compétitifs, capables de participer à la « nationalisation » des compétences. L'appui au développement d'entreprises locales vouées à s'insérer dans le circuit minier constitue alors une des priorités du gouvernement congolais. C'est à cet effet qu'a été mis en place un système d'information des entreprises locales sur les activités proposées et les normes de qualité, d'hygiène, de sécurité et d'environnement (HSE) en vigueur dans le secteur extractif[378]. Cette initiative s'accompagne d'un mentoring des entreprises locales dont l'objectif est de mettre à niveau leur outil de production. Les entrepreneurs locaux disposent également d'opportunités de renforcement à travers divers mécanismes de « compagnonnage » ou de partenariat qui les ouvrent à l'expertise d'entreprises étrangères.

Le système d'information mis en place par les dirigeants congolais accorde un intérêt particulier à la situation des très Petites Entreprises, des Petites Entreprises et des PME actives dans le secteur extractif ou souhaitant s'y insérer. L'État leur fournit l'encadrement général et technique utile à leur intégration dans le circuit. Les entreprises locales bénéficient

---

[378] FÉVILIYÉ (I), « Contenu local et approche pour développer des liens. Le renforcement des capacités et la nationalisation des postes de cadres », Présentation faite à l'occasion d'un séminaire organisé par la CNUCED au Congo, Décembre 2015. Disponible sur www.unctad.org.

également d'une assistance à la gestion, commerciale et financière[379]. Le Plan de développement des entreprises locales, préconisé par les autorités congolaises, s'illustre également à travers l'action de structures dites « d'appui » parmi lesquelles l'Agence de développement des PME, l'Agence Nationale de l'Artisanat et l'Agence de promotion des investissements[380]. La création de partenariats industriels, sorte d'associations d'entreprises de même métier, participe d'un mouvement similaire. Il est question de favoriser le rapprochement de structures opérant dans un secteur d'activité commun afin de renforcer leur compétitivité. On peut ainsi atteindre une taille critique et disposer des compétences nécessaires à leur pleine intégration dans la chaine des valeurs.

La promotion de l'entrepreneuriat local est un des piliers de la stratégie de l'État congolais. En cela, elle présente des similitudes avec le contenu local angolais axé, lui aussi, sur la création de capacités solides et diversifiées dans l'industrie. L'action des dirigeants congolais s'inscrit dans un mouvement de contestation du monopole dont bénéficient les entreprises étrangères dans le secteur extractif. Il s'agit, pour eux, de renforcer la participation des acteurs locaux à la valorisation des ressources, mais aussi de réduire la part des partenaires du Congo. L'action des dirigeants congolais emprunte ainsi aux logiques de la substitution et de l'alternative à l'expertise importée au cœur d'une conception géopolitique du contenu local. C'est ce qui justifie la priorité accordée à la question du transfert de technologie comme instrument d'émancipation du secteur extractif congolais. Il reste qu'en l'absence d'indicateurs pertinents et d'instruments de mesure efficaces, le transfert de technologie reste une « vue de l'esprit ». Le rôle décisif de la technologie, dans la géopolitique des ressources rares, écarte d'emblée un transfert de technologie sans la mise en place de mécanismes de contrainte éprouvés. La structure de contenu local congolaise pèche par la candeur qui la caractérise.

---

[379] *Idem.*
[380] *Ibid.*

Le contenu local appliqué par le Congo encourage également la promotion de l'emploi local et des cadres locaux. Il s'exprime à travers le dispositif traditionnel (codes minier et pétrolier, contrats, lois connexes, etc.) qui encourage l'emploi, en priorité, de la main-d'œuvre locale. Cette exigence de la « nationalisation des cadres » permet, assurément, de renforcer la présence des Congolais tout au long de la chaine des valeurs. Elle reste, cependant, tributaire de l'efficacité du travail d'évaluation des capacités et savoir-faire disponibles, effectué en amont. Or, il n'existe pas de bases de données fiables sur les compétences locales dans les métiers de la mine. Le Congo souffre, ainsi, d'une connaissance approximative de son potentiel, et de ses besoins, liés à l'exploitation des industries extractives. Le lancement d'une entreprise de nationalisation de la ressource humaine sans le recensement exhaustif du potentiel national relève d'une « cécité stratégique » préjudiciable à l'efficacité de la « méthode » congolaise. Il apparait donc impossible de favoriser l'intégration de l'expertise locale dans les segments stratégiques de la mine.

Si le problème du contenu local au Congo se résume à une absence de planification stratégique et prospective, il s'explique par la qualité de la gouvernance et des institutions. Le secteur pétrolier est gangréné par un clientélisme d'Etat qui rend difficile une gestion axée sur la performance. Le maillage des structures de gestion du pétrole par les « hommes du président » favorise le développement de mécanismes de détournement de la rente[381]. L'orientation rentière donnée à la gestion du secteur pétrolier a favorisé l'émergence d'une espèce de criminalité économique organisée à laquelle participent personnalités publiques et entreprises étrangères[382]. La systématisation des crimes économiques a rendu accessoire la défense de l'intérêt national. C'est ce qui explique le manque d'ambition de la stratégie congolaise en matière de contenu local et les limites structurelles qui la caractérisent. Dans ce contexte, il devient

[381] NOAH NOAH (F) (2018), *Op. cit.*, p.196-197.
[382] Déclaration de Berne, *Un contrat raffiné. Les arrangements douteux de la société suisse Philia au Congo*, DB, février 2015.

difficile d'aboutir à une contestation véritable des positions des entreprises pétrolières étrangères.

La privatisation de la rente représente une limite rédhibitoire à l'efficacité du contenu local au Congo. La gouvernance atypique s'exprime, au Congo, à travers la dialectique « ouverture-fermeture » de l'industrie aux influences extérieures, et plus précisément de la société civile. L'inexistence de contrepoids efficaces réduit la force des dispositions visant à promouvoir la préférence nationale. Le contenu local se nourrit de sa permanente remise en question par le biais de mécanismes politiques et institutionnels éprouvés. Or, la faiblesse du débat contradictoire est une des principales caractéristiques de la gouvernance du secteur extractif congolais. Cette posture conservatrice est préjudiciable à la pleine expression du potentiel de l'expertise disponible au Congo. Le cas congolais démontre que les producteurs africains perdent dans la gestion autoritaire ce qu'ils gagnent dans le dynamisme du secteur extractif. La multiplication des crimes économiques illustre l'échec d'un modèle congolais sur les flancs duquel le clientélisme a créé de nombreuses brèches. Il devient impossible d'envisager une nationalisation de l'expertise sans une réforme en profondeur de l'esprit et des modalités de la gestion des ressources naturelles.

Le cas congolais est symptomatique de l'impossibilité du contenu local sans un « désir de puissance » minimale. La volonté des autorités d'encourager l'émergence d'un entrepreneuriat compétitif s'apprécie autant dans la multiplicité des initiatives développées qu'à travers les considérations géopolitiques qui sous-tendent cette démarche. Plus clairement, la solidité de la politique de nationalisation de l'expertise utile à la mine se mesure à la place faite aux principes de substitution et d'alternative. Or, le modèle congolais souffre d'un déficit d'ambition géopolitique ; ce qui le place à la périphérie de la bataille pour la puissance par les ressources. L'absence d'un véritable « plan directeur » en matière de renforcement des capacités humaines et institutionnelles, réduit les opportunités des entrepreneurs locaux. Cette imprécision stratégique donne aux initiatives gouvernementales l'aspect d'actions isolées, en dehors de toute logique prospective. Cela est renforcé par l'inexistence d'un recensement exhaustif des besoins du secteur extractif souligné précédemment.

CHAPITRE 4 :

CONSOLIDATION DÉMOCRATIQUE, CONTENU LOCAL ET SUCCÈS STRATÉGIQUES DANS LE SECTEUR EXTRACTIF AFRICAIN

Le contenu local est généralement considéré comme l'ensemble de la valeur ajoutée ou créée, dans une économie, par l'utilisation de la ressource humaine et matérielle locale à toutes les étapes de la chaine des valeurs[383]. C'est l'expression de la volonté d'un Etat de contraindre l'action de ses partenaires afin d'exploiter, de façon optimale, le potentiel de ses ressources naturelles en matière de développement et de puissance. Il se décline en résultats socioéconomiques concrets, mais aussi en modalités juridiques et politiques claires. Le contenu local apparait ainsi comme un processus et un produit. L'analyse du contenu local en tant que processus permet d'en mesurer les ambitions en termes de puissance et la nécessaire compatibilité entre l'ouverture du jeu minier, au niveau local, et les aspirations à la puissance des pays producteurs. Le contenu local souligne le rôle que le processus de démocratisation appliqué aux industries extractives est susceptible de jouer dans la quête de la puissance. Il s'agit clairement d'une ouverture à la puissance à partir de l'ouverture du jeu minier.

La mise en œuvre du contenu local est généralement fonction du degré d'ouverture du jeu politique dans le pays hôte. Cela s'explique par le caractère hautement participatif des processus qui en structurent l'opérationnalisation. La définition des priorités en matière de renforcement des capacités locales, la consolidation des liens intersectoriels ou la révision des instruments politiques et juridiques de gestion, par exemple,

---

383 SIGAM (C) and GARCIA (L), UNCTAD, *Extractive industries: optimizing value retention in host countries*, United Nations, New York and Geneva, 2012, p.1.

implique généralement une ouverture à minima du débat minier. S'il reste possible d'en voir l'application dans des régimes politiques autoritaires, sous fond de souverainisme minier, plusieurs aspects du contenu local restent incompatibles avec l'absence de transparence ou les restrictions en matière de contrôle des processus. La démocratisation du processus minier vient donner au contenu local la légitimité nécessaire à l'atteinte des objectifs en termes de puissance.

Dans le cas spécifique de l'Afrique, la relation quasi-fusionnelle entre quête de la puissance et démocratie s'illustre chez plusieurs « champions » du contenu local. Les progrès réalisés en matière de contenu local dans ces pays s'expliquent par le dynamisme de la praxis démocratique. L'analyse de la trajectoire de la gestion du secteur extractif démontre que, pour l'essentiel, le renforcement des politiques de contenu local s'est fait dans un contexte de consolidation de la démocratie. Ainsi, les pays dont les politiques et les pratiques en matière de contenu local sont les plus abouties sont généralement ceux ayant passé le « *two turnover test* »[384] ; ou sur le point de le réaliser. La mise en œuvre du contenu local implique l'existence d'institutions fortes. Celles-ci constituent les canaux de communication utiles à la création d'un « champ intersectoriel ». Le modèle de liens intersectoriels préconisé par le Guide de la Vision minière nationale ne peut exister que dans un contexte politique ouvert, débarrassé des « pesanteurs » d'une gestion autoritaire des affaires publiques.

La loi sur le contenu local tire sa justification de la cohérence qu'elle apporte à l'action gouvernementale en

---

[384] « *Le two turnover test* » ou « test de deux transitions » suggère qu'une démocratie n'est stable que si elle survit à deux transitions démocratiques entre des formations politiques différentes, au terme d'élections libres et transparentes successives, à partir du début du processus démocratique. Ce concept, développé par Samuel P. Huntington, vise à évaluer les démocraties sur la durée ; mais aussi sur la capacité de la démocratie à s'incarner dans des pratiques pérennes. HUNTINGTON (S-P), *The Third Wave: Democratization in the Late Twentieth Century,* Norman, University of Oklahoma Press, 1991, p. 267 et WOLFGANG MUNO, « Democracy and the rule of law in Mexico », KAS INTERNATIONAL REPORTS, 10|2012.

matière de promotion de la préférence nationale. Le rôle « de loi d'orientation » qu'on lui reconnait permet un encadrement strict de l'action des acteurs du secteur extractif. L'existence d'une loi sur le contenu local résout le problème de la dissémination des sources qui en réduit l'efficacité et limite la transparence du jeu. Elle permet de fonder le projet de développement, et de puissance, par les ressources sur un substrat théorique pertinent. La stabilité des institutions publiques est essentielle à l'instauration de l'État de droit. La démocratie apparait alors comme un stimulant à la systématisation du contenu local et, par là même, un élément utile à la quête du développement et de la puissance. Il ne s'agit plus seulement de nationaliser l'expertise locale, mais bien d'inscrire la gouvernance du secteur extractif dans les logiques de projection géopolitique et de puissance.

Section 1 : La question du renforcement de la participation des acteurs locaux tout au long de la chaine des valeurs

La participation des acteurs locaux à la gestion du secteur extractif est un élément essentiel du contenu local. Elle constitue un des principaux indicateurs de la volonté du pays hôte de favoriser la nationalisation de l'expertise en vue d'une meilleure intégration de l'industrie dans les réalités et les besoins locaux. L'efficacité du contenu local dépend donc pleinement de sa capacité à refléter les aspirations locales. Au-delà des retombées économiques qu'il induit, le renforcement de la participation des acteurs locaux sert d'abord la défense de l'intérêt national[385]. Il s'agit, de manière générale, de créer les conditions d'une meilleure préservation de l'avantage comparatif dont bénéficie le pays hôte à travers ses ressources. Cela passe par un nationalisme des ressources offensif que seul un maillage efficace de l'ensemble de la chaine des valeurs rend possible. Le renforcement de la participation des acteurs locaux n'est donc pas seulement une question de prévisions, plus ou

[385] NOAH NOAH (F), (2018), *Op.cit.*, pp. 102-106.

moins réalistes, et bien souvent inspirées d'un populisme de mauvais aloi. Il se justifie par la volonté du pays hôte de s'inscrire dans la dialectique des intelligences en vue de s'ouvrir au développement et à la puissance par l'exploitation de ses ressources. La démocratisation du jeu minier sert ainsi de prétexte à la réalisation des ambitions géopolitiques de l'État.

A- La définition des axes prioritaires du processus minier et pétrolier

La définition de la stratégie de contenu local est une étape importante dans la démocratisation du débat minier. Elle permet de juger des ambitions du pays hôte en matière de nationalisation du secteur, mais surtout d'en mesurer la pertinence et l'opérationnalité. Il est difficile de préjuger de l'efficacité de mesures de contenu local sans les mettre en rapport avec le degré de participation, et donc de consensus, atteint dans le processus de fabrication de la norme. Le caractère interconnecté et nécessairement intersectoriel de l'exploitation minière oblige à une meilleure ouverture du secteur. Il ne s'agit pas seulement de créer un environnement favorable aux inputs de décision. Le renforcement de la participation dans la définition des axes clés du processus minier permet d'en préciser la légitimité et, donc, de garantir la rentabilité des projets miniers. L'ouverture du processus de prise de décision, dans le secteur extractif, n'est pas sans rapport avec un certain souci d'efficacité. Elle ouvre ainsi la voie à la relation entre démocratisation et puissance.

La stratégie de nationalisation de l'expertise utile à l'industrie extractive

L'opérationnalisation du contenu local implique la nationalisation de l'expertise tout au long de la chaine des valeurs. Le pays hôte met en place une politique favorable à une meilleure intégration de la ressource humaine locale et rend opposable le principe de préférence nationale. Cette stratégie, déjà présente dans la plupart des législations minières[386], prend une dimension nouvelle dans l'application du contenu local. Il ne s'agit plus seulement de renforcer l'impact de l'industrie minière sur l'emploi, mais d'inscrire la nationalisation de l'expertise dans une perspective plus globale guidée par l'idée de substitution et d'alternative à l'expertise importée. Le projet de nationalisation de l'expertise implique la pleine participation des entreprises contractantes, fussent-elles étrangères. Au Nigéria, celles-ci sont soumises à la présentation d'un *Employment and Training Plan* (E and T plan) précisant leurs ambitions en matière de recrutement et de formation de la ressource humaine locale. L'expérience tirée de bonnes pratiques permet de souligner que la nationalisation de l'expertise induit, également, la réorganisation de l'offre de formation et le renforcement des liens entre l'industrie et les structures de formation[387]. Le contenu local est motivé par une logique affirmée d'alternative à l'expertise importée ainsi que par le souci d'une stricte application des mesures adoptées. Il s'agit, clairement, d'inscrire la nationalisation de l'expertise dans un mouvement d'ouverture qui va au-delà des quotas de travailleurs locaux prévus par la loi.

La nationalisation de l'expertise utile à la mine est liée à une certaine ouverture du jeu minier. Elle implique, au minimum, deux étapes importantes : la tenue de consultations locales et des débats au sein du parlement. Les consultations locales visent à intégrer les préoccupations des populations dans les choix retenus. Il s'agit de s'assurer que le projet minier s'inscrira, suffisamment, dans son environnement tant humain qu'écologique. Il est ainsi possible d'anticiper les éventuels conflits liés à la propriété du sol ou à l'intégration des populations locales à l'industrie[388]. Les débats parlementaires,

---

[386] Notamment à travers les codes miniers et pétroliers ainsi que dans les contrats.

[387] SIGAM (C) and GARCIA (L), *Op. cit.*, p.30.

[388] La question du foncier reste un facteur de conflits potentiels en Afrique. Cela est dû à une gestion inconséquente et non inclusive du cadastre qui entraine de « multiples chevauchements de concessions », dans certains pays

quant à eux, permettent de s'assurer de la justesse des mesures proposées et d'exercer, par le fait même, « l'équilibre des forces » inhérent à la démocratie. Il apparait donc évident que la nationalisation de la ressource humaine n'est efficace que si elle est précédée d'une évaluation approfondie des besoins et des capacités locaux ; ceci dans le but de rendre cohérentes les projections chiffrées avec les réalités. L'évaluation préalable à l'édiction des normes de contenu local limite la tentation populiste en faisant de l'efficacité la vertu cardinale du processus.

La volonté du pays hôte de renforcer la présence d'acteurs locaux, tout au long de la chaine des valeurs, témoigne de la proximité entre démocratie et puissance. L'ouverture du jeu minier à l'expertise locale se fait nécessairement sous le sceau du renforcement de la gouvernance. Son objectif premier est de multiplier les espaces de coopération entre les différents niveaux de la gouvernance et consacrant une certaine horizontalité du pouvoir. Les concertations locales, qui précèdent l'adoption de mesures favorables à la nationalisation de l'expertise, permettent une circulation effective du pouvoir du bas vers le haut. Au-delà de sa fonction de régulation des rapports entre les acteurs du système politique, l'ouverture du jeu minier tient un rôle éminemment géopolitique. Elle permet, en effet, de réduire l'asymétrie de capacités et, donc, de puissance qui existe généralement entre les pays africains et leurs partenaires. En considérant l'impact de l'extraversion du secteur extractif sur le développement de l'Afrique par ses ressources, il devient évident que la nationalisation de l'expertise aboutit, à terme, à l'émancipation stratégique des pays producteurs.

---

africains. Le développement d'un projet minier peut ainsi coïncider avec une concession « réservée » (concessions forestières, territoires de chasse, terrains agricoles, réserves naturelles, etc.) ce qui est susceptible de provoquer des conflits fonciers. Lire à ce propos : NGUIFFO (S), « Une autre facette de la malédiction des ressources ? Chevauchements entre usages différents de l'espace et conflits au Cameroun », *Politique Africaine*, n°131, 2013/3, pp.143-162 ; POURTIER (R), « Ressources naturelles et conflits en Afrique Subsaharienne, *Bulletin de l'Association des Géographes Français*, 2012/89-1/ pp.34-53.

L'intérêt des producteurs africains de nationaliser l'expertise utile à la mine s'explique par la nécessité de rattraper le retard accumulé dans la géopolitique des ressources. Réduite au statut de réserve stratégique « hors-les-murs », l'Afrique est condamnée à s'inscrire à la dialectique des intelligences pour espérer se développer. La création des conditions d'une meilleure intégration de la ressource humaine locale, dans les segments stratégiques de la chaine des valeurs, apparait comme une opportunité d'émancipation déterminante. Elle tranche avec l'option d'extraversion prise par certains régimes politiques afin d'assurer une certaine stabilité à leur pouvoir dans un contexte de contrainte des libertés publiques[389]. La nationalisation de l'expertise met l'intérêt national au centre des préoccupations du pays hôte. Les producteurs africains sont ainsi en mesure de mettre l'exploitation de leurs ressources au service de leur projet de puissance.

La participation des firmes locales au développement des projets

La mise en œuvre du contenu local s'accompagne généralement de mesures destinées à favoriser l'entrepreneuriat local. Nombre de pays producteurs considèrent la promotion de firmes nationales comme un aspect essentiel de la stratégie de substitution à l'expertise importée. Les mesures de contenu local visent alors à contraindre l'action des partenaires dans le but de favoriser le transfert de technologie. La participation des entrepreneurs locaux se fait selon deux modalités. La première consiste à participer au projet minier ou pétrolier dans le cadre d'une joint-venture contractuelle[390]. Dans ce cas, l'entreprise

[389] NOAH NOAH (F), « Industries extractives et gouvernement perpétuel en Afrique Centrale », *Dialectique des intelligences* n°2, Second semestre 2016, pp.77-85.

[390] Il existe deux types de joint-venture : celle qui vise la création d'une société commune et la joint-venture contractuelle. La première est quasi-incontournable dans le secteur extractif et se rapporte à la société de participations. Son objectif est de générer une nouvelle entité juridique ; fruit des arrangements entre chacune des parties. La joint-venture contractuelle, quant à elle, ne crée pas forcément une nouvelle société dans la mesure où son

participe à la gestion du projet aux côtés de la firme étrangère. Le Nigéria fait office de terrain d'observation privilégié de ce type de contrat. La seconde modalité de participation des entrepreneurs locaux consiste en l'approvisionnement de l'industrie en biens et services. Les producteurs africains usent de mécanismes divers pour faire jouer la préférence nationale tout au long de la chaine des valeurs. Le Ghana préconise l'octroi de contrats d'approvisionnements aux entrepreneurs locaux même si ces derniers proposent des offres plus onéreuses, jusqu'à 10% au-delà du prix référentiel[391]. Le Nigéria, pour sa part, précise que la priorité doit être faite aux produits fabriqués localement[392].

La consécration juridique de la préférence nationale s'inscrit dans un mouvement en faveur de la démocratisation du jeu minier. Elle ne peut être comprise qu'en rapport avec l'échec du modèle autoritaire basé sur l'extraversion des facteurs de production. La nationalisation de l'expertise, à travers l'ouverture du secteur aux entrepreneurs locaux, obéit à une forte demande intérieure, mais aussi à la prise de conscience des avantages du souverainisme minier. Le cas du Nigéria, longtemps considéré comme « l'exemple à ne pas suivre »[393], permet de juger du facteur accélérateur que constitue la démocratisation sur la mise en œuvre du contenu local. L'observation de l'histoire récente de l'industrie pétrolière nigériane permet de constater que le nombre d'opérateurs locaux a connu une croissance fulgurante avec l'ouverture démocratique. Un constat identique peut être fait au Ghana où la consolidation démocratique a favorisé le développement de

objectif principal étant d'organiser la coopération entre deux sociétés déjà existantes. YOUMBI FASSEU (F), « La joint-venture dans le contexte sino-africain : élément pour une lex mercatoria sino-africaine », in *Revue de l'ERSUMA*, n°1, juin 2012, disponible sur www.revue.ersuma.org, consulté le 13 avril 2016.

391 Cf. Ministry of Energy, *Local content and local participation in petroleum activities-Policy framework*, 26 février 2010, p.7.

392 *Nigeria oil and gas industry content development bill. Explanatory memorandum*, 2010, Principe 10.

393 IAN GARY et TERRY LYNN KARL, *Le fond du baril. Boom pétrolier et pauvreté en Afrique*, Catholic Relief Services, juin 2003, p.25.

programmes de mise à niveau des entreprises locales. Le pays est aujourd'hui un des modèles en matière de structuration de l'alternative technique au niveau local. On pourrait, par contre, mettre la faible des politiques de préférence nationale au Tchad, au Cameroun, au Congo ou en Guinée Équatoriale sur le compte d'une ouverture encore imparfaite du jeu minier au débat démocratique.

De nombreux éléments structurels permettent d'attester de la relation entre consolidation démocratique et émergence d'opérateurs économiques locaux. D'abord le caractère nécessairement participatif de la gestion minière dans le contexte démocratique. L'ouverture du jeu minier devient possible dans un environnement où le régime politique au pouvoir ne tire plus sa stabilité de ressorts extérieurs de légitimité. L'obligation de rendre des comptes structure les rapports entre niveaux de pouvoir ; l'efficacité économique et sociale étant le seul critère d'évaluation d'un projet minier. Les entrepreneurs locaux sont alors considérés comme des éléments essentiels de la stratégie de rentabilisation des projets miniers et de maillage de la chaine de valeurs. Ensuite, l'ouverture du secteur extractif à des opérateurs locaux doit s'accompagner, si elle veut être efficace, d'une relative transparence des processus. L'existence d'une loi sur le contenu local, ou de dispositions juridiques pertinentes dans les contrats, assortie de mécanismes de contrôle et d'évaluation efficaces, est des gages de transparence efficaces. Or, ils sont rares dans des contextes de gestion autoritaire où l'arbitraire est généralement privilégié. La trajectoire de la plupart des producteurs africains permet d'ailleurs de constater que si le souverainisme minier date des indépendances, sa mise en œuvre objective, à travers des principes clairs et opposables, n'a été effective qu'avec la consolidation de la démocratie. En outre, l'ouverture du jeu minier aux entrepreneurs locaux implique l'existence de capacités locales plus ou moins suffisantes. Le caractère ambitieux du projet de nationalisation de l'expertise s'appuie ainsi sur des données objectivement constituées à travers l'identification des savoirs et savoir-faire disponibles localement.

B- Le retour de l'État comme acteur majeur du jeu minier

L'engagement de l'État dans le secteur extractif peut sembler une évidence au regard de l'importance stratégique des réserves africaines. En tant que garant de l'intérêt national, l'État a pour mission de créer les conditions d'une riposte ferme aux manœuvres géostratégiques des partenaires du continent. Cela passe par un encadrement strict de l'action des opérateurs, mais aussi par son engagement dans les segments stratégiques de la chaine des valeurs, dont l'amont minier et pétrolier. La gestion du secteur extractif, dans l'Afrique post-coloniale, a pourtant consacré l'avènement d'un État « capteur de rentes », inapte à la défense de l'intérêt national. Baigné dans un certain « opportunisme structurel »[394], l'État africain postcolonial se complait dans son statut de pivot géopolitique et refuse de s'inscrire dans la dialectique des intelligences à l'œuvre dans la géopolitique des ressources. De ce fait, le retour de l'État sur le front minier et pétrolier s'inscrit pleinement dans l'ouverture à la puissance par la démocratie. Il constitue une rupture d'avec la stratégie d'extraversion et replace la défense de l'intérêt national au centre des priorités.

Consolidation démocratique, révolte géopolitique et retour de l'État-opérateur

Le renforcement de la démocratie, sur le continent, a été l'accélérateur du retour de l'État sur les axes clés de la chaine des valeurs. Mieux outillé pour défendre l'intérêt national, l'État démocratique n'éprouve aucune difficulté à engager les réformes de fond qui s'imposent dans le secteur extractif du

[394] L'opportunisme structurel se définit comme l'attitude générale de certains producteurs de ressources naturelles qui, faute d'avoir élaboré une vision complète des industries extractives se complaisent dans le rôle de pivot géopolitique que veut bien leur faire jouer les grands consommateurs. Cet opportunisme structurel est fait d'attentisme, de suivisme, et de recherche de la stabilité des bénéfices qu'offrent les alliances stratégiques asymétriques. NOAH NOAH (F) (2018) *Op.cit.*

continent. L'engagement dans la géopolitique des ressources est une évidence pour lui dans la mesure où il sait compter sur le soutien du peuple duquel il tire la légitimité de son pouvoir. La réforme de la société publique, en charge de la gestion des intérêts de l'État dans les projets miniers ou pétroliers, constitue généralement un des premiers chantiers des régimes démocratiques. Il s'agit de faire passer l'entreprise publique concernée du statut d'observateur à celui d'opérateur. Ainsi, la compagnie pétrolière nationale du Nigéria a connu de nombreuses réformes destinées à en renforcer l'efficacité[395]. S'il faut reconnaitre qu'elle connait encore d'importants problèmes structurels et de management[396], la *Nigerian National Petroleum Company* (NNPC) apparait comme une des plus intégrées du continent[397].

L'existence de l'État-opérateur est attestée par l'histoire tumultueuse du souverainisme minier en Afrique. Constitué dans le but d'assurer le développement par les ressources des pays nouvellement indépendants, l'État-opérateur représentait la volonté des régimes politiques d'alors, de jouir d'une pleine souveraineté sur leurs ressources. Si les cas d'intervention directe dans l'industrie sont rares, faute d'expertise et de volonté politique suffisantes, les compagnies minières publiques représentaient, tout de même, une menace au projet géostratégique des grandes puissances. C'est ce qui explique l'interventionnisme des institutions de Bretton Woods qui n'était pas dénuée de considérations géopolitiques. Le cas de la

[395] Les réformes prévues par la « Petroleum Industry Bill » 2008 ("PIB 08") et la « Petroleum Industry Bill 2012 » sont abordées par ADEOYE ADEFULU. Cf. « NNPC reforms under the Petroleum Industry Bill 2012: Plus ça change, plus c'est la même chose », publié le 24 aout 2012 sur www.petroleumindustrybill.com. Consulté le 03 juillet 2020.

[396] ADEOYE ADEFULU, *Op.cit.* ; AARON SAYNE, GILLIES (A) and KATSOURIS (C), *Inside NNPC Oil Sales: A Case for Reform in Nigeria,* NRGI, August 2015, 162 p. ; KATSOURIs(C), « Buhari's Second chance at oil and gas reform in Nigeria », publié le 4 avril 2019 sur www.chathamhouse.org. Consulté le 03 juillet 2020.

[397] Voir à propos : « NNPC : functions, structure and other details » disponible sur www.contents101.com; et « Nigerian National Petroleum Corporation-NNPC Organisational Structure », sur www.liquidsearch.com. Consulté le 04 juillet 2020.

privatisation de la Gécamines en RDC ou l'*Ashanti Goldfields Company* au Ghana, dans la mouvance des Programmes d'ajustement structurels (PAS), le démontre à souhait[398]. L'action de Bretton Woods dans le secteur extractif africain a réduit la marge de manœuvre de l'État dans l'amont et favorisé, par le fait même, l'entrée des investisseurs étrangers. Il reste, tout de même, que le peu de rigueur dans la gestion des compagnies minières et pétrolières nationales en a fait un des symboles de la mauvaise gouvernance aujourd'hui.

L'offensive des institutions de Bretton Woods a fragilisé la position de l'État dans le secteur extractif. Diminué par le catéchisme libéral prôné par ses partenaires financiers, l'État africain ne disposait plus des moyens d'opérationnaliser un quelconque projet de développement ou d'émancipation par ses ressources. S'il est possible d'admettre que les options des producteurs africains étaient limitées, au regard de la crise économique de la fin des années 1970[399], force est de reconnaitre que la faible ouverture des régimes politiques a facilité l'action de Bretton Woods. Dans un contexte démocratique, les réformes préparées dans le cadre de l'Ajustement structurel n'auraient certainement pas été appliquées en l'état. La piètre situation économique servant de

---

[398] La gestion des industries extractives par le régime de Mobutu dans l'ex Zaïre a certainement favorisé la perte de compétitivité du secteur. Le rachat de la Gécamines par des investisseurs étrangers, sous le couvert de l'ajustement structurel, n'en constitue pas moins une manœuvre géostratégique des grands consommateurs de ressources naturelles. C'est également ce qu'on peut dire du cas de l'*Ashanti Goldfields Company* dont les bonnes performances économiques rendaient toute privatisation inappropriée. Lire à cet effet : MADONNA (V), « Ressources extractives, un enjeu crucial pour le développement de l'Afrique », *Thinking Africa*, NAP n° 18, octobre 2014, p.2 et FOUNOU-TCHUIGOUA (B), « L'échec de l'ajustement en Afrique », in *Alternatives Sud*, Vol., 1994, p.5.

[399] La crise financière de la fin des années 1970 est généralement considérée comme un « profond mouvement de dérèglementation » qui a commencé aux États-Unis et en Angleterre avant de se diffuser progressivement dans le reste du monde. Elle constitue un des « motifs » de l'ajustement structurel. JEFFERS (E) et POLLIN (J-P), « « Déréglementation bancaire des années 1980 et crise financière », *Revue d'économie financière*, n°105, 2012/1, pp. 103-114.

prétexte à l'opérationnalisation des PAS, l'absence d'un État aux institutions démocratiques solides a contribué à la mise sous contrôle des économies africaines. L'opacité du secteur extractif, fruit d'une gestion autoritaire de l'État, a constitué un terreau favorable au néo-patrimonialisme, fournissant ainsi un « motif » aux institutions financières internationales. Il est également possible de considérer qu'un fonctionnement effectif des institutions aurait modifié la physionomie des PAS et réduit leur aspect directif et presque exclusivement « vertical ». On peut alors estimer qu'il existe un rapport entre l'absence de démocratie et le retrait de l'État de ses positions dans le secteur extractif.

L'engagement de l'État en tant qu'opérateur est loin de n'être qu'un aspect parmi d'autres de la nécessaire réforme de la gouvernance du secteur extractif africain. Il s'agit d'une modalité essentielle de la révolte géopolitique des producteurs. C'est ce qui explique que la création d'une compagnie nationale représente une des principales réformes proposées par la Vision minière africaine[400]. Le leadership que suggère le contenu local ne s'incarne véritablement que dans l'État-opérateur. Le caractère stratégique des réserves en ressources minérales et énergétiques de l'Afrique fait de l'intervention de l'État, dans l'amont, une nécessité. Cela implique l'existence d'une expertise technique et technologique pertinente, mais aussi un management à la mesure des défis structurels posés par plusieurs années de gestion opaque. L'État-opérateur réalise une offensive dans l'amont très différente de la simple prise de participation dans l'entreprise commune constituée dans le cadre d'un projet minier. Il est en première ligne de la contre-offensive qui vise à rééquilibrer le rapport de force dans l'amont. Son implication dans ce segment stratégique de la chaine des valeurs justifie le souverainisme minier généralement évoqué dans les textes, mais très peu mis en pratique dans les faits.

---

[400] Voir African Mineral Development Centre, *A Country Mining Vision guidebook. Domesticating the Africa Mining Vision*, 2014, p.144.

La contribution de la démocratie à l'intelligence économique stratégique

L'intelligence économique stratégique occupe une place de choix dans la géopolitique des ressources. Sa contribution à la quête de la puissance en fait un instrument privilégié à la disposition de l'État africain. En effet, contrairement à la *Competitive intelligence* américaine, l'intelligence économique « à la française » accorde à l'État une place de choix dans sa programmation et son exercice[401]. C'est lui qui définit, élabore et coordonne « la politique publique en intelligence économique » que chaque établissement d'enseignement supérieur et de recherche a vocation à mettre en œuvre[402]. L'information est un élément essentiel de l'intelligence économique appliquée au contenu local[403]. Elle représente le matériau de base qu'il faut posséder, contrôler et protéger pour disposer d'une influence suffisante dans la géopolitique des ressources. Or pour être efficace, l'information doit pouvoir circuler entre les différents éléments du système. Ce qui est difficile dans l'Etat autoritaire caractérisée par une certaine omerta sur les aspects essentiels de la gestion des affaires publiques. Cette circulation imparfaite de l'information est une explication de l'incapacité des régimes autoritaires de mettre en œuvre un contenu local offensif. Le modèle botswanais démontre l'impact positif de la démocratie sur l'intelligence économique dans l'industrie du diamant. L'élaboration d'une politique de valorisation des gemmes, au niveau local, favorisée par un système d'information abouti, a permis à l'industrie botswanaise d'être une des plus intégrées du continent[404].

---

[401] MYLENE HARDY, Le concept français d'« intelligence économique »: histoire et tendances. Guojia de jingji jishu qingbao : zhongguo yu faguo de shijian yu bijiao [*Intelligence économique nationale : Etude comparative sur les pratiques en France et en Chine*], Shanghai Renmin Chubanshe, Shanghai, Chine, Chapitre 4, p.2.

[402] Délégation interministérielle à l'intelligence économique, *Guide de l'intelligence économique pour la recherche,* 2011, 64 p.

[403] NOAH NOAH (F), (2018), *Op.cit.*, pp.88-99.

[404] NOAH NOAH (F), « Eléments d'intelligence économique appliqués à l'industrie du diamant : une analyse stratégique du "modèle botswanais" »,

Ce qu'il est important de relever c'est que l'État botswanais exerce une influence considérable sur l'économie. Son rôle consiste, principalement, à assurer une planification rigoureuse du développement[405]. Le Ministère des Finances et de la Planification du Développement (MFDP) fait office de hub pour l'information stratégique. Il est au cœur du processus de transformation de l'information en bien économique. Le rôle stratégique du MFDP, dans le système botswanais, se mesure à l'importance de l'information dans l'intelligence économique[406]. Celle-ci est, à la fois, une matière première essentielle[407] et une ressource stratégique[408]. L'interventionnisme de l'État botswanais est essentiel à la conduite de la politique d'intelligence économique. C'est ce qui justifie qu'il est le partenaire principal de De Beers et mène une stratégie économique ouvertement nationaliste[409]. Cet engagement sert à défendre la compétitivité générale du pays dans un contexte de concurrence exacerbée sur le marché international du diamant.

L'information est un facteur de puissance déterminant dans la géopolitique contemporaine. Le cas de l'industrie diamantaire au Botswana le démontre à souhait. La trajectoire du « modèle botswanais » prouve qu'il est impossible d'aspirer au développement par les ressources sans un désir de puissance minimum. La puissance des partenaires du continent se nourrissant de l'impuissance des producteurs africains, toute

---

Dossiers de Recherches en Economie et Gestion, Dossier 9, N° 1 : juin 2020, pp.93-108.

405 SEBUDUBUDU et LOTSHWAO, « La gestion des ressources et l'ordre démocratique : l'expérience du Botswana », South African Institute of International Affairs, *Programme de Gouvernance et MAEP*, Publication occasionnelle, N°31, mai 2009.

406 MONINO (J-L), *L'information au cœur de l'intelligence économique stratégique*, Réseau de recherche sur l'innovation, Document de travail n°27, 2012.

407 CATINAT (M), « Entrer dans la société de l'information. L'enseignement américain », *Futuribules*, n°242, mai 1999, pp.19-42.

408 GUILHON (B) et LEVET (J-L), « De l'intelligence économique à l'économie de la connaissance », Economica, 2003.

409 GRYNBERG (R), "Some like them rough: The future of Diamond Beneficiation in Botswana", *Discussion paper*, N°142, ecdpm March 2013.

stratégie de développement et d'industrialisation par les ressources nécessite l'inscription des seconds dans les logiques de la géopolitique des ressources rares. Il apparait alors important, pour le pays hôte, de disposer de structures de collecte, d'analyse et de dissémination de l'information utile à la conduite de la politique de puissance. Le renseignement économique apparait ainsi comme un des piliers de la politique d'intelligence économique. C'est lui qui facilite l'accès des entrepreneurs locaux à une information pertinente ; favorisant ainsi leur pleine participation au projet de puissance de l'État. Or le renseignement reste, dans nombre de pays africains, un outil au service de régimes politiques déterminés à combattre « l'ennemi intérieur »[410]. La survivance d'un renseignement « contre-subversif » limite les possibilités d'émergence d'un renseignement économique efficace et, par le fait même, l'intelligence économique appliquée à la gestion du secteur extractif en Afrique.

L'État-opérateur tire son dynamisme de sa capacité à recueillir l'information pertinente et à la mettre à la disposition d'entrepreneurs locaux compétitifs. Il crée ainsi les conditions de son engagement dans l'amont ; mais aussi d'un « maillage stratégique »[411] efficace de l'ensemble de la chaine des valeurs. Le modèle d'intelligence économique stratégique, développé par Jean Louis Monino (figure), témoigne du caractère indispensable de l'information dans la quête de la puissance. Il démontre, surtout, que l'Etat joue le rôle de « facilitateur » dans l'accès à l'information économique pertinente. L'intelligence économique stratégique en tant que « mode de gouvernance » [412] précise les liens entre une gestion stratégique des questions économiques et la démocratie. Le concept de gouvernance implique l'ouverture du jeu et une certaine horizontalité du

---

[410] FOGUE TEDOM (A), *Cameroun : sortir le renseignement du maintien de l'ordre public. En faire un instrument stratégique*, Editions du Schabel, 2018.

[411] TCHETCHOUA TCHOKONTE (S), « Le projet géostratégique de la Chine en Afrique : contribution à l'étude de la nouvelle politique africaine de la Chine et de la dynamique des grandes puissances en Afrique depuis la fin de la guerre froide », thèse de doctorat en science politique, Université de Yaoundé II, 2014, 533 p.

[412] MONINO (J-L), *Op.cit.*, p.7.

pouvoir. Associé à l'intelligence économique, la gouvernance décrit la nécessité d'une parfaite coordination entre tous les éléments de la chaine. La démocratisation de la gestion du secteur extractif est donc un déterminant essentiel de l'efficacité de la politique d'intelligence économique dans le contexte africain.

Figure 3: Le modèle d'intelligence économique en trois concepts

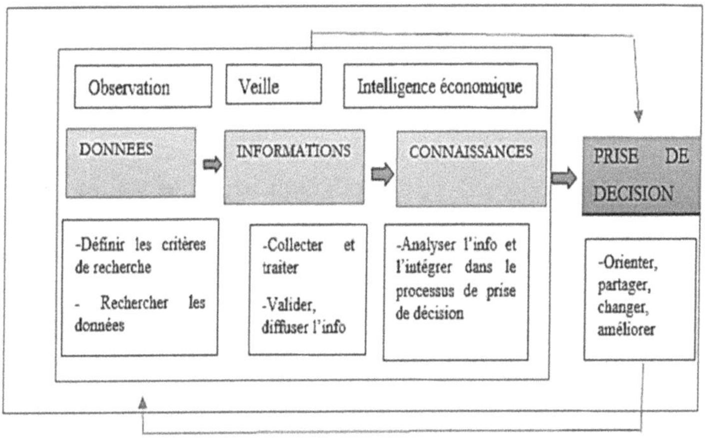

Source : Jean-Louis Monino

L'existence d'une structure d'intelligence économique est une condition au développement d'une véritable économie du savoir. Elle renforce la cohérence de la stratégie d'intelligence économique en mettant chaque élément de la structure à contribution. Cette logique est au cœur de la stratégie développée par les États-Unis dans l'économie de la connaissance depuis 1993 et qui s'appuie sur la *National Information Structure* et la *Global information structure*[413]. Encouragée et conduite par l'État, cette stratégie accorde un intérêt particulier au financement de la recherche et au

[413] CARAT (M), FAURIE (C), GUERIN (L), MARQUEGNIES (J), VIZE (A), « La stratégie américaine dans l'économie de la connaissance », Mémoire d'Intelligence Economique, ESSEC MS SMIB – Mixed Track, 2013, 57 p.

développement des liens entre les industries et les universités. La gestion inconséquente de la rente, dans les systèmes autoritaires en Afrique, rend difficile une planification stratégique effective. Il y est quasiment impossible d'observer une gestion axée sur la performance avec pour priorité l'investissement dans le savoir appliqué au secteur extractif. C'est ce qui explique que les structures d'intelligence économique complexes sont généralement présentent dans les systèmes démocratiques. Par ailleurs, l'existence d'une structure d'intelligence économique aboutie requiert de l'Etat un véritable « désir de puissance »[414]. Or, la quête de la puissance est contraire à l'incapacité stratégique assumée de nombre d'économies minières du continent.

La démocratie est un facteur indispensable à l'intelligence économique stratégique dans le contexte du développement des industries extractives en Afrique. Elle lui fournit la structure utile à sa pleine application. L'existence d'institutions solides rend possible une circulation efficace de l'information. La collaboration est ainsi fluide entre les éléments du système souvent situés à des niveaux de gouvernance différents. L'État devient ainsi capable de s'imposer comme acteur indispensable sur des segments stratégiques de la chaine des valeurs. L'ouverture du jeu minier favorise l'émergence d'entrepreneurs locaux disposés à servir d'alternative efficace à l'expertise importée. L'Etat créé, par ce fait, les conditions d'une contre-offensive au projet de puissance des partenaires de l'Afrique. L'exemple de Petrobras, au Brésil, illustre de la nécessité d'une stratégie de substitution à l'expertise importée pensée, longuement élaborée et minutieusement mise en œuvre[415]. Par ailleurs, une gestion transparente de la rente permet de disposer du capital utile au financement de la recherche appliquée. L'équilibre des pouvoirs rend difficile l'instauration d'une gestion patrimoniale des ressources de l'État. Il apparait ainsi que la démocratie ouvre de nombreuses perspectives à la mise

---

[414] VERLUISE (P), « Géopolitique -La puissance. Quels sont ses fondamentaux ? », publié le 10 novembre 2013 sur *Diploweb* [en ligne], le 10 novembre 2013. Consulté le 4 /4/2017.

[415] SIGAM (C) and GARCIA (L), *Op.cit.*

en œuvre de l'intelligence économique. L'État dispose dans la gouvernance démocratique de multiples instruments nécessaires à sa quête de la puissance. Elle apparait, de ce fait, comme le meilleur rempart contre la réalisation du projet géostratégique des grandes puissances.

C- Le contrôle de la mise en œuvre des projets : entre consolidation de la démocratie et quête de la puissance

La question du contrôle des opérations minières est un aspect essentiel à la compréhension de la situation des producteurs africains. Elle explique, autant qu'elle influence, la diversité de trajectoires économique et géopolitique. L'inscription des industries extractives dans les logiques de la géopolitique fait de la puissance le « graal » qu'il faut conquérir à tout prix. L'action des acteurs transforme la réalité en redéfinissant le rapport de force. L'exploitation des ressources minières ou pétrolières est l'expression d'une dialectique enrichissement-appauvrissement qui n'a pas que des représentations économiques. Il s'agit d'un jeu à somme nulle dans lequel la puissance d'un acteur se nourrit, nécessairement, de l'impuissance de l'autre. Des problématiques telles que les flux financiers illicites, le détournement des données géologiques ou le contrôle de l'amont ne sont compréhensibles qu'à partir de la prise en compte des considérations géopolitiques qui les justifient.

C'est ce qui explique la place importante du contrôle des pratiques minières par les pays hôtes. Elle est consubstantielle d'un projet de développement fondé sur l'exploitation des ressources. Le caractère stratégique de celles-ci, doublé de la perméabilité des théâtres africains, renforce l'impact économique et géopolitique des politiques de contrôle. Analyser la géopolitique des ressources africaines revient à interroger la capacité des pays hôtes de sécuriser leurs ressources par l'exercice d'un nationalisme pertinent. Les modalités du contrôle témoignent de la maitrise des ressources ou de faiblesses structurelles importantes. Considérant la centralité de la puissance, dans le jeu minier, il est possible d'affirmer que le développement par les ressources dépend autant de la justesse des choix économiques que de la capacité à contraindre l'action de ses partenaires.

La question du contrôle des pratiques minières concerne, en premier les contrats. L'importance des contrats dans le jeu s'explique par l'impact qu'ils ont sur l'atteinte des objectifs de développement des pays hôtes. Les contrats restent la preuve ultime d'un projet minier bien négocié. Il reste que leur mise en œuvre effective est susceptible d'être altérée par le jeu des acteurs. Les modalités de contrôle apparaissent ainsi déterminantes pour la défense de l'intérêt national et la réduction des externalités négatives des projets. La mise en œuvre du contenu local pose également le contrôle des pratiques minières en priorité. De l'existence d'une structure d'évaluation solide dépend l'atteinte des objectifs de nationalisation fixés préalablement. L'analyse de situations se rapportant à des pays africains à l'infrastructure « d'indigénisation » éprouvée est utile à la compréhension de l'influence de la démocratie sur la géopolitique des ressources. Son utilité stratégique se comprend par le fait qu'elle nous permet de saisir les « best practice » autant que les limites qui en lézardent la structure.

Contenu local et développement de modalités d'évaluation sui generis au Nigéria et au Ghana

Le contenu local introduit la notion de puissance dans la gouvernance des industries extractives. Elle sublime l'idée de préférence nationale en découvrant les vertus développementalistes, et en termes de puissance, qui s'y rattachent. La prégnance de la dialectique contrainte-résistance, dans les rapports entre les acteurs, justifie la mise en place de mécanismes de contrôle de l'implémentation du contenu local. Il s'agit de créer les conditions de la mise en cohérence de la politique de nationalisation des intrants avec les objectifs de développement. Les logiques du contrôle sont indissociables de la volonté de défendre l'intérêt national. Elles s'attachent au caractère stratégique de la ressource et aux possibilités de développement qu'offre l'exploitation des réserves. C'est ce qui explique que les structures de contrôle sont plus susceptibles d'émerger en contexte pétrolier en Afrique.

Le contrôle de la mise en œuvre du contenu local s'appuie sur l'existence de l'État-stratège en tant que défenseur des intérêts économiques nationaux[416]. Il s'associe à la pratique d'un nationalisme des ressources décomplexé, motivé par le besoin d'alternance entre le modèle extraverti et les opportunités de l'indigénisation. Dans le cas des producteurs africains, les mécanismes de contrôle incombent, généralement, à des institutions publiques, évoluant sur la supervision du Ministère en charge des ressources. Ceci s'explique, à la fois, par la pression exercée par l'État sur l'économie et par l'impossible nivellement par le bas de l'industrie pétrolière. L'action de l'institution pertinente s'apparente ainsi à une politique publique de contrôle sur laquelle les acteurs tiers ont très peu d'influence[417]. Les mécanismes de contrôle obéissent à un schéma d'actions séquentielles situées sur trois moments clés : « l'avant », « le pendant » et « l'après ». « L'avant » correspond à un ensemble d'actions a priori dont le but est d'orienter l'action des opérateurs dans le sens de la préservation de l'intérêt national. « Le pendant » relève du travail de supervision de la mise en œuvre du contenu local ; tandis que « l'après » s'associe à l'évaluation a posteriori.

La différence de trajectoire, des producteurs africains, justifie les particularismes qui caractérisent l'exécution de la mission de contrôle. Au Nigéria, le rôle historique de l'État,

---

[416] CHEVALIER (J), *L'État stratège. Le temps de l'Etat*, Mélanges en l'honneur de Pierre Birnbaum, Paris, Fayard, 2007.

[417] Les lois sur le contenu local du Nigéria et du Ghana, qui font l'objet de notre analyse, ne prévoient aucun mécanisme de consultation des acteurs tiers. Ce manque de précision laisse une marge de manœuvre considérable à l'Etat, tant dans la définition des indicateurs d'évaluation de la mise en œuvre du contenu local, que dans son évaluation a posteriori.

dans l'orientation de la politique pétrolière et l'influence du jeu, a abouti à la création d'une institution forte. La *Nigerian Content Monitoring Board* (The « Board »), est investie d'une diversité de missions qui renforce son rôle dans la structuration et l'orientation de la politique de contenu local. Elle opère, à la fois, comme juge de la pertinence de la stratégie de contenu local, partenaire des opérateurs et garant du système de qualification des filières locales. Cette complexité de missions en fait un des piliers de la structure de contrôle des pratiques pétrolières. Au Ghana, une conception « plus souple » du contrôle de la mise en œuvre du contenu local a abouti à la création de deux institutions : le *National Local Content Committee,* sorte de plateforme composée de ministères compétents, d'ONG et d'opérateurs du secteur[418], et la *Petroleum Regulation Agency* (PRA).

Le « *Board* » est un instrument clé de la stratégie de puissance du Nigéria. Il fait office de principal interlocuteur des opérateurs sur les questions de contenu local. Il peut réguler leur activité et s'assurer que la relation contractuelle qui les lie à l'État n'est pas préjudiciable à l'ouverture du jeu. Le « *Board* » est ainsi sur la ligne de front de la bataille pour l'intégration et l'indigénisation de l'industrie pétrolière du Nigéria. C'est ce qui explique son rôle dans la promotion de la préférence nationale à travers le *Joint Qualification System*[419] et la gestion du Fonds nigérian pour le développement du contenu local. Le modèle ghanéen, quant à lui, se fonde sur la bipolarité de sa stratégie. Le *National Local Content Committee* a en charge la coordination de la mise en œuvre du contenu local. Il fait office de pilier institutionnel de la politique de préférence nationale. Le PRA, pour sa part, s'occupe d'aspects pratiques du contenu local. C'est l'instrument opérationnel du contenu local avec une

---

[418]Local Content and Local Participation in Petroleum Activities – Policy Framework, *Op. cit.*, p12.

[419] Le *Joint Qualification System* (JQS) est une base de données qui recense les compétences disponibles. Il a pour objectif de vérifier les capacités des compagnies contractantes, d'évaluer la mise en œuvre du contenu local dans les activités des compagnies pétrolières, constituer un pôle de recensement des compétences nationales, classer les sociétés de service en fonction de leurs capacités et du respect du contenu local.

responsabilité dans la mise en cohérence des pratiques pétrolières avec les objectifs fixés par l'État.

Les structures de contrôle exercent une pression sur les opérateurs à travers le pouvoir de révision du « Plan de contenu local ». Ce pouvoir leur octroie une responsabilité dans la force des mécanismes adoptés et dans le réalisme qui devraient les caractériser. Il agit tel un régulateur des tensions susceptibles de troubler la cohérence entre les objectifs du pays hôte et la volonté de nationalisation des opérateurs. La responsabilité du « *Board* », au Nigéria, consiste à réviser les objectifs de contenu local des entreprises pétrolières a priori de leur engagement sur le terrain. Le certificat d'autorisation que délivre le *Board* sert alors de sauf-conduit pour la mission d'opérateur. Il accorde aux compagnies pétrolières le droit d'exercer tout en engageant leur responsabilité dans l'atteinte des objectifs de la politique de préférence nationale. Il est important de préciser les considérations géopolitiques au cœur du processus d'habilitation des opérateurs. L'étape de validation représente un moment clé du souverainisme des ressources. Au-delà des justifications purement factuelles du contrôle a priori, elle sert d'abord à rééquilibrer le rapport de force. Il est, donc, difficile de détacher cette exigence de l'option pleinement nationaliste choisie par le Nigéria dans la gestion de son secteur pétrolier.

Le *Board* a la responsabilité d'évaluer régulièrement l'implémentation effective du Plan de contenu local. Au Ghana, c'est le PRA qui exerce cette mission. Cette institution évalue chaque année les objectifs pris par les opérateurs en matière de promotion de la préférence nationale. Cela implique la révision des accords liés à l'exploitation des ressources en cas de non-atteinte des objectifs fixés. La mission de contrôle s'intéresse également à la question de la qualification des filières locales. Le *Board* supervise ainsi l'action des opérateurs dans le sens du transfert de technologie. Cette mission est en lien avec les objectifs de transfert de technologie précisés dans le Plan de contenu local. Elle est rendue possible par la définition préalable d'indicateurs et de mécanismes d'évaluation divers. L'initiative de contrôle se saisit également des obligations en matière de renforcement des capacités. Le PRA ghanéen suit le Programme annuel de Recrutement et de Formation (*Recruitment and Training Program*) fourni par les opérateurs. Le *Board* supervise, quant à lui, le Plan d'Éducation et de Formation (*Education and Training Program*, E and T) ; ainsi que les prescriptions en matière de R&D.

L'engagement des institutions dans le contrôle des obligations en renforcement des capacités nourrit la stratégie d'alternance technique. La régularité et la méthode des procédures envisagées sont des conditions à leur efficacité. La définition d'indicateurs, dans le cas du Nigéria, permet d'évaluer objectivement et progressivement les efforts consentis par les opérateurs. Elle assure au nationalisme par le contenu local la méthode qui a trop souvent fait défaut à la stratégie populiste privilégiée au lendemain des indépendances[420]. La régularité des mécanismes de contrôle leur assure prédictibilité et justesse. La définition d'une fréquence d'évaluation des Plans de contenu local ouvre la gouvernance pétrolière aux exigences de la géopolitique des ressources. Elle permet d'exercer une pression continue sur les opérateurs. Les pays producteurs disposent ainsi d'outils d'évaluation à l'épreuve des stratégies des acteurs. Les mécanismes de récompense (reconduction des contrats, avantages fiscaux, rupture des contrats, etc.) apportent l'équilibre nécessaire au système de contrôle.

Le rôle du parlement dans le contrôle des contrats

Le parlementarisme est un des piliers de la démocratie moderne. Considérée à l'origine comme contraire à la démocratie,[421] la représentation populaire est essentielle au fonctionnement de l'État moderne. Le concept de « démocratie représentative » traduit le lien qui existe entre l'obligation d'ouvrir l'espace politique au peuple et la nécessité pour celui-

---

[420] Voir Vision du régime minier de l'Afrique, NOAH NOAH (F) 2018, *Op. cit.*

[421] SADRY (B), *Bilan et perspectives de la démocratie représentative*, thèse de doctorat en droit public, université de Limoges, décembre 2007, p.14

ci de s'y faire représenter. Même s'il existe une certaine « crise de la représentativité »[422], force est de reconnaitre qu'il serait difficile, de se représenter le gouvernement démocratique sans le pouvoir régulateur, mieux neutralisateur, de la représentation populaire. En effet, en tant que « contre-pouvoir politique »,[423] le parlement assure un certain équilibre entre les tendances monopolistes de l'exécutif et la volonté du peuple dont il représente les intérêts. J. Beachler considère le parlement comme « [...] le principal cadre organisationnel d'expression de la souveraineté du peuple, le lieu d'affrontement et de confrontation des représentants choisis pour prendre part à la détermination de la volonté nationale »[424]. L'inscription du parlement au cœur des dynamiques de pouvoir participe de sa pleine intégration dans la structure de contrôle des pratiques minières. Sa vocation de « contre-pouvoir » lui permet de contribuer, significativement, à la contre-offensive stratégique par le contenu local.

Le parlement est en amont de la stratégie de préférence nationale. Son rôle dans la structuration du jeu le prédispose au statut de pilier du nationalisme des ressources. Il se situe, ainsi, au sommet de la chaine stratégique et contribue, par le fait même, à la réflexion sur les moyens et les modalités de la riposte. L'action du parlement dans le processus de contrôle se situe, principalement, au niveau de l'élaboration de la loi sur le contenu local, le suivi des opérations minières et l'évaluation de l'action des opérateurs. La fabrication du contenu local occupe une place importance dans le travail du parlement. Il réalise cette mission selon un processus qui tend à se répéter indifféremment du contexte dans lequel on se trouve. L'élaboration du code minier/pétrolier et de la politique minière

---

422 ALBERTINI (J-B), « Démocratie représentative et participation (s) citoyenne (s) : réflexions et applications pratiques », *Revue Française d'Administration Publique*, vol.2, n°150, 2014, pp. 529-541 et GUIBERT (B), « Comment achever la démocratie représentative ? », *Revue du MAUSS*, vol.2, n°26, 2005, pp.171-192.

423 MANANGOU (V-R), « Contre-pouvoirs, tiers pouvoirs et démocratie en Afrique », présenté lors du congrès de l'Association Française de droit constitutionnel, Congrès de Lyon, 26, 27 et 28 juin 2014, p.6.

424 BEACHLER (J), *Les démocraties*, Paris, Calmann-Lévy, 1985, p.125.

représente la première étape du processus de contrôle. La plupart des parlements africains accordent un intérêt certain à la fabrication d'une législation conforme aux principes du contenu local. Si ce mouvement était déjà perceptible dès la première génération des codes miniers[425], il s'est accentué avec l'avènement de la quatrième génération. L'influence de la gouvernance globale, caractérisée par la conjonction des problématiques et la consécration de la société civile en tant que « troisième voie », a entrainé la prise en compte de réalités plus proches de l'échelon local. Le pouvoir de nivellement « par le bas » des acteurs tiers a favorisé la montée d'un nationalisme des ressources décomplexée.

C'est ce qui explique le renforcement des mesures de contenu local dans l'essentiel des législations minières/pétrolières africaines. Ainsi, le *Petroleum Act* du Nigéria précise en son article 38 le pourcentage de nationalisation de l'expertise que devrait atteindre chaque opérateur. Cette mesure est également présente dans les codes miniers et pétroliers de la plupart des producteurs africains. Les codes précisent également les modalités de la préférence nationale en matière d'attribution des licences et titres miniers. Certains points tels que la participation des entrepreneurs locaux et l'approvisionnement de l'industrie en intrants locaux sont également abordés. Ces dispositions juridiques assurent l'encadrement de l'action des opérateurs. Elles précisent l'engagement minimal auquel souscrivent, nécessairement, les candidats à l'exploration des ressources. Le contrôle du parlement s'opère à travers l'influence des dispositions sur les pratiques des opérateurs. Le parlement se saisit également du contenu local à travers l'élaboration d'une politique minière comme le démontrent les cas du Tchad, du Malawi et du Burkina Faso. Cette « politique d'orientation » influence les pratiques minières à la mesure du niveau de contrainte exercé par le pays hôte.

---

[425] HANY BESADA et PHILIP MARTIN, *Les codes miniers en Afrique : la montée d'une « quatrième » génération?* INS, mai 2013, 31 p. Voir aussi NOAH NOAH (F), 2018, *Op. cit.*, pp. 238-241.

La mission de contrôle du parlement s'exerce également à travers le suivi des opérations. Cette responsabilité s'inscrit dans le cadre de la fonction de contre-pouvoir qui lui incombe traditionnellement. L'efficacité du parlement est, alors, étroitement liée à la solidité de la démocratie. Or, la représentation connait une crise importante dans nombre de pays producteurs africains. Cette crise est le fait de la résurgence de comportements monopolistiques et autoritaires dont l'objectif est d'affaiblir le parlement. La perversion du processus démocratique explique la perte d'influence de l'institution parlementaire transformée en « relique institutionnelle »[426]. L'action du parlement nécessite son émancipation préalable de la tutelle du gouvernement qui tend à annihiler son interférence dans le jeu. Les interventions du parlement dans la gouvernance du secteur pétrolier visent alors à maintenir une pression constante sur les opérateurs. Il s'agit, précisément, de participer à la construction d'un secteur extractif mieux ouvert aux investissements locaux et investi d'une mission de développement inclusif[427]. Le modèle de contrôle de l'action des opérateurs au Ghana et en RDC participe d'une logique identique. Il ne s'agit plus seulement, pour le parlement, de « réclamer sa part », mais bien d'influencer le jeu. Il se pose ainsi en acteur de premier plan de la révolte géopolitique menée par l'État.

La question du suivi des contrats apparait essentielle à la mission de contrôle du parlement. Les contrats constituent, en effet, une source non négligeable du droit du contenu local. Les arrangements contractuels s'intéressent, généralement, à la question du renforcement des capacités et de la qualification des filières locales. Cela implique la compétence du parlement. La mission de contrôle du parlement s'exerce ainsi en vue d'évaluer la cohérence de l'action de l'opérateur avec ses

---

[426] ONDO (T), « Splendeurs et misères du parlementarisme en Afrique noire francophone », in *Actes du 57e congrès de la CIHAE : Assemblées et parlements dans le monde du Moyen-Age à nos jours,* Assemblée nationale, Paris, 2010, p.974.

[427] UKOHA UKIWO, « Governance regimes of oil in Nigeria : issues and challenges », *CRPD Working Paper*, n°69, December 2018, 17 p.

obligations contractuelles. Il est question d'analyser la volonté de celui-ci de contribuer à la stratégie de préférence nationale formulée par le gouvernement à travers la loi. La représentation nationale effectue ainsi un contrôle en conformité de l'action de l'opérateur avec la loi et ses engagements ; essentiellement contractuels. Les parlements africains disposent dans le suivi et l'évaluation des contrats d'un instrument pertinent de mesure des avancées en matière de contenu local. Ils peuvent influencer l'action des opérateurs dans le sens de la défense de l'intérêt national. Il reste que la pression exercée par le gouvernement sur le domaine de la loi, autant que sur l'ordre du jour des discussions parlementaires, réduit la marge de manœuvre du parlement. L'action de celui-ci sur les contrats est, généralement, résiduelle et sans grande influence sur le respect des engagements.

Il est important de préciser que le contrôle parlementaire de la mise en œuvre du contenu local se fait en cohérence avec l'action d'autres institutions publiques. Il ne s'oppose pas à l'intervention d'acteurs connexes, mais la justifie. En effet, le contrôle du parlement a pour lui une certaine légitimité populaire. Il apporte alors une certaine « force » à l'action des autres acteurs présents sur-le-champ. Ainsi, l'action du parlement nigérian ou ghanéen n'est pas antinomique à l'intervention du « *Board* » ou de la PRA. Elle assure à celle-ci lui une certaine complétude. Le contrôle du « *Board* » ou de la PRA s'effectue en fonction d'un cahier de charges précis et selon une fréquence définie à l'avance. Dans le cas du Nigéria, l'existence d'indicateurs permet au « *Board* » d'évaluer l'implémentation du contenu local à travers une méthodologie éprouvée. L'action du parlement se distingue de celle des autres acteurs du fait de sa spontanéité et de la liberté qui la caractérise. Le parlement peut ainsi interpeller les acteurs du secteur extractif en fonction des critères d'urgence qu'il s'est définis.

La perte d'influence du parlement dans les pays producteurs a des conséquences stratégiques importantes. L'amenuisement du champ de compétences et des capacités d'action du parlement favorise la concentration de la décision minière au sein des instances gouvernementales. La majorité absolue qu'y détient le parti au pouvoir limite les ambitions en matière de contrôle des pratiques minières. Si elle ne constitue pas, dans l'absolu, un obstacle à l'exercice de la mission du parlement, elle rend possibles toutes sortes de mécanismes destinés à fausser le jeu démocratique et à bloquer les initiatives de l'opposition[428]. L'attentisme de nombre de parlements africains, face à l'hyperpuissance de l'exécutif en matière minière, témoigne de forts relents d'autoritarisme dans la gestion du secteur extractif. Cela démontre qu'il reste difficile pour les parlements africains d'exercer un contrôle sur le contenu local. L'inscription du contenu local dans les luttes de puissance, au cœur de la géopolitique des ressources, renforce, pourtant la nécessité pour le parlement de s'y intéresser.

Le contrôle de l'action des opérateurs nécessite l'existence de contre-pouvoirs efficaces. Un parlement solide, multipartisan, et à la tradition législative éprouvée, est toujours plus efficace en matière de contrôle qu'un autre. C'est un fait qui précise le lien entre la consolidation de la démocratie et la gestion efficace du contenu local. Cela se vérifie dans le cas de l'essentiel des producteurs considérés comme des « modèles » d'implémentation du contenu local[429], et de façon progressive en Afrique. La position dominante de l'exécutif, mais aussi de certains opérateurs, est contrebalancée par l'action du parlement, en amont comme en aval du processus minier. L'action du parlement se justifie par son rôle dans la lutte

[428]-Le fonctionnement du Parlement camerounais est édifiant à cet effet. Si tous les parlementaires ont la capacité d'animer le débat démocratique au sein de l'institution, la majorité érige en priorité les points soumis par le gouvernement ou par des députés du parti au pouvoir. Les propositions venant de partis d'opposition qui n'ont pas pu être débattue au cours d'une session ne sont pas automatiquement inscrites à l'ordre du jour de la 4e session parlementaire comme le prévoit pourtant le règlement intérieur de l'Assemblée Nationale. Cela participe du musèlement de l'opposition, mais aussi de l'expression démocratique libre, déjà mise à mal par la domination des projets de lois (initiatives gouvernementales) dans le bilan des lois discutées au sein du parlement.

[429] Brésil, Norvège, Trinidad et Tobago, etc.

contre la pauvreté[430]. La promotion de la préférence nationale mérite d'être considérée sous son aspect émancipateur et développementaliste. Elle permet de favoriser l'intégration des entrepreneurs locaux dans la chaine des valeurs et de créer, par le fait même, des opportunités d'emplois pour la main-d'œuvre locale. Cela oblige l'intervention du parlement dont la proactivité est essentielle au respect du contenu local. Sa capacité à réduire l'asymétrie de puissance, entre lui et l'exécutif, détermine sa marge de manœuvre dans la structuration de la politique de contenu local.

Section 2 : La question de la transparence et de la stratégisation des processus

Le développement de l'exploitation minière a coïncidé avec l'affermissement de l'autoritarisme dans la gestion des affaires publiques. Déterminés à assurer la stabilité de leur pouvoir, les régimes politiques ont opté pour un rétrécissement de l'espace public marqué, notamment, par le renforcement de l'omerta autour des processus miniers. L'exploitation minière et énergétique est progressivement devenue « l'affaire du prince » ; échappant ainsi à toute forme de contrôle externe. C'est que, le patrimonialisme décomplexé qui s'est institué accorde peu de place à la cogestion des problématiques liées au développement de l'industrie minière. Or, l'avènement de concepts et pratiques relevant de la professionnalisation a entrainé une certaine ouverture du jeu minier. La nécessité de l'entrée des investissements étrangers a entrainé la « codification » des pratiques minières, puis leur évolution en fonction du contexte politique et des enjeux internationaux[431]. Le renforcement du souverainisme minier a favorisé l'entrée

---

[430] ALISON DESCHRYVER (P) et JOHNSON (J), *Guide ITIE à l'attention des législateurs. Comment soutenir et renforcer la transparence des ressources*, ITIE, 2009, p.19.

[431] HANY BENSADA et PHILIP MARTIN, « Les codes miniers en Afrique : la montée d'une "quatrième" génération ? » INS, mai 2013, 31 p. ; Fabrice Noah, (2018), Thèse, *Op.cit.*, p.238 et s.

d'acteurs tiers dans le jeu minier. Cependant, il n'a pas fait disparaitre l'hégémonisme décisionnel dont font preuve nombre de régimes politiques africains dans la gestion du secteur extractif. La gouvernance minière baigne ainsi entre tendances monopolistiques et volonté de réduire le silence autour de certains aspects des projets miniers.

L'ouverture progressive du jeu minier procède ainsi de facteurs contextuels et opérationnels. L'avènement de la mine industrielle prédisposait, indéniablement, à une extension des frontières de la mine. Cette extension est avant tout géographique, mais aussi politique et stratégique. Il est difficile, en effet, de maintenir l'omerta sur la gestion d'un projet minier aux proportions géographiques importantes. Les arrangements juridiques complexes autant que les impacts sociaux et environnementaux du projet imposent un arbitrage entre l'État et ses partenaires. Il est ainsi possible d'affirmer que si l'exploitation minière industrielle mobilise de nombreux enjeux, elle demeure plus favorable à l'ouverture du jeu par les mécanismes de professionnalisation. Par ailleurs, l'émergence de la gouvernance globale a participé à la réduction de la zone d'incertitude contrôlée par l'élite politique au pouvoir. Les exigences en matière de transparence de gestion, de participation ou de mise à niveau de la législation minière ont rendu incontournable la démocratisation du jeu.

L'étude des logiques minières et pétrolières africaines, que nous faisons dans le cadre de cette section, vise principalement à démontrer comment la *stratégisation* des processus miniers a participé à la démocratisation du jeu. Il s'agit de souligner que le développement de l'exploitation minière, bien qu'ayant participé au renforcement de l'État autoritaire, a rendu nécessaire l'ouverture du jeu du fait de la *stratégisation*. Il est alors possible d'observer la démocratisation progressive d'espaces hostiles du fait du développement de la mine industrielle. Ce qu'il convient de relever c'est que le « désir de puissance » sera différent selon qu'on a affaire à des démocraties stables ou qu'il s'agit uniquement d'une démocratie des processus[432]. La question de la puissance par la démocratie reste ainsi liée à la volonté affirmée des producteurs de procéder à l'inversion du rapport de force. Elle accorde une place importante aux implications géopolitiques au cœur des réformes juridiques, de la nationalisation de l'expertise ou du contrôle de la mise en œuvre des projets.

A- La réforme de la législation minière et ses implications en termes de puissance

Le secteur extractif africain a connu d'importantes réformes au fil des années. La plupart d'entre elles ont consisté en la révision de l'encadrement juridique des projets à travers la relecture des codes miniers et pétroliers. L'objectif de ces réformes a généralement été d'adapter les codes aux problématiques liées au contexte international (nécessité d'accéder aux investissements étrangers directs, développement durable, transparence, gestion participative, etc.). C'est ainsi que l'on considère qu'il existe quatre générations de codes miniers en Afrique[433]. L'essentiel des réformes engagées, dans le secteur extractif africain, procède d'une politique réactive sans véritable vision prospective. Il s'est généralement agi de s'adapter au temps de l'industrie en dehors de toute stratégie autonome et autocentrée. Ce qui permet d'interroger la

[432] La publicisation des processus miniers n'a pas le même impact selon qu'on se situe dans un pays démocratique ou non. Dans le premier des cas, il favorise le dialogue sur les politiques ainsi qu'une meilleure circulation de l'information stratégique entre les différents éléments du système. Dans les régimes autoritaires, par contre, la transparence des industries extractives n'aboutit pas nécessairement à la démocratisation de la gestion. Cela parce que la société civile s'autocensure, consciente des conséquences d'une trop grande curiosité sur la gestion du secteur extractif, ou du fait du fort niveau de corruption qui concerne plusieurs organisations de la société civile. La « légitimité au forceps » de la société civile éclaire la difficile existence d'instances de dialogue multi-niveaux et l'intégration relative de celle-ci dans les processus de décision (pré et post-mine) en contexte autoritaire.

[433] HANY BESADA et PHILIP MARTIN, *Les codes miniers en Afrique : la montée d'une « quatrième » génération ?* INS, mai 2013, p.6.

pertinence des différentes réformes avec la défense de l'intérêt national des producteurs, sur le long terme[434]. Pourtant, le développement de l'Afrique par ses ressources passe, indéniablement, par une réforme en profondeur de la philosophie inspirant les pratiques dans le secteur.

La contribution de la démocratie à la puissance s'évalue à partir de l'analyse des modalités adoptées par les producteurs en vue de stratégiser les processus. La *stratégisation* s'entend ici comme l'ouverture du secteur extractif à la puissance à travers l'usage stratégique d'instruments juridiques (contrats, codes, politiques, etc.), d'opérations techniques (renforcement des capacités) et de pratiques politiques (contrôle de la mise en œuvre). La *stratégisation* est un élément essentiel du contenu local dans la mesure où elle lui donne sa consistance géopolitique. Elle est le pendant des stratégies de raréfaction qui sont basées sur le contrôle de la ressource à des fins géopolitiques[435]. Les réformes prises en compte concernent un temps relativement récent. Cela pourrait suggérer que l'usage stratégique des réformes s'inscrit mieux dans le contexte actuel. Il reste qu'il suppose un « désir de puissance » et une maitrise suffisante de l'espace. La *stratégisation* des processus concerne alors les segments clés de la chaine des valeurs. Son objectif est d'aboutir, à terme, à l'équilibre des rapports de force à travers l'usage stratégique des réformes.

Des usages stratégiques de la révision du Code et de la Politique miniers

La réforme des outils de gouvernance du secteur extractif représente l'opportunité de rééquilibrer le rapport de force. Les usages stratégiques des code et politique miniers participent des

---

[434] BONNIE CAMPBELL, HATCHER (P), LAFORTUNE (A), et SARRASIN (B), *Regulating mining in africa for whose benefit?* Discussion Paper 26, Nordiska Afrikainstitutet, Uppsala 2004, p.8.

[435] ROCH (A), *Géopolitique et mécanismes de raréfaction des ressources combustibles et minières,* thèse de doctorat de science politique, Université Paris 8 Vincennes Saint-Denis, 2012, p.16.

logiques de la raréfaction géopolitique. Il s'agit, en effet, de renforcer le contrôle du pays hôte sur ses ressources, notamment à travers le repli stratégique vers l'amont, et de limiter ainsi la réalisation du projet géostratégique de ses partenaires. La nationalisation de l'expertise représente, à cet effet, un facteur de puissance majeur dans la mesure où elle vise à réduire la marge de manœuvre de l'adversaire. Elle participe, nécessairement, d'une démarche de maitrise et d'usage stratégique de l'espace en tant qu'objet de convoitise. L'usage stratégique du droit permet donc de construire le souverainisme minier sur des fondements juridiques, mais surtout, de contraindre l'action de ses partenaires par des moyens *soft*. Il s'appuie sur la transparence des règles du jeu et sur un projet de puissance viable. En cela, il se distingue d'une réforme dont l'objectif serait, uniquement, d'élargir la base fiscale du pays hôte, à travers une taxation plus importante de l'activité minière, ou d'un nationalisme offensif sans perspective réelle.

La réforme du secteur extractif par l'usage stratégique des lois suppose l'existence de l'état de droit. Il n'existe pas de *stratégisation* des processus efficaces sans transparence des règles du jeu. Celle-ci tire, d'ailleurs, sa consistance du choc des volontés dont la finalité est de modeler l'espace et les règles qui organisent l'espace. L'état de droit rend possible la dialectique de l'offensive réactionnaire et de la contre-offensive révolutionnaire. Il encadre les rapports entre « *coopétiteurs* »[436] ; la loi représentant l'élément de coopération et la divergence d'intérêts le facteur de compétition. L'état de droit présuppose également l'existence d'un espace travaillé par les usages démocratiques en ce sens qu'il s'oppose à l'arbitraire qui caractérise les systèmes autocratiques. Il est propice à l'expression de libertés individuelles et collectives et consacre l'indépendance de la justice ; toute chose qui renforce le

[436] La coopétition est un rapprochement d'intérêts entre « complémenteurs » qui apparait quand la coopération et la compétition se produisent simultanément. GIOVANNI BATTISTA DAGNINO et SAID YAMI, « La dynamique des stratégies de coopétition », in *Revue française de gestion*, Volume 7, n°176, 2007, p.91 et ADAM BRANDERBURGER et BARRY NALEBUFF, *Co-opetition*, New York, Doubleday, 1996, 290 p.

caractère participatif de la gestion des affaires publiques. L'espace politique ainsi libéralisé rend possible une saine compétition pour la puissance entre les acteurs du jeu minier. Il favorise un meilleur encadrement des luttes de pouvoir et accorde une place déterminante à la construction d'une capacité géopolitique.

L'usage stratégique du droit, dans le secteur extractif, s'applique principalement au code minier et à la politique minière. Dans un espace libéralisé, la révision des instruments de gouvernance minière devient un facteur de préservation de l'intérêt national. Elle fait partie d'un processus de mise en cohérence de l'encadrement juridique du secteur extractif avec les objectifs de développement et de puissance. La révision du code minier permet d'institutionnaliser des aspects clés du contenu local tels que la nationalisation de l'expertise, le renforcement de l'approvisionnement local ou la cogestion des projets dans le cadre de joint-venture. Elle s'applique à fournir au pays hôte le moyen de reconquérir les segments stratégiques de la chaine de valeur et d'assurer sa défense face aux manœuvres géostratégiques des puissances. C'est ce qui relativise la portée stratégique de la révision du code minier de la RDC ou du Cameroun. En effet, à la lecture de la Loi n°18/001 du 09 mars 2018 portant Code minier[437], il apparait clairement que l'objectif du législateur congolais est d'augmenter les revenus fiscaux tirés de l'exploitation des ressources. Si cette manœuvre peut servir à limiter la puissance des partenaires de la RDC, elle reste insuffisante pour inverser le rapport de force. L'absence de stratégie de substitution à l'expertise importée, par la promotion d'entrepreneurs locaux, réduit la capacité du Congo à exploiter de façon optimale son potentiel minier. Le Code minier camerounais souffre également d'insuffisances stratégiques similaires[438]. Il fait peu de cas d'un contenu local offensif à même de favoriser une gestion autocentrée et autonome de la mine.

[437] Le nom complet de la loi est : Loi n°18/001 du 09 mars 2018 modifiant et complétant la Loi n° 007/2002 du 11 juillet 2002 portant Code minier.
[438] Loi 2016/017 du 14 décembre 2016 portant Code minier.

La principale limite des lois congolaise et camerounaise est qu'elles ne reflètent pas suffisamment une *stratégisation* des processus. Elles demeurent préoccupées par la captation de la rente plutôt que par la structuration d'une capacité géopolitique décisive. La focalisation sur la captation de la rente est un facteur de renforcement du patrimonialisme en l'absence de contre-pouvoirs efficaces. Les ambitions fiscales de la RDC restent incohérentes avec le potentiel de ses ressources en termes de puissance. Ceci, parce que la focalisation sur la captation de la rente éloigne de la quête de la puissance qui implique l'adoption d'une gestion intégrée et la construction de chaine de valeurs à la mesure de l'étendue du pays ; et des capacités de ses voisins. La révision du code minier de la RDC ne saurait faire l'économie de stratégies de valorisation des ressources au niveau local et de promotion de la coopération sous-régionale. Ce qu'il faut considérer comme limite dans les processus congolais et camerounais c'est leur absence de perspective en matière de puissance. Ils maintiennent le secteur minier dans une enclave, à la fois, géographique, politique et stratégique. Or, le caractère concurrentiel de la géopolitique des ressources implique l'intégration des politiques minières dans une stratégie de puissance plus large.

La *stratégisation* des processus implique la prise en compte des principes de *concentration*, d'*initiative*, de *surprise*, de *liberté d'action*, d'*économie des forces*, de *sureté* et de *manœuvre*[439] appliquée au secteur extractif. Le principe de *concentration* suggère la multiplication et la mise en cohérence des instruments juridiques au service du projet de puissance. En plus d'un code et d'une politique miniers, acquis à la défense de l'intérêt national, les pays hôtes doivent disposer d'une loi sur le contenu local, mais aussi d'un code des impôts, d'un code l'environnement, d'un code des investissements qui s'intègrent dans une stratégie de puissance globale. L'*initiative* participe d'une lecture géopolitique de l'industrie minière. Cela permet au pays hôte de juger de la pertinence de son intervention en vue de contraindre l'action de ses partenaires par la loi. Elle

[439] Il s'agit des principes stratégiques. COUTAU-BÉGARIE (H), *Bréviaire stratégique*, Paris, Editions du Rocher, 2016, pp.66-67.

implique également une maitrise de l'espace et du temps. Le principe de *surprise* permet de garder l'initiative dans la bataille géopolitique à travers la création d'une architecture d'intelligence économique stratégique efficace. Celui-ci permet de prendre l'adversaire de court grâce à l'innovation. La *liberté d'action* assure au pays hôte la pleine maitrise de sa stratégie. Il lui est possible d'appliquer la raréfaction géopolitique ou d'ouvrir un pôle alternatif de puissance à partir de la valorisation des ressources. L'*économie des forces* renvoie à un usage mesuré et efficace du souverainisme minier afin d'éviter les pièges d'un nationalisme fondé sur le populisme. Le principe de *sureté* s'applique à la recherche d'alliés de revers à travers le renforcement des liens entre le secteur extractif et le reste de l'économie ; mais aussi de la coopération régionale. Le principe de *manœuvre* implique l'intégration de la gouvernance minière dans une stratégie de puissance globale.

L'importance d'une loi de contenu local autonome dans la stratégie de puissance par l'état de droit

Le contenu local représente un des aspects clés de l'encadrement juridique de l'activité minière en Afrique. Le caractère relativement contraignant des dispositions qui s'y rapportent traduit son inscription dans les logiques de la confrontation géopolitique. Au-delà des exigences de gestion intégrée, le contenu local souligne la centralité du concept de puissance. Il suppose la mise en place de mécanismes dont l'objectif est d'influencer, durablement, l'action de son partenaire dans le sens de la préservation de l'intérêt national. La valeur ajoutée ou créée, à travers la mise en œuvre du contenu local, se mesure ainsi autant en termes de retombées socioéconomiques que géopolitiques. Les stratégies de contenu local s'inscrivent dans la continuité du nationalisme qui a marqué les premières heures de la mine industrielle sur le continent. Elles sont étroitement liées à un désir de réappropriation et d'usage stratégique de l'espace. Ainsi, la mise en œuvre du contenu local s'émancipe du formalisme d'une loi spécifique dont l'objectif serait d'encadrer le souverainisme minier. Le « modèle botswanais » illustre l'efficacité d'un contenu local sans loi spécifique. L'adoption d'une politique favorable au développement d'un secteur aval dynamique, dans l'industrie du diamant, a permis une gestion optimale de l'avantage comparatif du Botswana représenté par ses réserves en gemmes[440].

Le contenu local renvoie ainsi à la *realpolitik* en ce sens que sa mise en œuvre a pour objectif la défense de l'intérêt national. Sa principale propriété réside dans son adaptativité aux réalités du pays hôte. En effet, il n'existe pas un contenu local qu'on peut opérationnaliser par le biais d'une standardisation des processus. Tout normativisme opérationnel apparait ainsi inapproprié du fait de l'hétérogénéité des situations et du caractère sui generis de l'intérêt national. La mise en œuvre du contenu local ne s'évalue donc pas à partir de l'existence, ou non, d'une politique formelle. En tant qu'expression d'un « désir de puissance », le contenu local reste attaché aux principes de *liberté d'action* et *d'initiative*. Sa construction sur l'idée d'un développement par la contrainte de l'adversaire induit une capacité d'adaptation certaine. C'est ainsi qu'on retrouve les considérations géopolitiques, propres au contenu local, dans des instruments juridiques divers : contrats, codes, conventions, politiques minières, etc. La liberté d'action dont bénéficie le pays hôte lui permet d'adapter le contenu local à son projet de puissance ; mais surtout aux instruments de gouvernance qui lui semblent les plus pertinents.

L'intégration de l'Afrique dans les turbulences de la géopolitique des ressources impose pourtant un usage stratégique du droit. Elle induit une certaine *concentration des forces* dont l'élaboration d'une loi sur le contenu local serait l'expression. Le contenu local transformé en loi relève ainsi

---

[440] Le Botswana est le premier producteur de diamant en Afrique et le premier producteur mondial en valeur absolue. Ses mines de Kimberlite représentent 20% de tous les diamants du monde ; ce qui en fait un acteur majeur de la géopolitique mondiale du diamant. Ce statut est renforcé par le modèle de développement basé sur une gestion rationnelle des réserves, et la mise en place d'un aval compétitif, développé par les gouvernements botswanais successifs.

d'une sorte de méta-stratégie. En effet, l'objectif de la loi sur le contenu local est de préciser les ambitions du pays hôte en matière de souverainisme minier. Elle énonce les principes généraux, identifie les objectifs à atteindre et précise les moyens de la mise en œuvre. Elle fait office de loi d'orientation en ce sens qu'elle inspire les pratiques. La loi sur le contenu local éclaire ainsi l'ensemble du dispositif juridique qui encadre l'exploitation des ressources minières et énergétiques. L'élaboration d'une loi spécifique donne une meilleure consistance et visibilité au contenu local en tant que stratégie. Ainsi, la loi de contenu local représente la référence ultime de la stratégie de développement et d'affirmation géopolitique par les ressources. Le cas de la *Nigerian Local Content Act* est édifiant à cet effet. Elle dispose que : « Les Nigérians bénéficieront en priorité de l'emploi et de la formation dans tout projet exécuté par un opérateur ou un promoteur de projet dans l'industrie pétrolière et gazière nigériane »[441]. Cette idée-force permet d'institutionnaliser le principe de la préférence nationale et d'encadrer le processus de nationalisation de l'expertise.

L'élaboration d'une politique de contenu local assure une organisation rationnelle de la stratégie de nationalisation de l'expertise. La comparaison du cas de pays disposant d'une loi autonome sur le contenu local (Nigéria, Ghana) et de ceux n'en disposant guère (Angola, Congo) permet une meilleure appréciation de ce fait. La stratégie de formalisation du contenu local précise le caractère supra-contractuel et universel du principe de la préférence nationale dans le secteur extractif du Nigéria et du Ghana. La loi sur le contenu local donne ainsi toute leur force aux dispositions sur la promotion de l'expertise locale contenues dans les contrats. Or, dans les cas angolais et congolais, la question de préférence nationale est renvoyée aux contrats. Ce qui augmente l'incertitude quant à une prise en compte effective de la nécessaire nationalisation de l'expertise dans les conventions pétrolières[442]. L'absence d'une loi sur le

---

[441] Art 28 (1).

[442] Les contrats représentent, à coup sûr, un instrument essentiel des alliances stratégiques asymétriques. Leur inscription dans une relation commerciale relevant, à la fois, du droit privé et du droit public, explique leur difficile

contenu local créée également une diversité de sources là où la cohérence des processus impose un élément principiel. Dans le secteur pétrolier angolais, au moins trois lois peuvent servir de référence à la mise en œuvre du contenu local (voir tableau ci-après). C'est également le cas au Congo.

publicité (la question de la transparence des contrats) et la dérogation qui y est souvent faite au droit minier général (représenté ici par le Code et/ou la Politique miniers). Renvoyer l'exercice de la préférence nationale aux seuls contrats en limite assurément l'efficacité.

Tableau 2 : L'expertise locale dans le secteur pétrolier du Nigéria et de l'Angola

ACTIVITY	NIGERIA: STATUS OF TECHNOLOGY AREA	ANGOLA: LOCAL COMPANY NAME
	I. Primary Sector	
Crude petroleum extraction: well building & development	Medium high. Good local expertise for onshore and shallow water drilling. Deep water operations dominated by foreign companies	Sonamer (deep-water drilling activities); Sonastolt (technical support of oil drilling companies)
Services incidental to oil, excluding surveying: control systems & exploration of mature fields; EOR/IOR	Medium. International contractors use local fabricators for assembly of less sensitive parts	Petromar (building and maintenance of equipment for production, storage & distribution of oil & derivates)
Transportation of crude, refined oil and petroleum products via pipelines	Low. Large volume of imports from Far East; need to develop vibrant inspection, repair & maintenance local industry.	Sonasurf (supply of vessels to oil industry)
Sea water transportation of crude oil	Medium high. Local and foreign companies active in marine transportation services for swamp and offshore operations	Sonangol Shipping; Sonasing (treatment and oil storage for export)
	II. Secondary Sector	
Manufacturing of refined petroleum products	N.A	Luanda Refinery
Manufacturing of tankers, suction piles, subsea templates	Medium	N.A
Manufacturing of floating or submersible drilling or production platforms	Medium	Sonamet (production of structures: platforms & oil transportation systems)
Design engineering-related scientific and technical consulting services	Medium. Critical for influencing the choice and decisions for specific fields development	TECHNIP and Wapo Angola (engineering services)
Data acquisition & processing	Medium high	Sonawest (database processing and storing of seismic data)
	III. Tertiary sector	
Oil trading services	Medium high	Sonangol USA; Sonangol Ltd
Air transportation related to oil industry	Low	Sonair
Transport and freight insurance services	Low	N.A
Financial intermediation services, R&D, and other business services	Medium high	Banco Africano Investimentos; Sonadiets; ESSA (professional development and training)

Source: Ulrich Klueh, Gonzalo Pastor, Alonso Segura, and Walter Zarate, op.cit. p.21

L'avantage d'une formalisation du contenu local s'observe également à partir de l'importance qui est donnée aux questions de R&D et au contrôle de la mise en œuvre. Le *local content Act* nigérian précise les modalités de soumission et d'évaluation de programmes de promotion de la R&D (voir Tableau n°1). Il crée ainsi les conditions d'un « siphonnage de la technologie » dans un contexte pleinement concurrentiel. La loi ghanéenne sur le contenu local prévoit également une stratégie de promotion de la recherche identique. Les dispositions juridiques relatives à la R&D rendent possible une évaluation, après coup, à partir d'indicateurs définis en amont. Le renforcement de la coopération entre l'industrie et la recherche s'explique alors par la rationalité et la complexité de la structure de « siphonnage de la technologie ». Cette rationalité ne s'observe pas dans les cas de l'Angola et du Congo. L'absence d'objectifs globaux en matière de recherche appliquée à l'industrie pétrolière limite les possibilités d'émergence d'une alternative à l'expertise importée, à brève échéance. L'idée de *stratégisation* des processus et d'efficacité, à la base de l'élaboration d'une loi sur le contenu local, explique aussi l'existence d'une structure spécifique en charge d'en évaluer la mise en œuvre au Nigéria et au Ghana.

B- Trajectoires démocratiques et géopolitique des ressources au Botswana, au Ghana et en Afrique du Sud

Le développement axé sur une gestion optimale des ressources implique une meilleure intégration de la mine dans le reste de l'économie. La croissance inclusive n'est possible qu'à partir d'une prise en compte effective de l'urgence de sortir le secteur extractif de son enclavement. De nombreuses études ont démontré que le développement de l'Afrique par ses ressources a été hypothéqué par la faible diversification de son économie[443]. Celle-ci a entrainé une surexposition aux chocs extérieurs autant qu'une maitrise imparfaite des facteurs de puissance utiles à son développement. Le maintien de la mine dans un enclavement géographique, du fait de la faiblesse des infrastructures de transport, énergétiques ou de l'absence d'un marché local dynamique, a rendu difficile la création de véritables grappes industrielles[444]. Ainsi, l'exploitation minière, pourtant dynamique, a été inapte à renforcer la coopération intra-africaine et l'intégration régionale par le commerce. Par ailleurs, l'enclavement stratégique de la mine est à l'origine d'un défaut de gestion prospective et ouverte à la puissance.

L'intégration de la mine dans le reste de l'économie apparait essentielle à un usage stratégique des ressources africaines. Elle apporte au secteur extractif la respiration nécessaire à la pleine expression de son potentiel en termes de développement et de puissance. La transformation structurelle de l'économie du continent a partie liée avec le renforcement de la démocratie. En effet, la démocratie libérale implique l'existence de conditions propices à l'émergence d'un secteur privé dynamique[445]. L'état de droit est ainsi un accélérateur de développement et d'intégration économique au même titre que l'industrialisation. C'est ce qui explique que les bonnes pratiques en matière d'intégration économique de la mine se retrouvent essentiellement dans des pays au niveau de

443 NGANGOUE (F), « Planifier et organiser la diversification économique en Afrique Centrale », *Revue Congolaise de Gestion*, vol.1, N°21-22, 2016, pp.45-87 ; RAJA VINESH SANNASSEE, BOOPENDRA SEETANAH, MATTHEW LAMPORT (J), « Diversification économique et croissance économique : le cas de Maurice », www.wto.org. Consulté le 04 juillet 2020.

444 Les grappes sont des concentrations géographiques d'entreprises et d'institutions interreliées dans un domaine particulier. Elles couvrent un ensemble d'industries liées et d'autres entités importantes pour la compétitivité. Le rapport qui existe entre l'exploitation des ressources minières et l'industrie permet aux grappes de jouer un rôle important dans la création de valeur ajoutée, et donc, dans la mise en œuvre du contenu local.

445 La démocratie partage avec le libéralisme économique un certain nombre de valeurs au nombre desquelles figurent les droits de propriété et l'individualisme. WENDY BROWN, « Néo-libéralisme et fin de la démocratie », *Revue Vacarme*, 2004/4 n° 29, p.91.

gouvernance acceptable[446]. Le succès des modèles botswanais, ghanéen et sud-africain peut alors s'expliquer par les « vertus » émancipatrices de la démocratie.

Démocratie, intelligence économique et succès stratégiques dans l'aval au Botswana

Le succès stratégique que représente la construction d'un secteur aval solide et compétitif, dans l'industrie du diamant au Botswana, est la preuve qu'une gestion prospective, basée sur les principes démocratiques et l'existence d'une structure d'intelligence économique efficace, augmente les possibilités d'affirmation géopolitique des producteurs africains. Les ressources stratégiques dont regorge le sous-sol africain sont autant d'avantages comparatifs que la maitrise de la technologie transformerait en avantages compétitifs, voire en facteurs de puissance. Il apparait alors que la structuration du marché botswanais est moins due à la quantité de ses réserves qu'à la construction d'une capacité géopolitique dynamique. Les succès stratégiques de l'industrie du diamant sont le fruit d'une politique axée sur la promotion de la préférence nationale et la « coopétition ». La maitrise de l'espace, à travers la nationalisation d'une partie importante des actifs miniers, a précédé la construction d'un secteur aval compétitif[447]. Le renforcement de la participation de l'État dans Debswana, filiale de la société De Beers[448], donne une envergure géopolitique certaine au Botswana. Il cesse d'être une simple « réserve stratégique hors-les-murs » pour devenir un acteur clé d'un commerce dominé par des acteurs extra-africains.

---

[446] Le Botswana et le Ghana sont respectivement classés 5e et 6e de l'Indice Ibrahim de la Gouvernance en Afrique (IIAG 2018). Ces deux pays enregistrent également les scores les plus hauts en matière de gouvernance des ressources naturelles. Voir : Natural Resources Governance Institute, *L'indice de gouvernance des ressources naturelles : vers la mise en pratique des réformes légales en Afrique subsaharienne*, avril 2019, p.8.

[447] La part de l'État dans la joint-venture contractuelle avec Debswana est passée de 15% en 1969 à 50% en 1975.

[448] De Beers représentait 22% de la production mondiale de diamant en 2011.

Le « modèle botswanais » se fonde sur un accord de valorisation complexe qui lie l'État aux acteurs clés de l'industrie du diamant. Il s'est construit à l'usure du monopole de Debswana, principal opérateur du pays. En effet, Debswana contrôlait 80% de l'industrie diamantaire au Botswana avant 1980. Cette situation lui permettait de mettre en œuvre une politique d'exploitation-exportation dynamique sur laquelle l'État n'avait que très peu d'influence. Malgré de nombreuses tentatives visant à rompre le monopole de De Beers, et donc de permettre au Botswana d'atteindre le seuil de participation nécessaire à la mise en œuvre d'un projet de puissance efficace, le Botswana n'a réussi à modifier le rapport de force qu'au début des années 2000. L'État a profité de la fin de l'accord qui le liait au principal opérateur du pays pour négocier des conditions plus favorables à l'expression de la préférence nationale. Le « modèle botswanais », fondé sur l'existence un secteur aval dynamique et intégré, s'appuie ainsi sur des bases juridiques solides. Il a permis l'ouverture de l'aval à d'autres entreprises, nationales pour l'essentiel, et réduit l'impact de la chute des prix sur l'économie botswanaise.

Le succès de la stratégie botswanaise a partie liée avec le renforcement de la gestion démocratique des affaires publiques. La pression sociale exercée sur les responsables politiques les obligeait à casser le monopole de De Beers, contraire aux principes mêmes de l'ouverture du jeu minier. Il n'était plus possible d'affirmer le caractère résolument démocratique de l'Etat et se complaire de l'exclusivité dont bénéficiait De Beers dans l'exploitation et le commerce du diamant. La création de conditions favorables à l'émergence d'entrepreneurs locaux participe d'une stratégie d'affermissement de la démocratie libérale. Elle contribue à la mise en cohérence de la politique minière du Botswana avec les exigences d'une gestion inclusive du secteur extractif. Le « modèle botswanais » se pose alors comme l'illustration du lien entre le renforcement de la démocratie et la conduite d'une politique d'intelligence économique. La démocratie fournit à l'intelligence économique l'infrastructure institutionnelle nécessaire à son opérationnalisation. On peut alors parler « d'intelligence économique institutionnelle » au regard du rôle majeur que jouent les institutions publiques dans la fabrication et la circulation de l'information stratégique[449]. Le bon fonctionnement des institutions a contribué à la construction d'un espace favorable à l'émergence d'entrepreneurs locaux dynamiques.

Le « modèle botswanais » doit son succès à une lecture efficace des enjeux liés au renforcement du secteur aval. L'analyse du contexte international permet de considérer que la démarche de nationalisation de l'expertise, menée par le Botswana à partir des années 2000, relève du « coup de poker » stratégique. La politique de création d'un aval intégré, caractérisé par une diversité des métiers du diamant, ne bénéficiait pas que de « vents favorables »[450]. L'industrie du diamant obéit aux réalités de la division géopolitique du travail qui veut que les « réserves hors-les-murs », vouées à l'exportation à l'état brut, se retrouvent au Sud, pour l'essentiel, tandis que la technologie nécessaire à la valorisation des gemmes est au Nord. Cette division géopolitique du travail s'explique autant par les enjeux liés à la préservation de l'avantage compétitif des puissances occidentales et asiatiques, qui contrôlent l'industrie, que par l'absence d'initiative des producteurs africains. La trajectoire des IDE, essentiellement tournés vers les filières occidentales, obéit souvent à plus de considérations géopolitiques qu'il n'y paraît. Le souverainisme minier botswanais était également menacé par des coûts de production, au niveau local, généralement supérieur à ceux enregistrés en Inde et en Chine[451]. Les diamants botswanais taillés couraient ainsi le risque d'être peu compétitifs dans un

---

[449] L'intelligence économique Botswanaise est fondé sur le dynamisme d'institutions publiques dont l'État, responsable de la définition des priorités en matière d'IE, le Ministère des Finances et de la Planification du Développement (MFDP), la *Diamond Trading Company* (DTC), très engagée dans le commerce des gemmes, et la Banque Centrale.

[450] De Beers, principal opérateur dans l'industrie du diamant botswanaise, considérait que l'absence de valorisation des gemmes, relevait du réalisme économique. GRYNBERG (R), *Op.cit.*

[451] World Bank, "Skills implications of Botswana's diamond beneficiation strategy", Policy Note n°4, p.7.

environnement très concurrentiel. Par ailleurs, la chute de la production nationale, entamée en 2000, limitait la marche de manœuvre des filières locales. Il apparaissait donc important, pour les autorités publiques botswanaises de faire preuve d'imagination et de ruse dans la construction de leur projet de puissance par les ressources.

Ce qu'il est important de souligner, c'est que le Botswana a réussi, jusqu'ici, à développer un modèle de chaine de valeur considéré comme une « *best practice* ». Le succès botswanais témoigne de la pleine intégration de la gestion des affaires publiques dans les besoins locaux et les exigences de la géopolitique des ressources. Le pays a ainsi fait jouer la concurrence pour obliger De Beers à accepter un accord favorable à la création d'un secteur aval dynamique. Il a réussi, par le fait même, à renforcer les filières locales dont la durée de vie n'est plus liée à celle des réserves nationales. L'État dispose également, dans la *Diamond Trading Company* et les lois sur le contenu local, d'outils stratégiques destinés à accompagner son projet de puissance. La *Diamond Trading Company* permet à l'État de se poser en acteur clé du commerce du diamant et de disposer d'une parfaite maîtrise de l'ensemble de la chaine des valeurs. Trois lois constituent le cadre réglementaire relatif au contenu local : la *Mines and Minerals Act*, la *Competition Act* et la *Economic Diversification Drive*. La première loi a été adoptée en 1999. Elle représente un des actes fondateurs du souverainisme des ressources botswanais dans la mesure où l'attribution des permis d'exploitation est destinée uniquement aux nationaux[452]. Elle prévoit, tout de même, des exceptions qui ne réduisent pas la primauté faite à l'expertise nationale[453]. La *Competition Act,* adoptée en 2009, vise à assurer une meilleure défense de l'intérêt national par la régulation des actions des différents acteurs. La *Economic Diversification Drive*, quant à elle, souligne la nécessité pour les opérateurs étrangers de recruter et de former les entrepreneurs locaux. Elle comporte

[452] Art. 53, al.1.

[453] L'article 12 (1) de la loi accorde une importance majeure à l'approvisionnement de l'industrie par des acteurs locaux et des biens et services produits localement.

une Stratégie de Développement du Secteur Privé destinée à améliorer l'approvisionnement local de l'industrie. D'autres questions comme la création des liens, la promotion du transfert de technologie et de l'innovation sont également abordées par la loi.

Le succès du « modèle botswanais » repose sur un usage efficace des principes d'*initiative* et de *sûreté*. L'adoption de la *Mines and Minerals Act*, un an avant la fin du contrat entre l'État et De Beers, témoigne d'une volonté affirmée de modifier le rapport de force. Elle a permis au Botswana d'avoir une parfaite maitrise du jeu et d'imposer, par le fait même, ses choix stratégiques à son principal partenaire. On peut également considérer que le transfert de certaines activités de De Beers, notamment les activités de trading, de Londres à Gaborone participe de ce mouvement. Le contexte de l'adoption de la *Mines and Minerals Act* démontre également qu'elle procède d'une stratégie axée sur la maitrise du temps et des facteurs du marché. Le développement de l'aval représente le choix le plus optimal pour le Botswana au regard de la quantité de ses réserves et dans la perspective du renforcement du commerce intra-africain dans le cadre d'accords régionaux. L'importance accordée à la question des liens participe d'une stratégie destinée à diversifier les moyens de la révolte géopolitique. Le Botswana dispose ainsi d'une marge de manœuvre suffisante dans la gestion de son secteur extractif ; ce qui limite les options de ses partenaires. La maitrise de savoir-faire clés lui a permis de contourner la stratégie de contrôle des réserves qui a fait la puissance de De Beers durant plusieurs années. Elle lui assure également de disposer d'alliés de revers parmi les autres producteurs africains, et au-delà.

Le « modèle botswanais » reste une référence dans le contexte minier africain. Il a permis d'aboutir à la signature d'un accord de partage inédit entre une compagnie transnationale et un pays en développement[454]. Le leadership de

---

[454] SEBUDUBUDU (D) et LOTSHWAO KEBAPETSE, « La gestion des ressources et l'ordre démocratique : l'expérience du Botswana », South

l'État a favorisé le développement de pratiques se référant à un nationalisme des ressources offensif. La structure d'intelligence économique botswanaise demeure, tout de même, incapable d'inverser durablement le rapport de force. En effet, la relation particulière qu'entretiennent De Beers et le Parti démocratique botswanais (BDP), au pouvoir, interroge sur la volonté de contester la position dominante de la firme. Le partenariat public-privé qui lie les deux parties, depuis 1968, a créé un faisceau de rapports complexes sources d'une certaine stabilité. Bien que cette relation soit mutuellement bénéfique, pour les acteurs, elle reste préjudiciable à la défense de l'intérêt national. La communauté d'intérêts avec De Beers coûte à l'État plusieurs centaines de millions de dollars en impôts non prélevés[455]. L'opacité qu'elle crée, autour de la gouvernance des ressources, a une conséquence sur la pertinence et la circulation de l'information stratégique ; toute chose qui fragilise la structure d'intelligence économique. Par ailleurs, la relocalisation des activités londoniennes de la multinationale à Gaborone a favorisé la surliquidité de la Banque Centrale sans aboutir à un enrichissement du pays. Ce qui fait du Botswana un « modèle de croissance économique » avec, pourtant, un des taux de disparités de revenus les plus élevés au monde[456]. Le Botswana perd ainsi davantage en facteurs de puissance (revenus, compétitivité, solidité des institutions, etc.) qu'il gagne en points de croissance.

De Beers tire d'importants bénéfices stratégiques de la collusion avec l'*establishment* politique botswanais. Elle a réussi à garder une position dominante dans l'industrie en cédant 15% de son capital à l'État en 2004. Or, la gestion de

---

African Institute of International Affairs, Programme de Gouvernance et MAEP, Publication occasionnelle, n°31, mai 2009, p.5.

[455] KHADIJA SHARIFE, "Botswana diamond's deception", Osisa, SARW, June 2016, p.2.

[456] Le coefficient de Gini est utilisé pour mesurer les disparités de revenus dans le monde. L'index des pays se situe entre 0 (égalité parfaite) à 1 (inégalité parfaite). Plus l'index est élevé, moins le pays est égalitaire. Un index au-dessus de 0,5 traduit une inégale distribution des richesses. Selon l'index Gini, le Botswana se retrouve parmi les pays les plus inégalitaires au monde.

certaines activités de De Beers à partir de paradis fiscaux limite la marge de manœuvre de l'État. L'entrée du Botswana dans le capital de De Beers a un effet pervers dans la mesure où elle ne lui garantit ni la capacité d'influencer le jeu, ni la possibilité de renforcer la compétitivité des filières locales. De Beers bénéficie également d'une marge de manœuvre suffisante dans la fixation de la valeur des diamants extraits, comme le reconnait Bertie Lincoln, un ancien directeur de la compagnie[457]. La faible influence de l'État sur la fixation de la valeur des gemmes a un impact certain sur sa maitrise de l'espace. De Beers réussit à maintenir des « zones grises » dans l'industrie minière botswanaise ; privant l'État d'une part importance de sa souveraineté. Il devient alors difficile pour le Botswana de disposer de tous les instruments nécessaires à la réalisation de son projet de puissance par les ressources.

Le « modèle botswanais » marque par son incapacité à favoriser la diversification de l'économie. Il s'agit pourtant d'un aspect clé de la conduite d'une politique d'intelligence économique dans le secteur extractif. L'objectif premier de l'intelligence économique est de favoriser la compétitivité des filières locales. L'information stratégique nourrit le système de relations complexes, entre les acteurs, et assure une certaine solidité aux filières locales. La création de liens entre le secteur extractif et le reste de l'économie est, alors, l'expression de l'efficacité de la politique d'intelligence économique. Le projet de diversification économique, axée essentiellement sur l'attrait des IDE, est une erreur stratégique. D'abord parce qu'il ignore « les conditions minimales » nécessaires à l'entrée des investissements étrangers. En effet, selon l'OCDE, la présence d'une infrastructure adaptée, et une ressource humaine pertinente, participe de l'attractivité des pays. Les conditions présentées par l'OCDE relèvent de l'appréciation exclusive des investisseurs internationaux ; ce qui limite la pleine objectivité des choix. Ensuite, les considérations géopolitiques, qui commandent la circulation des investissements étrangers, expliquent qu'ils vont, en priorité, aux pays développés.

---

[457] KHADIJA SHARIFE, *Op. cit.*, p.5.

L'incompatibilité de l'intérêt national rend difficile le financement du développement par le renforcement de l'extraversion. Par ailleurs, le choix du Botswana de financer la diversification de l'économie par les IDE suppose l'inaptitude de l'industrie du diamant à la transformation structurelle. Or, le juste investissement de la rente aboutit, invariablement, à l'émergence de nouvelles activités économiques compétitives.

Le Ghana et le renforcement des capacités des entrepreneurs locaux

Le renforcement des capacités des acteurs locaux est un aspect important du procès vers la puissance. L'asymétrie de puissance entre les producteurs africains et leurs partenaires est une donnée essentielle de la géopolitique des ressources. Celle-ci a influencé la gouvernance minière et la capacité de nombre de pays africains de transformer l'avantage comparatif donné par leurs ressources naturelles en avantage compétitif, voire en facteur de puissance. La perte de contrôle sur des segments stratégiques de la chaine de valeur s'explique, principalement, par la faiblesse des capacités tant techniques, technologiques que managériales dont souffre la plupart des pays du continent. Cela se traduit par l'échec des stratégies de contenu local et l'atrophie des liens en amont, en aval ou latéraux. La transformation structurelle de la gouvernance minière, en Afrique, passe alors par le renforcement des capacités humaines et institutionnelles. Ceci, dans le but de favoriser l'émergence d'un secteur minier compétitif et solide ; mais aussi d'augmenter les possibilités de développement et d'émancipation des pays producteurs.

Le Ghana semble avoir compris les enjeux de l'émergence d'une alternative technologique, solide et compétitive, à l'échelle locale. Considérant les opportunités de développement qu'implique l'exploitation du pétrole, le pays a développé une variété de dispositifs, légaux et contractuels, destinés à promouvoir la préférence nationale. Le caractère assurément offensif du contenu local ghanéen témoigne de la volonté de contraindre l'action de ses partenaires. La loi de 2010 sur le contenu local souhaite porter le niveau de participation et de contenu local, dans le secteur pétrolier, à 90% à l'échéance 2020[458]. Elle prévoit également l'attribution préférentielle des blocs pétroliers aux nationaux, ainsi que de nombreuses obligations contractuelles en matière d'emplois. Le caractère profondément nationaliste de la démarche suggère le renforcement de la compétitivité des entrepreneurs ghanéens, l'amélioration de l'offre en matière de services, et la disponibilité d'une expertise technique au niveau local. L'objectif des 90% peut sembler intenable, au regard de contraintes techniques et financières diverses. Il reste, tout de même, fidèle à l'esprit de la loi qui promeut une vision endogène et autocentrée du développement. La loi de 2010 s'appuie ainsi sur la certitude que le développement passe par un usage optimal de la ressource humaine et matérielle disponible localement.

La stratégie ghanéenne mise sur l'efficacité du système de qualification des filières locales fondé sur le triptyque transfert de technologie, multiplication des financements et renforcement des capacités. La diversité des acteurs et des processus, associés à la qualification, nourrit la complexité et la particularité du « modèle ghanéen ». Les compagnies locales disposent d'un éventail de programmes censés faciliter leur intégration dans la chaine des valeurs. L'Entre*prise Development Centre* (EDC) s'adressait, particulièrement, aux Petites et Moyennes Entreprises (PME). Lancé en 2013, sous la supervision du Ministère de l'Énergie et du Pétrole, le programme a favorisé le renforcement des capacités de près de 400 PME[459]. Cinq compagnies pétrolières, dont la GNPC[460], ont contribué à la mise en œuvre du programme qui s'est achevé en 2016, faute de moyens. Deux autres initiatives, la *Invest In Africa* (IIA) et la

---

[458] Local Content and Local Participation in Petroleum Activities. Policy Framework, February, 26th 2010.
[459] GODFRED ACKAH (C) et ASAAH MOHAMMED (S), *Local Content Law and Practice. The case of oil and gas industry in Ghana*, Wider Working Paper, 2018/152, UNU-WIDER, p.12.
[460] Tullow Oil, Ghana, Kosmos Ghana, Anadarko, Petro SA, et GNPC.

Supply Chain Development (SCD), assurent également la qualification des entreprises locales. La IIA se spécialise dans le networking et le renforcement des capacités des entreprises ghanéennes. Elle accompagne les PME dans la mobilisation des financements, la mise à niveau et dans la quête de nouveaux marchés[461]. La SCD bénéficie de l'appui financier de l'USAID dans l'objectif de renforcer la compétitivité des filières locales. L'initiative a favorisé le renforcement des capacités de près de 400 individus et 200 PME[462].

Les opérateurs étrangers jouent également un rôle important dans le processus de qualification des filières ghanéennes. Ils sont astreints à un transfert de technologies et de compétences aux entrepreneurs locaux. La loi de 2013 leur impose, en effet, de transférer des capacités précises au *Ghana National Petroleum Corporation* (GNPC) et à la *Petroleum Commission*[463]. La *Petroleum Commission* joue un rôle important dans l'intégration des acteurs locaux dans les chaines de valeur. Elle encourage la coopération des opérateurs internationaux, œuvrant dans l'aval, avec des compagnies locales. La formation de Joint-Venture représente, à cet effet, un instrument stratégique déterminant. Les opérateurs sont également impliqués dans la *Ghana Upstream Intership Program* (GUIP) qui vise à apporter de l'expérience professionnelle à des jeunes. Tullow Ghana a encadré une première vague d'internes en 2016, et pour une durée d'un an. Cette stratégie vient en complément à la création d'un fonds destiné au renforcement des capacités et à la R&D. Le *Local Content Fund* vise alors à faciliter l'accès des entrepreneurs locaux, impliqués dans le secteur pétrolier, à des moyens financiers.

Le processus de qualification des filières locales a favorisé l'émergence d'acteurs locaux compétitifs. Le Ghana fait, ainsi,

---

[461] GODFRED ACKAH (C) et ASAAH MOHAMMED (S), *Op.cit.*, p.13.
[462] *Idem.*
[463] La Petroleum Commission a été créée en 2011 dans l'objectif d'assurer la mise en œuvre de la loi sur le contenu local appliquée aux secteurs pétrolier et gazier.

office de modèle d'intégration de l'industrie pétrolière au regard du nombre croissant d'entrepreneurs locaux présents dans les chaines de valeur. Ainsi, sur les 776 compagnies recensées par la *Petroleum Company*, et destinées à assurer l'approvisionnement des opérateurs, 480 sont ghanéennes. Leur présence sur les projets pétroliers les plus importants n'est plus anecdotique. Selon le *African Center for Energy Policy* (ACEP), des PME ghanéennes ont obtenu 35% des contrats sur le projet Jubilee/Teen Field Partners géré par Tullow, Kosmos, Anadarko, GNPC et Petro SA. Elles ont également obtenu 28% des 6,3 milliards de dollars du projet Offshore Cap Three Points (OCTP) développé par ENI entre 2014 et 2016. Il est également important de souligner que diverses compagnies locales, dont Sri Emas Ltd, sont engagées dans la construction d'infrastructures sous-marines liées à l'exploitation du pétrole. Cette dernière a gagné près de 300 millions de dollars pour le transport et l'installation de matériels.

Le Ghana reste, tout de même, confronté à d'importants problèmes susceptibles de remettre en question les victoires stratégiques obtenues jusqu'ici. Les stratégies de renforcement des capacités restent limitées dans leurs objectifs. Cela explique le relatif manque de personnels techniques, plus précisément d'ingénieurs et de techniciens, dans le secteur extractif. Cette situation rend difficile la création d'une alternative technique solide au niveau local. De même, les compagnies nationales ne disposent pas toujours des moyens financiers nécessaires à l'exécution de leurs missions. Nombre de structures ghanéennes ont encore des difficultés à accéder aux crédits ; ce qui limite leurs ambitions. Il est également reproché, à nombre d'entre elles, leur non-certification aux normes ISO. Cela implique une faible maitrise des normes environnementales, sanitaires et sécuritaires (EHS) pourtant essentielles au développement des opérations pétrolières. L'absence de moyens et de compétences pertinentes constitue un motif pour les compagnies internationales, généralement peu disposées à sous-traiter des structures locales. Il en résulte une nette domination des structures étrangères dans la chaine des valeurs. Les choix politiques du gouvernement réduisent également l'accès des firmes locales à l'industrie. La signature d'un contrat de type « Angola model »[464], avec la Chine, est venue renforcer l'extraversion de l'industrie pétrolière ghanéenne déjà diminuée par la faible maitrise des technologies de pointe. Elle constitue une erreur stratégique au regard de son impact sur la mise en œuvre du contenu local[465].

Le Contenu local pour régler l'injustice économique historique en Afrique du Sud

Le concept de « *Historically Disavantaged Population* » (HDP) est essentiel à la compréhension du nationalisme des ressources en Afrique du Sud. Son objectif est d'apporter un supplément de légitimité et d'objectivité aux réformes économiques postapartheid. La promotion de la préférence nationale s'explique alors par le souci de régler une situation historiquement désavantageuse pour les populations non caucasiennes. C'est ce qui fait la particularité du contenu local, dans le secteur extractif en Afrique du Sud, et qui explique son caractère pleinement offensif. Il est, d'ailleurs, difficile d'exclure le dispositif juridique en matière de contenu local de la stratégie de puissance de l'Afrique du Sud postapartheid fondé sur l'instrumentalisation du projet de Renaissance africaine[466]. Ainsi, le modèle sud-africain, bien qu'inspiré de logiques économiques, reste pleinement subordonné à un projet de puissance et d'influence internationale.

---

[464] Agnès Chevalier décrit le « modèle angolais » de la manière suivante : « « [...] *Un accord-cadre est conclu avec un gouvernement africain pour un programme d'infrastructures financé par des prêts chinois (concessionnels ou non) et réalisé essentiellement par des firmes chinoises ; en parallèle, cet accord autorise une compagnie nationale chinoise à investir (ou à intervenir comme opérateur) dans l'exploitation des ressources (pétrole, mais aussi bauxite, chrome, minerai de fer, fèves de cacao...).* ». CHEVALLIER (A), « La présence chinoise en Afrique », in *La lettre du CEPII*, n°328 - 20 décembre 2012, p.1. DELCOURT (L), « La Chine en Afrique : enjeux et perspectives », in *Alternatives sud*, vol. 18-2011, p.15.

[465] NOAH NOAH (F) *Op. cit.*, p.161.

[466] CROUZEL (I), « *La renaissance africaine* : un discours sud-africain ? », *Politique Africaine*, n°77, mars 2000, p.171.

L'Afrique du Sud a fait le choix d'une stratégie de contenu local fondée sur une diversité de textes. Il n'existe pas à proprement parlé, de loi sur le contenu local, mais plusieurs textes fixant les contours de la discrimination positive en faveur des populations historiquement défavorisées. La *Mineral and Petroleum Resources Development Act* (MPRDA), adoptée en 2002, suggère le renforcement de la participation économique des HDP dans tous les projets[467]. Elle s'entend comme un outil destiné à favoriser la participation des populations non caucasiennes ; mais aussi de promotion du développement des régions minières. La MPRDA constitue un des piliers de la fonction prescriptive du contenu local dans la mesure où la non-application de ses prescriptions entraine la suspension ou l'annulation d'une licence d'exploitation. La promotion de la préférence nationale représente ainsi un indicateur majeur dans l'évaluation annuelle imposée à tous les opérateurs. La participation des HDP aux activités extractives est également encadrée par la *Employment Equity Act* et la *Preferential Procurement Framework Act.* La première précise les obligations des opérateurs en matière de recrutement de la ressource humaine cible, tout au long de la chaine de valeur, tandis que la seconde établit les règles à respecter dans l'approvisionnement de l'industrie en intrants.

La Charte minière présente des objectifs chiffrés en matière de recrutement de l'expertise utile au développement de la mine. Elle fixe ainsi le niveau minimum de nationalisation de la ressource humaine à 40%[468]. Celle-ci accorde également une place importante au rôle de la femme fixant à un minimum de 10% la participation de celle-ci aux activités minières. La Charte minière participe ainsi d'une démarche visant à renforcer l'inclusivité du secteur extractif. Elle démontre, par ce fait, le caractère supra-économique de la stratégie sud-africaine. En effet, sans sacrifier l'exigence d'efficacité économique, la Charte souligne l'intérêt de rééquilibrer le jeu minier. Elle pose

---

[467] OECD, *Trade Policy Note*, December 2017, p.3.

[468] RAMDOO (I), "Local content policies in mineral-rich countries. An overview", Discussion Paper, N°193, ECPDM, May 2016, p.4.

ainsi l'inclusivité comme condition à l'atteinte des objectifs de développement et de puissance liés à l'exploitation minière.

La centralité du concept de *Historically Disavantaged Population* donne une certaine complexité au contenu local. Il ne s'agit plus, uniquement, de favoriser l'utilisation de la ressource humaine et matérielle sud-africaine, mais surtout d'assurer la pleine participation d'une partie de la population. La préférence nationale est, avant tout, une « préférence sociologique » puisqu'elle vise prioritairement la promotion des populations non caucasiennes. Celles-ci bénéficient d'une discrimination positive en matière d'emploi, dans l'approvisionnement de l'industrie ainsi que dans la prise de participation et la gestion des sociétés minières. Des lois telles que la *Skills Development Act*, la *Broad-based Socio-economic Empowerment Charter for South Africa Mining and Mineral Industry* et le *Code of Good Practice for the South African Mineral Industry* donnent une certaine consistance à la préférence sociologique. La mise en place d'une fiche d'évaluation, avec des objectifs quinquennaux, permet un suivi régulier des dispositions de la loi.

Le contenu local s'articule, dans le modèle sud-africain, autour de cinq principaux piliers. Ces piliers précisent les exigences tant qualitatives que quantitatives de la politique de préférence nationale. La ***prise de participation*** des Sud-Africains non-caucasiens, dans les sociétés minières, est fixée à un minimum de 25% plus 1 vote. Cette exigence s'inscrit dans la politique du *Black Economic Empowerment* (BEE) menée depuis 1994, par l'African National Congress (ANC), et dont l'ambition est de réduire la domination de l'économie par la population d'origine européenne[469]. Les ***exigences en matière d'emploi***, qui s'inscrivent également dans la logique du BEE, suggèrent le renforcement de l'accès des HDP au conseil d'administration et au comité de direction des entreprises minières. Elles précisent la nécessité, pour les entreprises,

---

[469]TANGRI (R) and SOUTHALL (R), "The politics of Black economic empowerment in South Africa", *Journal of Southern African Studies*, Volume 34, n°3, Septembre 2008, p.699.

d'adopter une politique de discrimination positive en matière d'emploi. La question du ***renforcement des capacités de la ressource humaine*** est également au cœur des lois de contenu local. Elle implique une évaluation régulière de l'état des savoir-faire miniers disponibles localement. La politique de préférence nationale suggère également ***l'approvisionnement préférentiel et le développement de l'entrepreneuriat local***. Des objectifs chiffrés sont fixés en pourcentage des dépenses de fonctionnement à effectuer chaque cinq ans. Les entreprises devraient, par exemple, s'approvisionner en biens d'équipement à hauteur de 20% auprès de fournisseurs locaux les cinq premières années de leur activité. Ce pourcentage doit être doublé entre la sixième et la dixième année d'activité. Les lois sur le contenu local tiennent également pour opposable aux opérateurs le renforcement du ***développement socioéconomique inclusif*** des communautés minières.

L'analyse du « modèle sud-africain » fait ressortir la prégnance de considérations hautement géopolitiques, voire géostratégiques sur les objectifs économiques. La « préférence sociologique » fournie, au projet de puissance de l'Afrique du Sud, la profondeur stratégique nécessaire à sa réalisation. Elle permet au pouvoir politique de s'allier une partie de la population à travers la discrimination positive qui se veut supra-partisane. La révolte géopolitique au cœur du « modèle sud-africain » instrumentalise l'appartenance sociologique et « ethnique » sans provoquer une césure trop brusque entre les « blancs » et les « noirs ». En cela, l'Afrique du Sud évite le piège de la réforme agraire zimbabwéenne dont la principale erreur est d'avoir privilégié le discours populiste à la réflexion stratégique[470]. La solidité des institutions et la prédictibilité du dispositif juridique sur le contenu local renforcent la légitimité de la démarche.

---

[470] CLING (J-P), « Réforme agraire et démagogie électorale au Zimbabwe », *Document de Travail*, DT/2001/04, 16 p. ; COMPAGNON (D), « La prétendue "réforme agraire" au Zimbabwe. À qui profite le crime ? », *Etudes*, vol.3, Tome 398, 2003, p.297-307.

L'Afrique du Sud apparait comme un modèle d'instrumentalisation réussie de la consolidation démocratique. Le renforcement du rôle de l'État dans le contrôle du secteur extractif ne s'est pas fait au détriment du développement de l'entrepreneuriat privé. Le gouvernement joue, principalement, la fonction d'agent régulateur de l'action des opérateurs. En cela, il garde une certaine distance du terrain tout en restant pleinement influent à travers un contrôle strict et régulier de la mise en œuvre du BEE. L'action du Ministère des Ressources minières consiste donc à vérifier la cohérence de l'action des firmes avec les objectifs nationaux en matière de contenu local. L'environnement conductible créé par les réformes juridiques successives rend possible le développement d'initiatives visant à renforcer la nationalisation de l'expertise. Certains opérateurs se sont démarqués par la qualité et l'efficacité des programmes de renforcement des capacités qu'ils ont développés en faveur des entrepreneurs locaux. Le programme *Zimele,* d'Anglo-Américain soutient les petites et moyennes entreprises à travers l'octroi de financements, le transfert de compétences et l'assistance technique. Il a ainsi réalisé 2358 opérations destinées à soutenir 1619 firmes locales entre 2008 et 2014[471]. *Lomin*, société spécialisée dans l'exploitation du platine, a également développé un projet de renforcement des capacités, en collaboration avec la Société Financière Internationale. Ce projet est en rapport avec l'exploitation de la mine de Marikana et concerne les entreprises situées dans un rayon de 15 kilomètres. Le projet a permis, au cours des trois premières années de son lancement, l'octroi de 215 contrats à 34 entreprises d'équipement dans des domaines aussi variés que la construction, le transport des minerais, la formation et la restauration[472].

[471] OECD, *Op.cit.* p.7.
[472] *Idem.*

CONCLUSION

La fin de la Guerre froide et la chute du mur de Berlin ont en effet provoqué une « euphorie libérale et démocratique » à travers le monde[473]. Le besoin de liberté exprimé par les peuples d'Europe centrale s'est rapidement transformé en un « vent » faisant trembler les fondations des régimes autoritaires[474]. La victoire sur le communisme était considérée par plusieurs comme le signe de l'avènement d'un « nouvel ordre mondial » plus libre et plus sûr pour tous les hommes. Il devenait impératif, pour les vainqueurs, de procéder à l'« élargissement » des démocraties de marché, longtemps rendu difficile par la menace globale que constituait l'idéologie communiste. C'est la « troisième vague de démocratisation »[475] qui a littéralement « submergé » le continent africain au début des années 1990. La démocratisation s'impose en Afrique avec son corollaire d'initiatives : conférences souveraines, élections pluralistes, grèves et « villes mortes », modifications constitutionnelles, etc. Les régimes politiques au pouvoir ont réussi à s'approprier la démocratie pour mieux la vider de sa substance. Même les plus autoritaires d'entre eux se réclament de la démocratie dans une sorte « d'hommage du vice à la vertu »[476]. Entourés de premiers cercles familiaux et claniques, ces régimes s'enkysteront au pouvoir[477], réclamant leur droit à « l'authenticité », et, donc, à la dilution des principes démocratiques non accommodants.

[473] NOAH NOAH (F), « Contenu local et gestion des industries extractives en Afrique : un défi stratégique majeur. Analyse de la gouvernance des secteurs des hydrocarbures et des mines dans le contexte du renouveau stratégique du Golfe de Guinée (1990-2014) », Université de Yaoundé II-Soa, thèse de doctorat Phd en Science politique, année académique 2016-2017, 680P.

[474] François MITTERRAND considère, dans son discours de la Baule, qu'il s'agit de la révolution des peuples la plus importante depuis la révolution française de 1789

[475] HUNTINGTON (P), *The Third Wave. Democratization in the Late Twentieth Century*, Norman, university of Oklahoma press, 1991 cité par BABACAR GUÈYE, « La démocratie en Afrique : succès et résistances », *Pouvoirs*, 129, n°2, 2009, p.5.

[476] BAYARD (J-F), « La revanche des sociétés africaines », in *Politique Africaine*, N°11, octobre 1983, P.95.

[477] GLASER (A), « De la démocratie à la démocrature familiale en Afrique », *Pouvoirs*, N°169, 2019/2, Pages 107 à 116.

Expression de l'ingénierie politique et de l'avidité du pouvoir de certains leaders africains, ces « régimes politiques hybrides »[478] ont procédé à une subtile émasculation de la démocratie[479]. Les entreprises politiques de consolidation des gestations démocratiques cèdent en effet progressivement sous le poids des manœuvres autoritaires, des « démocraties Potemkines »[480], qui n'ont de cesse de se réinventer. Les régimes démocratiques coexistent avec des régimes dynastiques, d'« hommes forts » ou de « partis dominants » qui combinent constitutions démocratiques et comportements autoritaires[481].

Soutenus par les anciennes puissances coloniales et les pays émergents, les autocrates africains ont su se réinventer pour se maintenir au pouvoir. Pour l'un des auteurs de ces lignes, « *la*

---

[478] Jean du Bois de GAUDUSSON estime que la plupart des régimes politiques africains des copies, des « copier-coller », des institutions politiques des anciennes puissances coloniales. Pour Patrick QUANTIN s'il est vrai que les régimes politiques africains sont certes extravertis, il n'en demeure pas moins qu'ils portent les spécificités historiques, culturelles et sociales africaines qui contribuent à faire de ces derniers des régimes hybrides. Voir, QUANTIN (P), « « La démocratie en Afrique à la recherche d'un modèle », *Pouvoirs,* N° 129, 2009, Pages 65-76.

-MAGNANI (V) et VIRCOULON (T), « Vers un retour de l'autoritarisme en Afrique ? », *Politique étrangère*, 2-2019, Dossier : La démocratie en Afrique : tours et détours.

-MANDENG (D), « La procédure contentieuse en matière électorale : recherches sur le contentieux des élections au Cameroun », thèse de doctorat Phd en Droit Public, Université de Poitiers, janvier 2017, 437 pages.

- DODZI KOKOROKO, « Les élections disputées : réussites et échecs », *Pouvoirs*, N°129, avril 2009, pages 115-125.

- NZINZI (P), « La démocratie en Afrique : l'ascendant platonicien », *Politique africaine*, 2000/1, N°77, pages 72-89.

- BABACAR GUÈYE, « La démocratie en Afrique : succès et résistances », *Pouvoirs*, N°129, avril 2009, pages 5-26.

[480] La « démocratie Potemkine » est une expression couramment utilisée pour désigner le système politique russe actuel, caractérisé par la mainmise du président Vladimir Poutine sur l'ensemble du dispositif institutionnel russe. Un simulacre de démocratie qui masque à peine les réalités d'un pouvoir autoritaire. RAVIOT (J-R), *Démocratie à la russe : pouvoir et contre-pouvoir en Russie*, Paris, Ellipses, 2008, 160P.

[481]MAGNANI (V) et VIRCOULON (T), « Vers un retour de l'autoritarisme en Afrique ? », *Politique étrangère*, 2-2019, Dossier : La démocratie en Afrique : tours et détours.

prégnance des considérations géopolitiques et géoéconomiques dans le processus de démocratisation soutenu par les grandes puissances n'a pas favorisé le « nivellement par le bas » des régimes autoritaires du continent. Elle leur a plutôt donné l'assurance quant à la possibilité d'user de subterfuges pour réaliser des réformes vides de toute substance. L'intérêt stratégique des ressources minières et énergétiques a contribué à l'échec du processus démocratique »[482]. Dans ces pays, en fonction de leurs intérêts et non sur la base des critères démocratiques, les puissances occidentales ont par leurs soutiens multiformes-directs/indirects aux parties engagées dans la course au pouvoir, contribué à retarder l'évolution du processus démocratique. L'intérêt de ces puissances pour les ressources de la région les oblige à « soutenir » des régimes dont la loyauté est inversement proportionnelle à la légitimité[483]. La personnalisation du pouvoir dans plusieurs pays producteurs de ressources minières et pétrolières est le symbole de l'impossible cohabitation entre le projet géopolitique des grandes puissances et la démocratie[484]. C'est du moins ce qui justifie la conception minimaliste, électorale de la démocratie en Afrique subsaharienne. La tenue d'élections libres, régulières et transparentes suffit pour décerner un brevet de démocratie. Cette vision réductrice de la démocratie néglige les aspects fondamentaux que sont l'environnement institutionnel (neutralité politique des institutions, état de droit réel et pas seulement théorique, etc.) et, plus généralement, la situation du marché politique (comportements et structures politiques, inclusivité de la citoyenneté, offre politique réelle, rapport de forces politiques, etc.)[485].

---

[482] NOAH NOAH (F), « Contenu local et gestion des industries extractives en Afrique : un défi stratégique majeur. Analyse de la gouvernance des secteurs des hydrocarbures et des mines dans le contexte du renouveau stratégique du Golfe de Guinée (1990-2014) », Op.cit.
[483] Ibid. P. 239.
[484] Ibid.
[485] MAGNANI (V) et VIRCOULON (T), « Vers un retour de l'autoritarisme en Afrique ? », *Politique étrangère*, 2-2019, Dossier : La démocratie en Afrique : tours et détours.

Face aux mobilisations plurielles des acteurs locaux et internationaux en vue d'une implémentation de la gouvernance démocratique dans la gestion des affaires publiques et à la menace que représente la démocratie pour la préservation de leur pouvoir, l'élite gouvernante africaine subsaharienne a initié diverses manœuvres visant à contenir et/ou à s'approprier cette bourrasque démocratique au mieux de leurs intérêts. Pour ce faire, dans une logique de jeu à somme nulle, de « collusion entre princes du Nord et princes du Sud »[486], les « simulations démocratiques » des responsables politiques africains trouvent un écho favorable auprès de leurs partenaires extérieurs, occidentaux et émergents, dont le soutien protéiforme accordé à ces derniers contribue à la mise en œuvre de leurs diverses politiques africaines. La dissimulation de leurs prétentions de puissance, sous le couvert de la promotion de la démocratie, des droits de l'Homme[487] et des libertés individuelles, est l'expression de leur capacité à s'inscrire dans la dialectique des intelligences. C'est du moins le constat dressé par Mamoudou Gazibo lorsqu'il parle de « *l'ambivalence des acteurs externes dans la consolidation de la démocratie* »[488].

Cette gestion cafouilleuse de la démocratie, caractérisée par la collusion des forces anti-démocratiques dont la promotion et/ou la préservation des intérêts politiques et stratégiques a contribué à émasculer le processus de démocratisation laborieusement initié en Afrique subsaharienne au début des années 1990. Face à cette réalité, l'Afrique et les Africains se doivent, pour des nécessités de compétitivité et de survie, de s'arrimer, sans réserve, à la modernité démocratique. Aussi, la gouvernance des industries extractives ou la gestion harmonieuse des ressources naturelles dans une logique d'intelligence économique pourrait-elle constituer un investissement politique, économique et stratégique dont les

---

486 BADIE (B), *L'État importé : essai sur l'occidentalisation de l'ordre politique*, Paris, Fayard, 1992, 334P.

487 BADIE (B), *La diplomatie des droits de l'Homme : entre éthique et volonté de puissance*, Paris, Fayard, 2002, 328P.

488 MAMOUDOU GAZIBO, *Les paradoxes de la démocratie en Afrique : analyse institutionnelle et stratégique*, Les Presses de l'Université de Montréal, 2005, 291P.

dividendes pourraient permettre à l'Afrique de sortir son attentisme et de s'arrimer à la compétition de puissance qui structure l'histoire des relations internationales post-guerre froide.

Pourtant, l'engagement de l'Afrique à la démocratie est un fait dont il est difficile de douter. Il s'illustre, de manière évidente, à travers le renouveau des pratiques et des institutions politiques amorcé au début des années 1990. L'Afrique apparait, ainsi, comme le champ d'expression privilégié d'une certaine sublimation de la démocratie en tant que système politique ultime. L'adoption de la Charte africaine de la démocratie, des élections et de la gouvernance, en janvier 2007, est une étape clé vers la sanctuarisation de l'espace africain face au péril autoritaire. Elle a fait émerger un droit d'ingérence démocratique d'essence africaine à travers, notamment, l'observation des processus électoraux et la disqualification des coups d'État[489]. Ainsi, à travers sa vocation qui est d'assurer « par le droit international des ordres politiques nationaux démocratiques »[490], la Charte précise sa supranationalité. C'est ce qui fait dire à Blaise Tchikaya qu'elle représente une « constitution politique internationale » fidèle à la pensée de Nkrumah[491]. Si on peut s'interroger avec Jean-François Bayart sur la sincérité de ces amours passionnées[492], force est de reconnaitre qu'il existe très peu de pays, sur le continent où il ne s'observe guère une pratique, fût-elle rudimentaire et mimétique, de la démocratie.

Il est donc clair que toute thèse sur l'incapacité démocratique de l'Afrique est spécieuse, par essence. Ceci, dans la mesure où elle minore l'erreur d'une position définitive sur un phénomène « se faisant » ; de même que la difficulté de jeter un regard panoramique sur des situations politiques

---

489 TCHIKAYA (B), « La charte africaine de la démocratie, des élections et de la gouvernance », *Annuaire Français de Droit* International, N°54, 2008, pp.515-528.

490 *Idem.*

491 *Idem*, p.516.

492 BAYART (J-F), « La revanche des sociétés africaines », *Politique Africaine*, n°11, Septembre 1983, p.95.

nécessairement complexes. Par contre, la réalité de l'engagement démocratique, fait de pratiques et de positions discursives, n'échappe pas à la manœuvre stratégique, voire géostratégique. Les régimes politiques au pouvoir marquent par leur volonté de s'approprier la démocratie pour mieux la vider de sa substance. Il devient alors possible d'aboutir à des « démocraties sans partis », « des autoritarismes électoraux » ou à des « démocraties hybrides » se prévalant d'une certaine authenticité tout en réclamant leur droit à l'originalité. Dans ce contexte politique où il vaut mieux ruser avec la démocratie que la consolider, les grandes puissances ont beau jeu de s'ériger en VRP de la démocratisation de l'Afrique. Les injonctions démocratiques perdent leur pertinence face à la volonté de renforcer les alliances stratégiques.

L'attitude des partenaires de l'Afrique face à la réalité démocratique doit nécessairement être évaluée à l'aune de leurs intérêts. Tout comme la colonisation, la promotion de la démocratie relève de la « mission civilisatrice » que d'apparence. Elle a partie liée avec la démarche stratégique au sens de Michel Crozier[493]. On peut ainsi voir la France féliciter la réélection de Lansana Conté en 2003, lors d'une élection présidentielle boycottée par l'opposition, et contester celle de Laurent Gbagbo en Côte d'Ivoire quelques années plus tard au nom du respect de la démocratie. Il devient possible pour les États-Unis de soutenir à bout de bras les régimes rwandais et ougandais tout en admonestant le pouvoir d'Omar El Béchir. L'incertitude du terrain politique africain et l'absence de leadership des dirigeants politiques constituent des opportunités inédites à la réalisation du projet de puissance des partenaires de l'Afrique. Promouvoir la démocratie devient alors une ressource politique qu'il est possible de mobiliser au gré de ses intérêts. La géostratégie de la démocratie explique le rapport nécessaire entre démocratisation et statu quo dans le cas précis des pays africains.

La démocratie telle qu'elle est pratiquée en Afrique témoigne de la permanence de tensions entre pulsions

[493] CROZIER (M), *La société bloquée*, Paris, Editions du Seuil, 1994, 222 p.

autoritaires et velléités d'ouverture[494]. La contrainte exercée sur les dispositifs sociaux et politiques de la participation renseigne sur le danger d'une pleine ouverture du jeu politique dans le contexte africain. Analyser la trajectoire de la démocratie dans une Afrique économiquement bloquée à l'ère rentière revient à s'intéresser aux explications géostratégiques du regain de l'autoritarisme. L'action des régimes politiques africains contribue à retarder l'avènement de « l'irréversibilité démocratique » au sens d'Andreas Schedler[495]. Elle créé les conditions de la transformation de l'espace africain en glacis géostratégique dans l'affrontement pour la puissance décisive. La collusion entre les régimes africains et les grandes puissances constitue un frein majeur à l'émergence d'un ordre démocratique consolidé ; spécialement chez les producteurs africains. Or, il est admis que la richesse minière n'est point une limite rédhibitoire à la démocratie[496].

L'analyse du contexte africain fait ressortir la nécessité d'un changement de paradigme dans la gestion des affaires publiques. Elle invite à une meilleure prise en compte des facteurs qui font la spécificité du discours africain sur le développement. Le projet de renaissance africaine est l'expression du regard décomplexé de l'Afrique sur sa réalité et sur son rapport à l'extérieur. Il s'incarne judicieusement dans le

---

494 MAGNANI (V) et VIRCOULON (T), « Vers un retour de l'autoritarisme en Afrique ? », *Politique Etrangère*, N°2, 2019, pp.11-23 ; OWONA NGUINI (M-E), MENTHONG (H-L), « "Gouvernement perpétuel" et démocratisation janusienne au Cameroun (1990-2018) », *Politique africaine*, vol.2, n°150, pp.97 à 114.

495 ANDREAS SHEDLER, « Expected stability : defining and measuring democratic consolidation », *IHS Political Science Series*, Working Paper 50, november 1997, 20 p. ; O'DONNELL, GUILLERMO, « Transitions, Continuities, and Paradoxes, » in SCOTT MAINWARING et al, *Democratic Consolidation: The New South American Democracies in Comparative Perspective*, University of Notre Dame Press, 1992, pp. 17–56 ; GUNTHER, (R-P), Nikiforos Diamandouros, and Hans-Jürgen Puhle, "Introduction," The Politics of Democratic Consolidation: Southern Europe in Comparative Perspective, eds GUNTHER (R) et al. (Baltimore and London: Johns Hopkins University Press), 1995, pp. 1–32 ; PRZEWORSKI, ADAM et al. (1996). "What Makes Democracy Endure?" *Journal of Democracy* 7(1), pp. 39–55.

496 NOAH NOAH (F), *Op.cit.*

contenu local appliqué aux industries extractives. L'idée qu'une « autre voie » vers le développement est possible justifie le recours à des solutions africaines autant qu'elle les inspire. Le contenu local s'appréhende, ainsi, comme l'indigénisation des processus de développement autant qu'une stratégie d'émancipation des producteurs africains. Le retour à l'authenticité dans la gestion du secteur extractif passe d'abord par l'émancipation des processus de développement. Il disqualifie « la standardisation des pratiques » comme source de développement pour privilégier une approche *sui generis*. L'appropriation du discours sur le développement, à travers l'élaboration d'outils idéels et méthodologiques propres, représente la première étape de la lutte contre le paradoxe de l'abondance. En ce sens, la création d'une structure de contenu local plus ou moins complexe participe des logiques de l'État-stratège en tant que défenseur des intérêts économiques.

La qualification des filières africaines est essentielle au reclassement géopolitique du continent. Le renforcement des capacités humaine et institutionnelle apporte l'énergie nécessaire au développement d'un secteur extractif solide et compétitif. C'est tout l'intérêt de la multiplication de dispositions juridiques et contractuelles favorables à l'émergence d'une alternative technique au niveau local. L'ouverture du jeu minier implique l'existence de compétences pertinentes. Le contenu local crée les conditions d'une qualification des filières locales gages de compétitivité. Il se pose comme un outil géopolitique favorable au développement et à l'émancipation stratégique des producteurs. Il reste pourtant attaché à l'exercice d'une contrainte proportionnée et régulière. Cela s'illustre dans l'exemple des « démocraties minières » africaines dont la particularité est d'asseoir la préférence nationale sur l'état de droit. Le contournement de l'adversaire au sens du Général Vincent Desportes[497] permet d'éviter

[497] Selon le général Vincent Desportes, « Le principe même du succès à la guerre est celui du contournement, car si le succès tactique peut suffire à la destruction de la force, le succès stratégique est généralement dû à son contournement ». Dans le cas spécifique de la géopolitique des ressources, le contournement de l'adversaire renvoie à l'usage de dispositifs politiques et

l'incertitude d'un nationalisme des ressources sans repère stratégique et juridique. La démocratisation de l'espace africain apparait, de ce fait, comme un préalable à la contre-offensive des producteurs.

La prégnance des principes d'intégration et d'autonomisation, dans la mise en œuvre du contenu local, participe de la volonté de renverser la courbe de l'extraversion de l'industrie. Elle ouvre les pays africains aux vertus géopolitiques d'une gouvernance minière autocentrée et authentique. La promotion de la préférence nationale apparait ainsi essentielle au développement de l'Afrique par ses ressources ; mais aussi à son émancipation géopolitique. Le souverainisme minier représente une ressource stratégique au service de l'émancipation des producteurs. Il sert de prétexte à l'indigénisation des processus et outils de développement. L'opportunité qu'offre l'ouverture du jeu minier à l'expression des compétences locales renforce l'opinion sur les vertus développementalistes de la démocratie en tant que facteur de dynamisme économique. La démocratie de marché marque par l'importance qu'elle accorde à l'émergence d'un secteur privé solide et compétitif. En cela, elle représente une opportunité pour la mise en œuvre du contenu local dans le contexte africain. L'option révolutionnaire prise par le contenu local détruit, assurément, les certitudes géopolitiques qui expliquent le maintien de rapports asymétriques entre le continent et ses partenaires.

Il apparait donc que dynamisme du secteur extractif et ouverture du jeu politique ne sont pas antinomiques. Contrairement à l'idée généralement répandue, les ressources africaines peuvent être transformées en opportunités de développement. Cela passe par le renforcement des valeurs de

juridiques destinés à exercer une contrainte « douce » sur ses partenaires et à éviter, ainsi, l'incertitude de la nationalisation des ressources. Le contenu local permet d'aboutir à une forme appréciable de contournement de l'adversaire en ce sens qu'il le rend participant de la politique de préférence nationale sans lui donner l'impression qu'il en est contraint. DESPORTES (V), *La guerre probable*, Economica, Paris, 2007, p.37 ; Fabrice Noah, (2018), *op.cit.*, p.121 et s.

transparence et de responsabilité propres à la gouvernance. Plus précisément, « l'Afrique des opportunités » qu'appellent de ses vœux le projet de renaissance africaine, et les instruments de gouvernance régionaux subséquents, n'est possible qu'avec une meilleure intégration des logiques de participation et d'horizontalité du pouvoir dans la gestion du secteur extractif. Il ne s'agit pas d'enlever à l'État son statut de principe de la décision minière. Son retour au cœur du jeu minier appelle à la multiplication des espaces de coopération et de communication entre « le haut » et « le bas ». C'est là le sens d'une industrie minière intégrée et pleinement ouverte aux réalités et besoins locaux. En ce sens, le développement de l'Afrique passe par l'émergence de démocraties minières et pétrolières dont la transparence et la responsabilité de la gestion permettront un *aggiornamento* des pratiques. Il a été question trop souvent d'une gestion des ressources tournée « au dehors » et sans grand intérêt pour l'amélioration des conditions de vie des populations. Nul doute qu'avec le renforcement de la démocratie les résultats socioéconomiques des industries extractives connaitront une certaine embellie. Non pas que la démocratie soit la panacée utile au développement de l'Afrique. Il apparait, tout de même, que son absence n'a pas été favorable à l'émergence de puissances minières et énergétiques africaines. La démocratisation de l'espace africain est une réponse, même partielle, au besoin d'affirmation et d'autonomisation du secteur extractif comme le démontrent les modèles présentés tout au long de cet ouvrage.

POSTFACE

En prenant le risque de me confier la postface de leur ouvrage sur la géostratégie de la démocratie et la gouvernance des industries extractives en Afrique, mes collègues et amis ont sans doute voulu honorer un compagnon de route, et peut-être aussi, requérir le regard extérieur du constitutionnaliste, sur une question complexe, susceptible de l'entrainer tel un objet porté par le vent, sur les terres raboteuses de la science politique.

L'ouvrage que l'on referme est une belle étude, construite dans le temps par petites touches successives. Il arrive à point nommé, car très peu de livres développent une approche qui fait le lien entre la démocratie et les industries extractives. Cette combinaison permet aux auteurs d'analyser objectivement la logique des grandes puissances en Afrique, dont les postures discursives sur la démocratie, ne peuvent être comprises en dehors de leur signification géostratégique. Le constat qu'ils posent est assez sévère : l'Afrique subsaharienne est décrite comme une zone exploitée et épuisée, du fait de son incapacité à s'arrimer à la puissance, et de la cécité stratégique de ses gouvernants. Ils proposent par conséquent de reconsidérer le lien entre gouvernance démocratique et industries extractives en Afrique.

C'est avec plaisir que l'on lira sans doute d'une traite, cette belle contribution, écrite dans un style clair et limpide, – qui regorge un nombre impressionnant d'informations.

Éric M. Ngango Youmbi

BIBLIOGRAPHIE

A-

African Mineral Development Centre, *A Country Mining Vision guidebook. Domesticating the Africa Mining Vision*, 2014.

Albertini, Jean-Benoît, « Démocratie représentative et participation (s) citoyenne (s) : réflexions et applications pratiques », *Revue Française d'Administration Publique*, vol.2, n°150, 2014.

Anyang' Nyong'o, « Instabilité politique et perspectives de démocratie en Afrique », *Politique Etrangère,* n°3, 1988.

Awoumou Côme Damien George, « Le golfe de Guinée face aux convoitises », Yaoundé, septembre 2005.

Axelrod R., *Donnant-donnant : une théorie du comportement coopératif*, Paris, Odile Jacob, 1992.

Ayittey, George, « La démocratie en Afrique précoloniale », Afrique 2000, n° 2, juillet 1990.

B-

Badie, Bertrand, *L'État importé : essai sur l'occidentalisation de l'ordre politique*, Paris, Fayard, 1992.

Badie Bertrand, *La diplomatie des droits de l'Homme : entre éthique et volonté de puissance*, Paris, Fayard, 2002.

Battista Dagnino Giovanni et Yami, Said, La dynamique des stratégies de coopétition, in *Revue française de gestion*, Volume 7, n°176, 2007.

Bayart, Jean François, « La revanche des sociétés africaines », in *Politique Africaine*, n°11, octobre 1983.

Bayart, Jean-François « La problématique de la démocratie en Afrique Noire. "La Baule, et puis après ?" », *Politique Africaine*, n°43, octobre 1991.

Beachler, J., *Les démocraties*, Paris, Calmann-Lévy, 1985.

Bensada Hany et Martin, Philip, *Les codes miniers en Afrique : la montée d'une « quatrième » génération ?* INS, mai 2013.

Berghezan, Georges, « Panorama du trafic de cocaïne en Afrique de l'Ouest », Les Rapports du GRIP, 2012/6.

Bikidik, Paul Gérémie, « Quand pétrole et misère font bon ménage, sous le voile de la gestion des revenus de l'or noir au Cameroun », in *CJDHR*, vol.2, n°1, Juin 2008.

Bradley, Matthew Todd, « "the other". precursory African Conceptions of Democracy », International Studies Review, vol. 7, n° 3, 2005, p. 407-431.

Branderburger Adam et Nalebuff Barry, *Co-opetition*, New York, Doubleday, 1996, 290 p.

Breackman, Colette, *L'enjeu congolais : l'Afrique centrale après Mobutu*, Paris, Fayard, 1999.

Braeckman, C., « République démocratique du Congo : un État post-conflit qui peine à se stabiliser », in *Nouveaux acteurs nouvelle donne : L'État du Monde 2012*, Paris, La Découverte.

Braeckman Colette « La mort de Kabila : nouvelle donne dans la guerre en RDC », *Politique africaine* 2/2001, n° 82.

Brown Wendy, « Néo-libéralisme et fin de la démocratie », *Revue Vacarme*, 2004/4 n° 29.

Busia, Kofi Abrefa, *Africa in Search of Democracy*, New York, Praeger, 1967.

C-

Campbell Bonnie, Hatcher Pascale, Lafortune Ariane, et Sarrasin Bruno, *Regulating mining in africa for whose benefit?* Discussion Paper 26, Nordiska Afrikainstitutet, Uppsala 2004.

Carat, Myriam Faurie, Chloé Guerin, Laura, Marquegnies, Julien, Vize Antoine, *La stratégie américaine dans l'économie de la connaissance,* Mémoire d'Intelligence Economique, Sous la direction de Christian Harbulot, ESSEC MS SMIB – Mixed Track, 2013.

Catinat Michel, « Entrer dans la société de l'information. L'enseignement américain », *Futuribles*, n°242, mai 1999.

Chalmin, Philippe, « Géopolitique des ressources naturelles : prospective 2020 », in *Ramsès 2000*, Paris, Dunod.

Chambers, Paul « Guinée : le prix d'une stabilité à court terme », *Politique Africaine*, vol.2, n°94, 2004.

Charnay, Jean Paul, « La Russie et ses glacis continentaux », *Géostratégiques*, n°9, octobre 2005.

Charnoz Olivier, « Le pétrole africain : les clés pour comprendre. », in *Afrique contemporaine, Afrique et développement. Dossier : le pétrole en Afrique,* De Boeck et Larcier S.A, 2006.

Chauvin Emmanuel, Lallau Benoît et Magrin Géraud, « Le contrôle des ressources dans une guerre civile régionalisée (Centrafrique).Une dynamique de décentralisation par les armes », *Les Cahiers d'Outre-Mer,* 2015/4, n° 272.

Chevalier, J., « L'État stratège. Le temps de l'Etat », *Mélanges en l'honneur de Pierre Birnbaum, Fayard*, Paris, 2007.

Chevallier Agnès, « La présence chinoise en Afrique », in *La lettre du CEPII*, n°328 - 20 décembre 2012.

Chrétien, Jean-Pierre« Le Burundi après la signature de l'accord d'Arusha », *Politique africaine*, 2000/4, n° 80.

Cissé, Daouda, « Des infrastructures « made in China » en Afrique : une contribution au développement ? », in *Passerelles*, Volume 14, n° 4 – Septembre 2013.

Cling Jean-Pierre, « Réforme agraire et démagogie électorale au Zimbabwe », *Document de Travail*, DT/2001/04.

Collier, David et Levitsky, Steven, « Democracy with Adjectives: Conceptual innovation in Comparative research », *World Politics*, vol. 49, n° 3, 1997.

Compagnon Daniel, « La prétendue "réforme agraire" au Zimbabwe. À qui profite le crime ? », *Etudes*, vol.3, Tome 398, 2003.

Compagnon Daniel, « Le rôle de la société civile dans l'émergence d'une opposition démocratique : le cas du Zimbabwe », *Revue internationale de politique comparée* 2/2002, Vol. 9.

Compagnon Daniel« Terrorisme électoral au Zimbabwe », *Politique africaine* 2/2000 (N° 78).

Cook, C.R., « Diamants, pétrole et médias américains : filtrer la logique du pillage dans la guerre civile en Angola », *ASPJ Afrique & Francophonie* - 3e trimestre 2014.

Coutau-Bégarie Hervé, *Bréviaire stratégique*, éditions du Rocher, Paris, 2016.

Crouzel, Ivan « *La renaissance africaine* : un discours sud-africain ? », *Politique Africaine*, n°77, mars 2000.

Crozier Michel, *La société bloquée*, Paris, éditions du Seuil, 1994.

D-

Dario, Batistella, « L'Occident exportateur de démocratie », *Politique étrangère*, 2011/4.

Debié, Franck, Ulrich Raphaëlle et Verdier, Henri, « A quoi sert la géostratégie ? », *Stratégique* 50.

Déclaration de Berne, *Un contrat raffiné. Les arrangements douteux de la société suisse Philia au Congo*, DB, février 2015.

Delcourt, Laurent, « La Chine en Afrique : enjeux et perspectives », in *Alternatives sud*, vol. 18-2011.

Délégation interministérielle à l'intelligence économique, *Guide de l'intelligence économique pour la recherche,* 2011.

Deschryver Alison Paul et Johnson John, *Guide ITIE à l'attention des législateurs. Comment soutenir et renforcer la transparence des ressources*, ITIE, 2009.

Desportes, Vincent, (General), *La guerre probable*, Economica, Paris, 2007.

Diallo, Abdoulaye, « Sékou TOURE et l'indépendance guinéenne : déconstruction d'un mythe et retour sur l'histoire », *Outre-Mers*, 2008.

Dingwerth Klaus and Pattberg Philipp, "Global Governance as a Perspective on World Politics", in *Global Governance,* n° 12, 2006.

Doui Wawaye Augustin Jérémie, « La sécurité, la fondation de l'État centrafricain : contribution à la recherche de l'État de droit », Thèse de doctorat en Droit, Université de Bourgogne, Septembre 2012.

E-

Eboko Fred et Awondo Patrick (Dir.), *Cameroun. L'État stationnaire,* Paris, Karthala, 2018.

Elias, N. et Dunning, E., *Sport et civilisation : la violence maitrisée*, Paris, Fayard, 1994.

Erny, P., *Rwanda 1994, clés pour comprendre le calvaire d'un peuple*, Paris, l'Harmattan, 1995.

F-

Fanon, Frantz, *les damnés de la terre*, F. Maspero, Paris, 1961.

Fargon, Stéphanie et al, « Chine-Zimbabwee : limites et dérives de la coopération gagnant-gagnant», *Le temps de la Chine en Afrique*, 2012.

FIDH, « Guinée, une démocratie virtuelle, un avenir incertain », *Rapport Mission international d'enquête*, n°386, avril 2004.

Frédéric II de Prusse, *Instruction militaire du roi de Prusse pour ses généraux*, 1761.

Fogue Tedom, Alain, *Enjeux géostratégiques et conflits politiques en Afrique noire*, Paris, l'Harmattan, Collection Défense, Relation Internationale.

Fogue Tedom (A), *Géostratégie américaine en Afrique* (1993-2014), Yaoundé, L'Harmattan, 2015.

Fogue Tedom Alain, *Cameroun : sortir le renseignement du maintien de l'ordre public. En faire un instrument stratégique*, Editions du Schabel, 2018.

Fouere, Marie-Aude et Maupeu, Hervé, « Une nouvelle Afrique de l'Est ? », *Afrique contemporaine*, 2015/1, n°253.

Founou-Tchuigoua, Bernard, « L'échec de l'ajustement en Afrique », in *Alternatives Sud*, Vol., 1994.

G-

Gary, Ian et Karl, Terry Lynn, *Le fond du baril. Boom pétrolier et pauvreté en Afrique,* Catholic Relief Services, juin 2003.

Gasana, J., *Rwanda : du parti État à l'État-garnison*, Paris, l'Harmattan, 2002.

Gaulme, F., « Emmanuel Macron et l'Afrique. La vision de l'héritage », Etudes de l'Ifri, Ifri, janvier 2019.

Gaye, Adama, *Chine-Afrique : Le dragon et l'autruche-Essai d'analyse de l'évolution contrastée des relations sino-africaines : sainte ou impie alliance du XXIe siècle* ? Paris, L'Harmattan, juillet 2006.

Gazibo, Mamoudou, *Introduction à la politique africaine,* Presses de l'Université de Montréal, 2010.

Gazibo, Mamoudou, « La vertu des procédures démocratiques. Élections et mutation des comportements politiques au Niger », *Politique africaine*, 2003/4, n° 92.

Gazibo Mamoudou, *Les paradoxes de la démocratie en Afrique : analyse institutionnelle et stratégique*, Les Presses de l'Université de Montréal, 2005.

Gillies, Alexandra, Guéniat, Marc et Kummer, Lorenz*, Les négociants suisses, le pétrole africain et les risques de l'opacité,* Natural resource governance institute, juillet 2014.

Gillies, Alexandra, « Reformer la corruption de l'or noir nigérian ? Première partie : cartographie des risques de corruption dans la gouvernance de la filière pétrole. », in *U4 brief*, n°23, septembre 2009.

Glaser Antoine, « De la démocratie à la démocrature familiale en Afrique », *Pouvoirs*, n°169, 2019/2.

Global Witness, *« Tous les hommes des présidents », L'histoire accablante du pétrole et des affaires bancaires dans la guerre privatisée de l'Angola,* 2002.

Godfred Ackah Charles et Asaah S. Mohammed, Local Content Law and Practice. The case of oil and gas industry in Ghana, Wider Working Paper, 2018/152, UNU-WIDER.

Grynberg R., "Some like them rough: The future of Diamond Beneficiation in Botswana", *Discussion paper*, n°142, ecdpm March 2013.

Gueye, Babacar, « La démocratie en Afrique : succès et résistances », *Pouvoirs,* n°129, 2009/2.

Guibert Bernard, « Comment achever la démocratie représentative ? », *Revue du MAUSS*, vol.2, n°26, 2005.

Guichaoua, André, Ntakarutimana, Emmanuel et Strauss, Scott, « Aspirations démocratiques et démocraties autoritaires en Afrique centrale », *Revue Tiers Monde,* 2016/4, n°228.

Guilhon Bernard et Levet Jean-Louis, « De l'intelligence économique à l'économie de la connaissance », Economica, 2003.

Gunther, Richard, P. Nikiforos Diamandouros, and Hans-Jürgen Puhle, "Introduction," The Politics of Democratic Consolidation : Southern Europe in Comparative Perspective, eds Richard Gunther et al. (Baltimore and London : Johns Hopkins University Press), 1995.

H-

Hardy Mylene, Le concept français d'« intelligence économique » : histoire et tendances. Guojia de jingji jishu qingbao : zhongguo yu faguo de shijian yu bijiao [*Intelligence économique nationale : Etude comparative sur les pratiques en France et en Chine*], Shanghai Renmin Chubanshe, Shanghai.

Heilbrunn, J.R., Toulabor, C.M., « Une si petite démocratie pour le Togo… », *Politique Africaine*, n°58, 1995.

Hemez, Rémy, « Opérations de déception : repenser la ruse au XXIe siècle », *Focus stratégique*, N°81, Ifri, juin 2018.

Holeindre, J-V., *La ruse et la force : une autre histoire de la stratégie*, Paris, Perrin, 2017.

Huntington, Samuel P., *The Third Wave: Democratization in the Late Twentieth Century,* Norman, University of Oklahoma Press, 1991.

J-

Jeffers Ester et Pollin Jean-Paul, « « Déréglementation bancaire des années 1980 et crise financière », *Revue d'économie financière*, n°105, 2012/1.

K-

Kagago J., et Vidal, C., « L'extermination des rwandais tutsis », in *Cahiers d'Etudes Africaines* n° 136, vol. XXXIV-4, Paris, Paris, Ecole des Hautes Etudes en Sciences Sociales, 1994.

Kameni, Apoli Bertrand, *Minerais stratégiques. Enjeux africains*, Le Monde/PUF, 2013.

Klueh Ulrich, Pastor Gonzalo, Segura Alonso, and Walter Zarate, *Inter-sectoral Linkages and Local Content in Extractive Industries and Beyond– The Case of São Tomé and Príncipe,* International monetary fund, 2007.

Kokoroko Dodzi, « Les élections disputées : réussites et échecs », *Pouvoirs*, N°129, Avril 2009.

Kounou Michel, *Pétrole et pauvreté au Sud du Sahara. Analyse des fondements de l'économie politique du pétrole dans le golfe de Guinée*, Yaoundé, 2006, Clé.

Kouoh Christian-Tobie, *Une fresque du régime Ahidjo (1970-1982),* Paris, Karthala, 1991.

Krylova, Natalia, « Le centre Perevalnoe et la formation de militaires en Union soviétique », *Cahiers d'études africaines*, n°226, 2017.

L-

Lacoste, Yves « Géopolitique et géostratégie », *Stratégique* 50.

Lagrange, Marc-André « les mécanismes de paix régionaux dans les Grands Lacs : des outils incapables de promouvoir la démocratie ? », *Revue Tiers Monde*, 2016/4, n°228.

Lai, Hongyi H. (2007), « China's Oil Diplomacy: Is It a Global Security Threat ? », *Third World Quarterly*, Vol. 28, n° 3.

Le Billon, Extractive sector and illicit financial flows: what role for revenue governance initiatives?", *U4 Issue*, n°11, November 2011.

Le Billon, P., Vines A., Assis Malaquias, « Au-delà du pétro-militarisme. La stratégie extérieure angolaise d'après-guerre », *Politique africaine*, 2008/2, n° 110.

Lewin, André, « Jacques FOCCART et Ahmed Sékou TOURE », *Cahiers de recherches historiques*, 30/2002.

Liniger-Goumaz (M), « L'enfer de la terreur nguemiste », *Peuples Noirs Peuples Africains*, n° 25, 1982.

Loada Augustin et Wheatley Jonathan (Dir.), *Les transitions démocratiques en Afrique de l'Ouest : processus constitutionnels, société civile et institutions démocratiques*, Paris, l'Harmattan, 2014.

Lopez, Carlos, « La coopération technique, concept marqué par l'histoire », *Politique Africaine*, n°69, mars 1998.

Lorot Pascal, « La Géoéconomie, nouvelle grammaire des rivalités internationales », *L'information géographique*, vol.65, n°1, 2001.

M-

Madonna Victoria, « Ressources extractives, un enjeu crucial pour le développement de l'Afrique », *Thinking Africa*, NAP n° 18, octobre 2014.

Magnani, Victor, « L'Afrique du Sud, un modèle démocratique fragilisé ? », *Politique étrangère*, 4/2019.

Magnani Victor et Vircoulon Thierry, « Vers un retour de l'autoritarisme en Afrique ? », *Politique étrangère*, 2-2019.

Maino, E., « Angola : faiblesse de la société civile face au défi de la démocratisation », *Alternatives Sud*, vol. 17-2010.

Manangou, Vivien Romain, « Contre-pouvoirs, tiers pouvoirs et démocratie en Afrique », présenté lors du congrès de l'Association Française de droit constitutionnel, Congrès de Lyon, 26, 27 et 28 juin 2014.

Mandeng Diane, « La procédure contentieuse en matière électorale : recherches sur le contentieux des élections au Cameroun », thèse de doctorat Phd en Droit Public, Université de Poitiers, janvier 2017.

Manga (J-M) Et Mbassi (A-R), « De la fin des manifestations à la faim de manifester : revendications publiques, rémanence autoritaire et procès de la démocratie au Cameroun », *Politique africaine*, 2017/2, n° 146.

Math, Antoine, « La "préférence nationale" s'installe », *Plein droit,* vol.4, n°91, 2011.

Martyn Davies, "How China is influencing Africa's development", *Background Paper for the Perspectives on Global Development 2010 Shifting Wealth*, OECD, 2010

Médard, Jean-François, « Crise africaine et démocratisation : les perspectives difficiles de la transition démocratique en Afrique » in Kamto (M) (Dir.), 2010, *L'Afrique dans un monde en mutation : dynamiques internes, marginalisation internationale* ?, Paris, Afredit.

Médard, Jean-François (dir.) Paris, Karthala, *Etats d'Afrique noire :Formation, mécanisme et crise*, 1991.

Médard, Jean François, « Autoritarismes et démocraties en Afrique », *Politique Africaine*, n°43, octobre 1991.

Messiant, C, « Fin de la guerre, enfin, en Angola. Vers quelle paix ? », *Politique africaine*, 2002/2 n° 86.

Michel, Serge et Beuret, Michel, *La Chinafrique. Pékin à la conquête du continent noir*, Paris, Grasset et Fasquelle, 2008.

Migani, Guia « la CEE ou la France, l'impossible choix de Sylvanus Olympio président du Togo », *Matériaux pour l'histoire de notre temps*, n°77, 2005.

Minteu-Kadje, D., Premat, C, « Leçons de l'élection présidentielle camerounaise de 2018 : le changement dans la continuité », *Sens public*, 02-07-2019.

Moluh, Yacouba, « L'interminable transition au Cameroun : tentative d'autopsie d'une impasse », *Law and Politics in Africa, Asia and Latin America*, Vol. 39, n°2.

Monino Jean Louis, *L'information au cœur de l'intelligence économique stratégique*, Réseau de recherche sur l'innovation, Document de travail n°27, 2012.

Motte Martin, « Une définition de la géostratégie », *Stratégique*, n°58, [en ligne], 1995/2. Disponible sur www.institut-stratégie.fr. Consulté le 30 juin 2020.

Mouelle Kombi, Narcisse, *La démocratie dans la réalité camerounaise. Libertés, légitimité et modernité politique sous Paul Biya*, Paris, Dianoia, 2013.

Muno, Wolfgang, « Democracy and the rule of law in Mexico », KAS INTERNATIONAL REPORTS, 10|2012.

N-

Ndimubandi, Alexis, « Dominante vindicative dans l'adhésion à la lutte armée au Burundi », *Déviance et Société*, 2012/2, Vol. 36.

Ngango Youmbi, E.M., « Le conseil constitutionnel camerounais : le grande désillusion », *Revue De Droit Public* - n° 5-2019.

Ngangoue François, « Planifier et organiser la diversification économique en Afrique Centrale », *Revue Congolaise de Gestion*, vol.1, n°21-22, 2016.

Ngbanda, H., *crimes organisés en Afrique centrale. Révélations sur réseaux rwandais et occidentaux,* Paris, Ed. Duboiris, Coll. « Secrets d'État », 2004.

Ngodi, Etanislas, « Gestion des ressources pétrolières et développement en Afrique », 11e Assemblée Générale du CODESRIA, 6 – 10 décembre 2005, Maputo, Mozambique.

Nguiffo, Samuel, « Une autre facette de la malédiction des ressources ? Chevauchements entre usages différents de l'espace et conflits au Cameroun », *Politique Africaine*, n°131, 2013/3.

Niño Helena Pérez and Le Billon Philippe, "Foreign aid, resource rents and institution-building in Mozambique and Angola", *WIDER Working Paper* n° 2013/102, October 2013.

Njoya, Jean « Unité nationale et mutations politiques : essai sur une régulation symbolique et conservatrice du système politique camerounais (1982-2000 », Université de Yaoundé II-Soa, thèse de doctorat d'État en Science Politique, 2006-2007.

Noah, Noah Fabrice, « Industries extractives et gouvernement perpétuel en Afrique Centrale », *Dialectique des Intelligences*, n°2, Décembre 2016.

Noah, Noah, Fabrice, « La Russie dans le « Grand jeu » en Afrique Centrale : entre continuités et ruptures stratégiques », *Dialectique des Intelligences*, N°6, Premier semestre 2019.

Noah Noah, Fabrice « Contenu local et gestion des industries extractives en Afrique : un défi stratégique majeur (1990-2014) », Université de Yaoundé II-Soa, Thèse de doctorat Phd en Science Politique, année académique 2017-2018.

Noah, Noah Fabrice, « Eléments d'intelligence économique appliqués à l'industrie du diamant : une analyse stratégique du "modèle botswanais" », *Dossiers de Recherches en Economie et Gestion,* Dossier 9, n° 1 : juin 2020.

Nzinzi Pierre, « La démocratie en Afrique : l'ascendant platonicien », *Politique africaine*, 2000/1, N°77.

O-

O'Donnell, Guillermo, « Transitions, Continuities, and Paradoxes, » in Scott Mainwaring et al, *Democratic Consolidation : The New South American Democracies in Comparative Perspective*, University of Notre Dame Press, 1992.

Olakounlé Yabi, Gilles, « Le Rôle de la CEDEAO dans la Gestion des Crises Politiques et des Conflits. Cas de la Guinée et de la Guinée Bissau », Friedrich Ebert Stiftung, Septembre 2010.

Olinga Alain Didier, « L'Afrique en quête d'une technique d'enracinement de la démocratie constitutionnelle », in Maurice Kamto (Dir.), *L'Afrique dans un monde en mutation : dynamiques internes, marginalisation internationale* ?, Paris, Afredit, 2010.

Ondo Télesphore, « Splendeurs et misères du parlementarisme en Afrique noire francophone », in *Actes du 57e congrès de la CIHAE : Assemblées et parlements dans le monde du Moyen-Age à nos jours,* Assemblée nationale, Paris, 2010.

Owona Nguini, M. Éric, Menthong, H.-L., « "Gouvernement perpétuel" et démocratisation janusienne au Cameroun (1990-2018) », *Politique africaine*, vol.2, n°150.

Oyhambur, Kattalin Gabriel, « Le retour d'une géopolitique des ressources ? », in *Espace politique*[en ligne], n°12, 2010, volume 3.

P-

Pale, Titi, *Les États-Unis et le Rwanda génocidaire : comprendre un manquement diplomatique fatal*, Paris, l'Harmattan, 2019.

Paillard, Christophe-Alexandre, *Les nouvelles guerres économiques*, Paris, Ophrys, 2011.

Paillard, Christophe-Alexandre, « Ruée sur les minerais stratégiques », *Géoéconomie*, n°59, Automne 2011.

Péan, P, *Carnages : les guerres secrètes des grandes puissances en Afrique*, Paris, l'Harmattan, 2011.

Pelizzari, Alessandro, « Les syndicats et le débat sur la "préférence nationale" : vers un nouveau régime migratoire ? », *Chronique Internationale de l'IRES,* vol.2, n°158, 2017.

Pénard, Thierry, *La théorie des jeux et les outils d'analyse des comportements stratégiques*, Université de Rennes, CREM, octobre 2004.

Pigeaud, F, *Au Cameroun de Paul Biya*, Paris, Karthala, 2011.

Poissonnier, H, et Huissoud, J- M, « Vers de nouvelles stratégies de rente : pourquoi le pétrole ne suffit pas... », *Enjeux*, n°36, juillet, 2008.

Pourtier, Roland« Ressources naturelles et conflits en Afrique Subsaharienne, *Bulletin de l'Association des Géographes Français*, 2012/89-1.

Przeworski, Adam et al. (1996). "What Makes Democracy Endure ?" *Journal of Democracy* 7(1).

Q-

Quantin Patrick, « « La démocratie en Afrique à la recherche d'un modèle », *Pouvoirs,* n° 129, 2009.

R-

Raftopoulos, Brian, « De l'émancipation du mouvement syndical à l'affirmation du MDC », *Politique africaine* 1/2001, n° 81.

Ramdoo Isabelle, *Local content policies in mineral-rich countries. An overview*, Discussion Paper, n°193, ECPDM, May 2016.

Raviot, Jean-Robert, *Démocratie à la russe : pouvoir et contre-pouvoir en Russie*, Paris, Ellipses, 2008.

Reed Quentin et Fontana Alexandra, Corruption and Illicit financial flows, *U4 issue*, Janvier 2011.

Revillon, J, « Le Rwanda, un modèle économique ? », *L'Observatoire des Grands Lacs en Afrique*, 48/2014.

Rigouste, Mathieu, *L'ennemi intérieur : la généalogie coloniale et militaire de l'ordre sécuritaire dans la France contemporaine*, Paris, La Découverte, 2009.

Roch, Augustin, *Géopolitique et mécanismes de raréfaction des ressources combustibles et minières,* thèse de doctorat de science politique, Université Paris 8 Vincennes Saint-Denis, 2012.

Roitman, J., Roso, G., « Guinée-Équatoriale : être « off-shore » pour rester « national », *Politique africaine,* 2001/1, n° 81.

Roll Michael, "Resource governance, development and democracy in the Gulf of Guinea", *Fuelling the world-falling the region? oil governance and development in Africa's Gulf of Guinea,* Friedrich Ebert Stiftung, Aout 2011.

Rossignol, Raphaël, « Le Soudan, des conflits régionalement enchâssés sur fond de rivalité sino-américaine », *Outre-Terre* 4/2011, n° 30.

Rusamira Étienne, « Géopolitique des Grands Lacs africains et syndrome de Fachoda : le rôle de l'État français dans le génocide rwandais et la déstabilisation politique de la région. », Eurostudia, Vol. 3, n° 2, décembre 2007.

S-

Sadry Benoit, *Bilan et perspectives de la démocratie représentative*, thèse de doctorat en droit public, université de Limoges, décembre 2007Ukoha Ukiwo, « Governance regimes of oil in Nigeria : issues and challenges », *CRPD Working Paper*, n°69, December 2018.

Sakpane-Gbati, Biléou, « La démocratie à l'africaine », in Ethique Publique [En ligne], vol. 13, n°2/ 2011, mis en ligne le 30 octobre 2012, consulté le 22 janvier 2020.

Sayne Aaron, Gillies Alexandra and Katsouris Christina, *Inside NNPC Oil Sales : A Case for Reform in Nigeria,* NRGI, August 2015.

Sebudubudu et Lotshwao, « La gestion des ressources et l'ordre démocratique : l'expérience du Botswana », South African Institute of International Affairs, *Programme de Gouvernance et MAEP*, Publication occasionnelle, n°31, mai 2009.

Sharife, Khadija, "Botswana diamond's deception", Osisa, SARW, June 2016.

Shedler, Andreas, « Expected stability : defining and measuring democratic consolidation », *IHS Political Science Series*, Working Paper 50, november 1997.

Sigam Claudine and Garcia Leonardo, UNCTAD, *Extractive industries: optimizing value retention in host countries*, United Nations, New York and Geneva, 2012.

Signé Landry et Tchetchoua Tchokonte Sévérin, « Les stratégies pétrolières en Afrique Entre nouvelle dynamique chinoise et réactions des puissances occidentales et des pays émergents », *Cosmopolis*, 2015/1.

Signé Landry et Tchetchoua Tchokonte Sévérin, « La dynamique chinoise au Soudan et au Soudan du Sud, entre certitudes et incertitudes », *Cosmopolis*, 2015/3-4.

Smouts Marie-Claude, « La normalisation des rapports franco-guinéens : analyse d'une médiation », *Revue française de science politique*, 31e année ; n°3, 1981.

Spowage Kate « Beyond 'Fashoda Syndrome': The Rwandan Civil War and the Politics of La Francophonie », *Africa Language Matters*. Volume 50 (3), 2019.

Subtil, M.-P , « L'attitude de Paris face aux putschistes », *Le Monde*, 6 décembre 1991.

T-

Tagne, Jean Bruneau, *Accordée avec fraude. De Ahidjo à Biya, comment sortir du cycle des élections contestées*, Yaoundé, Les Editions du Schabel, 2019.

Tangri Roger and Southall Roger, "The politics of Black economic empowerment in South Africa", *Journal of Southern African Studies*, Volume 34, n°3, Septembre 2008.

Tchetchoua Tchokonte, Séverin, « La déconstitutionnalisation du principe de limitation de mandats présidentiels en Afrique subsaharienne : alliance hégémonique contre la démocratie », in *Dialectique des intelligences*, n° 002, second semestre 2016.

Tchetchoua Tchokonte Severin, « La communauté internationale à l'épreuve de la crise humanitaire en Centrafrique : entre responsabilité de protéger et logiques de puissance », Spener Yawaga (Dir.) *Crises humanitaires et responsabilités*, Yaoundé, L'harmattan, 2018.

Tchetchoua Tchokonte Severin, « La diplomatie pénale des grandes puissances en Afrique », *Géostratégiques*, n°53, juillet 2019.

Tchetchoua Tchokonte Severin, « La déconstitutionnalisation du principe de la limitation des mandats présidentiels en Afrique subsaharienne : alliance hégémonique contre la démocratie », *Revue Dialectique des Intelligences*, n° 002, second semestre 2016.

Tchetchoua Tchokonte, Severin, « Phobie démocratique et restauration autoritaire au Cameroun (1990-2017) », in Fopa

Kuete (Dir.), *La peur : discours, formes et représentations*, Paris, L'Harmattan, 2020.

Tchetchoua Tchokonte, Severin, « Intelligence économique et projet de renaissance africaine à l'horizon 2063 : de l'asymétrie à la symétrie dans les relations entre l'Afrique et ses partenaires étrangers », *Dossiers de Recherches en Economie et Gestion* : Dossier 9, n°1, juin 2020.

Tchetchoua Tchokonte Severin, « Soudan : guerre secrète américano-chinoise », aout 2013.

Tchetchoua Tchokonte Séverin, *Le projet géostratégique de la Chine en Afrique : contribution à l'étude de la nouvelle politique africaine de la Chine et de la dynamique des grandes puissances en Afrique depuis la fin de la guerre froide*, thèse de doctorant, Université de Yaoundé II, 2014.

Tchikaya Blaise, « La charte africaine de la démocratie, des élections et de la gouvernance », *Annuaire Français de Droit* International, n°54, 2008.

V-

Verluise, Pierre, « La puissance », article publié dans la revue *Diploweb* [en ligne], le 10 novembre 2013.

Vigarié, André, *Géostratégie des océans,* Paradigme, 1990.

Vircoulon, Thierry, « Leçons de la crise burundaise : les ratés du peacebuilding démocratique », *Notes de l'Ifri,* juin 2016.

Vircoulon, Thierry, « Zimbabwe : réflexion sur la dictature durable », *politique étrangère*, 2008.

Vircoulon, Thierry, « La démocratie post-conflit en Afrique centrale : les causes d'un échec », *Politique Etrangère*, 2019/2.

W-

Wagner, Markus, « Conseil au gouvernement burundais en matière de gouvernance du secteur extractif », Ministère fédéral allemand de la Coopération économique et du Développement,

Projet de renforcement de la gouvernance des matières premières.
Witte, Ludo de, *L'assassinat de Lumumba*, Paris, Karthala, 2000.

Y-

Youmbi Fasseu Frédérique, « La joint-venture dans le contexte sino-africain : élément pour une lex mercatoria sino-africaine », in *Revue de l'ERSUMA*, n°1, juin 2012.

TABLE DES MATIERES

Structures éditoriales du groupe L'Harmattan

L'Harmattan Italie
Via degli Artisti, 15
10124 Torino
harmattan.italia@gmail.com

L'Harmattan Hongrie
Kossuth l. u. 14-16.
1053 Budapest
harmattan@harmattan.hu

L'Harmattan Sénégal
10 VDN en face Mermoz
BP 45034 Dakar-Fann
senharmattan@gmail.com

L'Harmattan Cameroun
TSINGA/FECAFOOT
BP 11486 Yaoundé
inkoukam@gmail.com

L'Harmattan Burkina Faso
Achille Somé – tengnule@hotmail.fr

L'Harmattan Guinée
Almamya, rue KA 028 OKB Agency
BP 3470 Conakry
harmattanguinee@yahoo.fr

L'Harmattan RDC
185, avenue Nyangwe
Commune de Lingwala – Kinshasa
matangilamusadila@yahoo.fr

L'Harmattan Congo
67, boulevard Denis-Sassou-N'Guesso
BP 2874 Brazzaville
harmattan.congo@yahoo.fr

L'Harmattan Mali
ACI 2000 - Immeuble Mgr Jean Marie Cisse
Bureau 10
BP 145 Bamako-Mali
mali@harmattan.fr

L'Harmattan Togo
Djidjole – Lomé
Maison Amela
face EPP BATOME
ddamela@aol.com

L'Harmattan Côte d'Ivoire
Résidence Karl – Cité des Arts
Abidjan-Cocody
03 BP 1588 Abidjan
espace_harmattan.ci@hotmail.fr

Nos librairies en France

Librairie internationale
16, rue des Écoles
75005 Paris
librairie.internationale@harmattan.fr
01 40 46 79 11
www.librairieharmattan.com

Librairie des savoirs
21, rue des Écoles
75005 Paris
librairie.sh@harmattan.fr
01 46 34 13 71
www.librairieharmattansh.com

Librairie Le Lucernaire
53, rue Notre-Dame-des-Champs
75006 Paris
librairie@lucernaire.fr
01 42 22 67 13

www.ingramcontent.com/pod-product-compliance
Lightning Source LLC
LaVergne TN
LVHW010954061026
849535LV00006B/1716